Ausgabe in zwei Bänden

Lehrwerk für Deutsch als Fremdsprache

Arbeitsbuch 2

von Hartmut Aufderstraße, Heiko Bock, Jutta Müller

Projektbegleitung: Hans-Eberhard Piepho

Max Hueber Verlag

Verlagsredaktion: Werner Bönzli · Reichertshausen
Illustrationen: Joachim Schuster · Baldham
Umschlagillustration: Dieter Bonhorst · München
Layout: Erwin Faltermeier · München
Fotos: s. Quellennachweis

Dieses Buch umfaßt die Lektionen 6 bis 10 des Arbeitsbuches Inland von „Themen 2"
und das ganze Arbeitsbuch von „Themen 3".

| 4. | Die letzten Ziffern |
| 1993 92 91 | bezeichnen Zahl und Jahr des Druckes. |

Alle Drucke dieser Auflage können, da unverändert, nebeneinander
benutzt werden.
1. Auflage 1988
© 1988 Max Hueber Verlag, München
Gesamtherstellung: Ludwig Auer GmbH, Donauwörth
Printed in Germany
ISBN 3-19-011472-2

8. Was können Sie auch sagen?

B1 BD

a) *Ich danke dir für das schöne Geschenk.*
  - Ⓐ Ich denke wegen des schönen Geschenks an dich.
  - Ⓑ Das ist ein schönes Geschenk. Vielen Dank!
  - Ⓒ Du freust dich über das schöne Geschenk.

b) *Das Kind gehört ins Bett.*
  - Ⓐ Das Kind sollte ins Bett gehen.
  - Ⓑ Ich höre, das Kind ist im Bett.
  - Ⓒ Das Kind hört im Bett Musik.

c) *Wir wären traurig, wenn die Großeltern nicht mehr da wären.*
  - Ⓐ Wir wären traurig, wenn die Großeltern schon tot wären.
  - Ⓑ Wir sind traurig, weil die Großeltern weggegangen sind.
  - Ⓒ Wir wären traurig, wenn die Großeltern noch nicht kommen würden.

d) *Carola wünscht sich ein Buch zum Geburtstag.*
  - Ⓐ Carola möchte ein Buch zum Geburtstag haben.
  - Ⓑ Carola wünscht ihr ein Buch zum Geburtstag.
  - Ⓒ Sie wünscht Carola ein Buch zum Geburtstag.

e) *Kannst du mir denn nicht zuhören?*
  - Ⓐ Kannst du denn nicht zu mir gehören?
  - Ⓑ Kannst du mich denn nicht hören?
  - Ⓒ Hör doch bitte mal zu, was ich sage.

f) *Sie kann sich überhaupt nicht mehr helfen.*
  - Ⓐ Ich kann ihr überhaupt nicht mehr helfen.
  - Ⓑ Sie kann ihr überhaupt nicht mehr helfen.
  - Ⓒ Andere Leute müssen ihr helfen.

9. Ergänzen Sie.

B2 WS

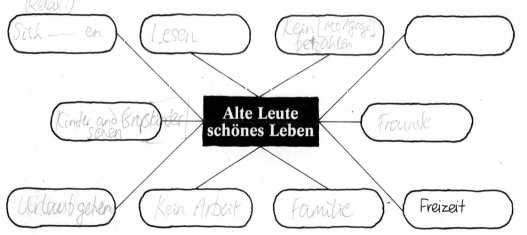

(Relax?) Sich — en · Lesen · Kein (Mortgage) bezahlen · Kinder und Enkelkinder sehen · **Alte Leute schönes Leben** · Freunde · Urlaub gehen · Kein Arbeit · Familie · Freizeit

10. Was paßt nicht?

B2 WS

Dach: Roof   Haus – Hof – Garage – Auto
spielen: Karten – Theater – Gitarre – Fahrrad
Verein: Society, club   Fußball spielen – Sport treiben – Fernsehen – Musik machen
Handwerker: Bäcker – Mechaniker – Bauer – Tischler (carpenter)

(activity)

41

Lektion 4

**B2
WS**

11. Wie heißen die fehlenden Wörter?

Pflaster   Handwerker   Seife   Bleistift   Werkzeug   Bürste
Farbe   Regal   Zettel   Steckdose

Heute will Herr Baumann endlich das _Regal_ für die Küche bauen. Das ist nicht schwer
für ihn, weil er _Handwerker_ ist. Zuerst macht er einen Plan. Dazu braucht er einen _Bleistift_
und einen _Zettel_. Dann holt er das Holz und das _Werkzeug_. Um die Teile zu schneiden, braucht er Strom. Wo ist denn bloß eine _Steckdose_? Au! Jetzt hat er sich in den Finger
geschnitten und braucht ein _Pflaster_. Er ist fast fertig, nur die _Farbe_ fehlt noch. Es
soll nämlich grün werden. Zum Schluß ist Herr Baumann ganz schmutzig. Er geht zum Waschbecken, nimmt die _Seife_ und eine _Bürste_ und macht die Hände sauber.

**B2
GR**

12. Wo steht das Pronomen? Setzen Sie ein.

a) Diese Suppe schmeckt toll. Kochst du _____ mir _die_ auch mal? (die)

b) Das ist mein neuer Mantel. Meine Eltern haben _____ mir _____ geschenkt. (ihn).

c) Diese Frage ist sehr schwierig. Kannst du _____ Hans _____ vielleicht erklären? (sie)

d) Ich möchte heute abend ins Kino gehen. Erlaubst du _____ mir _____? (das)

e) Diese Lampe nehme ich. Können Sie _____ mir _____ bitte einpacken? (sie)

f) Ich brauche die Streichhölzer. Gibst du _____ mir _____ mal? (die)

g) Wie findest du die Uhr? Willst du _____ deiner Freundin _____ nicht zum Geburtstag
schenken? (sie)

h) Wir haben hier einen Brief in arabischer Sprache. Können Sie _____ uns _____ bitte
übersetzen? (den)

i) Die Kinder wissen nicht, wie man den Fernseher anmacht. Zeigst du _____ ihnen _____
mal? (es)

j) Das sind französische Zigaretten. Ich habe _____ meinem Lehrer _____ aus Frankreich
mitgebracht. (sie)

13. Ihre Grammatik. Ergänzen Sie.

a) Können Sie mir bitte die Grammatik erklären?
b) Können Sie mir die Grammatik bitte genauer erklären?
c) Können Sie mir die bitte erklären?
d) Können Sie sie mir bitte erklären?
e) Ich habe meinem Bruder gestern mein neues Auto gezeigt.
f) Holst du mir bitte die Seife?
g) Ich suche dir gern deine Brille.
h) Ich bringe dir dein Werkzeug sofort.
i) Zeig mir das doch mal!
j) Ich zeige es dir gleich.
k) Geben Sie mir die Lampe jetzt?
l) Holen Sie sie sich doch!
m) Dann können sie mir das Geld ja vielleicht schicken.
n) Diesen Mantel habe ich ihr vorige Woche gekauft.

| | Inversions-signal | Subjekt | Verb | unbetonte obligatorische Ergänzung | | | Angabe | obligatorische Ergänzung | Verb |
				Akkusativ (Personal-pronomen)	Dativ (Nomen / Pers.-Pron.)	Akkusativ (Nomen / Definit.-Pron.)			
a)		Sie	Können		mir		bitte	die Grammatik	erklären?
b)									
c)									
d)									
e)									
f)									
g)									
h)									
i)									
j)									
k)									
l)									
m)									
n)									

Lektion 4

14. Was hat Herr Schibilsky, Rentner, 66, gestern alles gemacht? Schreiben Sie.

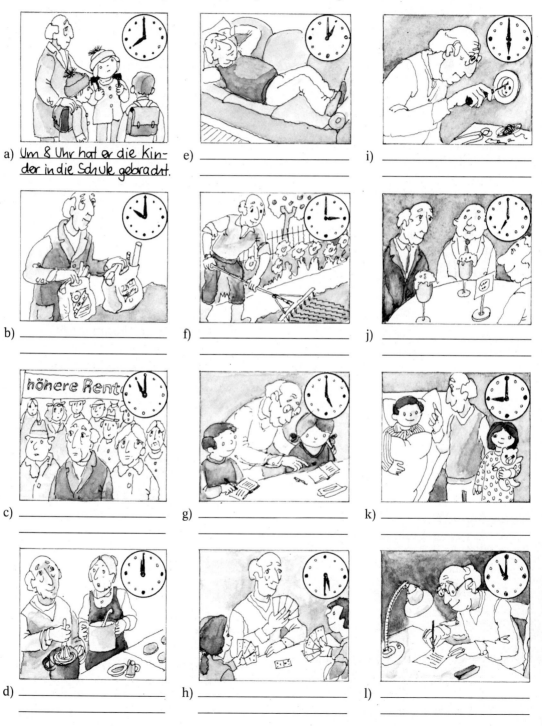

a) _Um 8 Uhr hat er die Kinder in die Schule gebracht._

b) _____

c) _____

d) _____

e) _____

f) _____

g) _____

h) _____

i) _____

j) _____

k) _____

l) _____

44

15. Sagen die Sätze dasselbe oder nicht?

a) Als Angestellter verdiene ich mehr. — Ich verdiene mehr als ein Angestellter.
b) Als Herr Meyer Rentner wurde, hat er sich endlich einen Wagen gekauft. — Bevor Herr Meyer Rentner wurde, hatte er keinen Wagen.
c) Frau Beyer ist Rentnerin. Als Sekretärin hat sie nicht viel Freizeit gehabt. — Frau Beyer ist Rentnerin. Als sie noch Sekretärin war, hat sie nicht viel Freizeit gehabt.
d) Mein Freund ißt mehr als ich. — Mein Freund ißt mehr, als ich esse.
e) Ich bin Lehrer. Ich bin nicht so zufrieden, wie ich als Student war. — Ich bin Lehrer. Als ich noch Student war, war ich zufriedener als heute.
f) Als Herr Friedel nach Hause kam, war seine Frau froh. — Wenn Herr Friedel nach Hause kommen würde, wäre seine Frau froh.

	a)	b)	c)	d)	e)	f)
dasselbe						
nicht dasselbe	X					

16. Was kann man auch sagen?

a) *Fühlt er sich jetzt wohl?*
   Ⓐ Wie fühlt er sich wohl jetzt?
   Ⓑ Ist er jetzt zufrieden?
   Ⓒ Ist er jetzt verrückt?

b) *Ich repariere gerade das Radio.*
   Ⓐ Das Radio ist jetzt fertig.
   Ⓑ Ich habe das Radio repariert.
   Ⓒ Im Moment repariere ich das Radio.

c) *Hast du ein bißchen Zeit?*
   Ⓐ Hast du viel Zeit?
   Ⓑ Hast du ein paar Minuten Zeit?
   Ⓒ Hast du wenig Zeit?

d) *Ich finde die Idee nicht schlecht.*
   Ⓐ Ich finde schlecht eine Idee.
   Ⓑ Ich finde, die Idee ist gut.
   Ⓒ Ich habe eine gute Idee.

e) *Frau Petzold steht morgens gewöhnlich um 6.00 Uhr auf.*
   Ⓐ Frau Petzold steht morgens immer um 6.00 Uhr auf.
   Ⓑ Frau Petzold steht morgens manchmal um 6.00 Uhr auf.
   Ⓒ Frau Petzold steht morgens meistens um 6.00 Uhr auf.

f) *Er paßt auf den Hund auf.*
   Ⓐ Er bleibt bei dem Hund, damit der Hund keinen Unsinn macht.
   Ⓑ Er wartet auf den Hund.
   Ⓒ Er wartet, daß der Hund Unsinn macht.

g) *Sie macht diese Arbeit selbst.*
   Ⓐ Sie möchte nicht, daß ein anderer diese Arbeit macht.
   Ⓑ Sie läßt diese Arbeit machen.
   Ⓒ Sie macht sogar diese Arbeit.

h) *Du mußt dich beeilen.*
   Ⓐ Du mußt ein Ei kochen.
   Ⓑ Du bist fertig.
   Ⓒ Du hast nicht mehr viel Zeit.

i) *Er geht abends immer im Stadtpark spazieren.*
   Ⓐ Er geht abends jeden Tag im Stadtpark spazieren.
   Ⓑ Oft geht er abends im Stadtpark spazieren.
   Ⓒ Abends geht er gewöhnlich im Stadtpark spazieren.

Lektion 4

B3
WS

17. Ergänzen Sie.

**sich kennenlernen
wo?**

Verein

B3
WS

18. Ergänzen Sie.

Bekannte

Ehepartner

Leute, die man (gut) kennt

**aus der
Familie**

**nicht aus der
Familie**

tell, report

talk, converse

B3
WS

19. Ergänzen Sie ‚erzählen‘, ‚reden‘, ‚sagen‘, ‚sprechen‘ oder ‚sich unterhalten‘.

a) Der Großvater _____ den Kindern oft Märchen.

b) _____ du auch Englisch?

c) Gestern hat Karl mir von seiner Reise nach Ägypten _____.

d) Karin hat Probleme in der Schule. Hast du dich schon mal mit ihr darüber _____?

e) _____ mir, was du jetzt machen willst!

f) Du _____ immer soviel! Kannst du nicht mal einen Augenblick still sein?

g) Was haben Sie gerade zu Ihrem Nachbarn _____?

h) Die Situation ist sehr schlimm. Man kann wirklich von einer Katastrophe _____.

i) Worüber wollen wir uns denn jetzt _____?

j) Heinz ist Punk. Es ist klar, daß die Kollegen über ihn _____.

46

20. Ergänzen Sie ‚sich setzen‘, ‚sitzen‘, ‚stehen‘ oder ‚liegen‘.

a) Mein Zimmer ist sehr niedrig. Man kann kaum _stehen_ .

b) Bitte _setzen_ sie sich doch!

c) Anja _liegt_ schon im Bett.

d) Ich _sitze_ nicht so gern im Sessel, sondern lieber auf einem Stuhl.

e) Gelsenkirchen _liegt_ bei Essen.

f) Wo _steht_ der Schnaps denn?

g) Es gab keine Sitzplätze mehr im Theater. Deshalb mußten wir _stehen_ .

h) Im Deutschkurs hat Angela sich zu mir _gesetzt_ .

i) Im Restaurant habe ich neben Carlo _gesessen_ .

j) Deine Brille _liegt_ im Regal.

21. Sagen Sie es anders.

a) Sie hat ihn in der U-Bahn kennengelernt, er hat sie in der U-Bahn kennengelernt.
   Sie haben sich in der U-Bahn kennengelernt.

Ebenso:

b) Ich liebe dich, du liebst mich.

c) Er besucht sie, sie besucht ihn.

d) Ich helfe Ihnen, Sie helfen mir.

e) Ich höre Sie, Sie hören mich.

f) Ich sehe Sie morgen, Sie sehen mich morgen.

g) Er kann sie gut leiden, sie kann ihn gut leiden.

h) Er hat ihr Briefe geschrieben, sie hat ihm Briefe geschrieben.

i) Du brauchst ihn, er braucht dich.

j) Er schenkt ihr Blumen, sie schenkt ihm Blumen.

22. Sagen Sie es anders. Benutzen Sie die Wörter: ‚als‘, ‚bevor‘, ‚bis‘, ‚nachdem‘, ‚während‘, ‚weil‘, ‚wenn‘.

a) Bei Regen gehe ich nie aus dem Haus.
   Wenn es regnet, gehe ich nie aus dem Haus.

Ebenso:

b) Vor seiner Heirat hat er viele Mädchen gekannt.

c) Nach dem Essen trinke ich gern einen Schnaps.

d) Wegen meiner Liebe zu dir schreibe ich dir jede Woche einen Brief.

e) Auf meiner Fahrt nach Spanien habe ich ein tolles Mädchen kennengelernt.

f) Es dauert noch ein bißchen bis zum Anfang des Films.

g) Bei Schnee ist die Welt ganz weiß.

h) Bei seinem Tod haben alle geweint.

i) Während des Streiks der Kollegen habe ich gearbeitet.

Diese Rentnergruppe besetzte das Haus Auguststraße 5.
Mit dabei: die 94jährige Wilhelmine Kilimann (3. von links)

Als die Rentner kamen . . .

Unser Reporter besuchte in Gelsenkirchen Deutschlands älteste Hausbesetzer

Der Kaffeetisch der alten Dame ist liebevoll gedeckt: Tassen mit Blumenmuster, weiße Papierservietten, in der Mitte steht der Aprikosenkuchen. „Nehmen Sie, junger Mann, der ist selbstgemacht", sagt die Hausfrau Hannelore Beutler in der Wohnküche. Mit 41 Jahren ist sie die Jüngste in der Runde. Die grauhaarige Seniorin Wilhelmine Kilimann, 94 Jahre alt, sieht mich erwartungsvoll an. Ich nehme gern ein Stück. Die sechs Damen, die mit mir am Tisch sitzen, können ausgezeichnet Kuchen backen. Aber nicht deshalb sind sie in die Schlagzeilen gekommen: die Witwen und Hausfrauen sind die ältesten Hausbesetzer in der Bundesrepublik.

Das zweistöckige Haus in der Auguststraße 5 in Gelsenkirchen gehört zu einer Bergarbeitersiedlung der Kohlenzeche „Graf Bismarck" und wurde 1888 gebaut. Als die Zeche vor 15 Jahren geschlossen wurde, zogen viele Bewohner in andere Städte. Die Älteren blieben in der Siedlung, in die leeren Wohnungen kamen ausländische Arbeitnehmer. Vor sechs Jahren verkaufte die Zechengesellschaft die 152 Wohnungen der Siedlung. Der neue Besitzer wollte die Zechenhäuser abreißen und neue, teure Wohnblocks bauen lassen. Aber da protestierten die Bewohner im Rathaus. Die Stadtverwaltung machte einen Vorschlag: die meisten Häuser sollten stehen bleiben; nur vier sollten für ein Altersheim Platz machen. Aber auch das wollten die Alten nicht.

An einem Samstagabend im Februar wurden sie aktiv: sie brachen das Haus Nr. 5 in der Auguststraße auf. „Das ging ruck, zuck, und schon waren wir drin", erinnert sich die 62jährige Johanna Prella, Witwe eines Bergarbeiters. In einer Woche renovierten die alten Leute mit ihren Nachbarn den Altbau. Die Türen bekamen neue Farbe, kaputte Fensterscheiben wurden erneuert, Tapeten geklebt, ein Waschbecken montiert. Strom bekamen die illegalen Bewohner von Freunden aus dem Nachbarhaus.

„Am Anfang habe ich Angst gehabt, ob das alles klappt", sagt die 66jährige Rentnerin Elfrieda Kilimann. Im Kriegsjahr 1914 ist sie in einem der Häuser geboren worden, das jetzt abgerissen werden soll. Das kleine Haus in der Auguststraße 3 ist ihr Leben: Taufe, Konfirmation, Heirat und Geburt ihres Sohnes. Nach den Bombennächten des Zweiten Weltkrieges reparierten sie und ihr Mann eigenhändig das kaputte Dach. Vor drei Jahren starb ihr Mann, der auf der Zeche gearbeitet hatte.

Seit 1888 stehen die Bergarbeiterhäuser in der Auguststraße

Seitdem wird das Licht in dem besetzten Haus kaum noch ausgemacht. Montags ist bunter Abend mit Nachbarn, Freunden und Enkelkindern. Mittwochs spielt eine Theatergruppe der Rentner. Freitags werden Volkslieder gesungen. Jeden Sonntag kommt der Pfarrer.

Als am zweiten Tag der Hausbesetzung die Polizei kam, blieb alles ruhig. Die Beamten ließen sich das Haus zeigen und hörten sich die Sorgen der alten Leute an. Zum Schluß schrieben sie ihre Namen in das Gästebuch.

Natürlich will der neue Hausbesitzer, daß die alten Leute wieder ausziehen. „Von unseren Kollegen können wir noch etwas lernen", sagt die Pensionärin Johanna Prella. Mit den „Kollegen" meint sie die jugendlichen Hausbesetzer in Freiburg, Berlin und Amsterdam: „Früher waren das für mich nur langhaarige Protestierer." Heute versteht sie die jungen Leute, die sich selbst helfen, besser. Und neue Pläne hat sie auch schon: „Wenn wir hier ausziehen müssen, dann wird das nächste Haus besetzt!"

Bernhard Katsch

Opa happy machen

Offen gesagt: Wir hatten Opa vollkommen vergessen. Das letztemal hatten wir ihn bei seinem 85. Geburtstag gesehen. Das war vor drei Jahren. Da war er aus dem Hinterzimmer, in dem er mit seinen Kaninchen lebt, herausgekommen, um sich feiern zu lassen.

Aber nicht genug damit: Nach dem Essen mußten wir mit ihm Schafskopf spielen. Als er dann – von einem Gläschen Kräuterlikör angeschickert – Geschichten aus seiner Jugendzeit erzählte, sagte meine Frau leise zu mir: „Es ist schon eine Last mit alten Leuten."

Opa, ansonsten taub auf beiden Ohren, zog sich beleidigt in sein Zimmer zurück und schloß sich dort ein. Das hatten wir nun von unserer Freundlichkeit. „Soll er schmollen, bis er hundert wird", meinte meine Frau. Opa schwand aus unserem Bewußtsein.

Neulich sahen wir dann die Fernsehsendung über „Die Rolle des alten Menschen in unserer Gesellschaft". Alte Leute wurden gezeigt und interviewt. Sie warteten – von allen gemieden, ohne Beschäftigung – nur noch auf den Tod. Meine Frau konnte die Pralinen nur noch unter Schluchzen in den Mund schieben. Ich murmelte: „Ja, soll das denn wahr sein? Gibt's so was denn überhaupt?"

Fast hatten wir uns schon wieder beruhigt, da kam uns Opa in den Sinn. „Himmel", rief meine Frau, „ob er wohl noch lebt?" Wir faßten uns ein Herz und öffneten die Tür zu Opas Zimmer. Ei, da saß er ja – aufrecht im Sessel, einen Kohlstrunk in den Händen.

„Opa", riefen wir, „sei fröhlich. Wir sehen dich jetzt mit ganz anderen Augen. Du darfst wieder mit uns am Tisch essen und im Wohnzimmer Pfeifchen rauchen." Opa antwortete nicht. Er redete nur noch mit seinen Kaninchen. Wir waren ziemlich ratlos.

Dann aber erinnerten wir uns an die Stelle der Fernsehsendung, in der ein Professor gesagt hatte: „Ein wichtiger Faktor für die Rückgliederung alter Menschen in die Gesellschaft ist eine sinnvolle Beschäftigung." Wir drückten Opa den Staubsauger in die Hand und stellten einen Dienstplan auf: Montags bringt Opa Flaschen weg. Dienstags: Gartenarbeit. Mittwochs darf er unseren Wagen waschen. Donnerstags: Teppich klopfen, Wäsche aufhängen. Freitags: Fenster putzen, Treppenhaus reinigen. An Wochenenden kann er gammeln, bis er vor Langeweile von sich aus Staub wischt und die Schuhe putzt. Wenn Opa nun nicht happy ist, können wir ihm auch nicht helfen. Dann liegt es eben an seinem Charakter.

Lektion 5

In dieser Lektion wird Wortschatz aus allen vorangehenden Lektionen wiederholt.

1. Wie heißen diese Dinge?

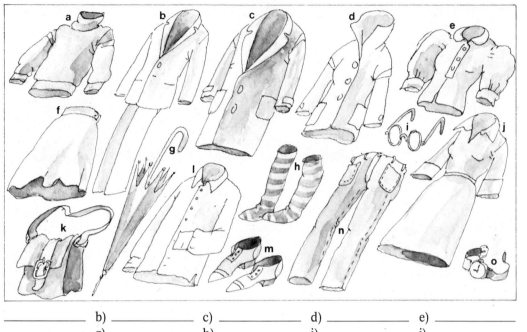

a) _____ b) _____ c) _____ d) _____ e) _____

f) _____ g) _____ h) _____ i) _____ j) _____

k) _____ l) _____ m) _____ n) _____ o) _____

2. Wie sind die Menschen?

bescheiden	dick	müde	gefährlich	traurig	vorsichtig
schmutzig	nervös	ruhig	arm	sparsam	pünktlich

a) Ingeborg wiegt zuviel. Sie ist zu _____.

b) Erich hat sehr wenig Geld, er ist _____.

c) Viele Leute haben Angst, wenn sie Punks sehen. Sie glauben, Punks sind _____.

d) Meine kleine Tochter wäscht sich nicht gerne. Sie ist meistens _____.

e) Silvia gibt wenig Geld aus. Sie ist eine _____ Hausfrau.

f) Herr Berg kommt nie zu früh und nie zu spät. Er ist immer _____.

g) Peter erzählt selbst sehr wenig, er hört lieber zu. Er ist ein sehr _____ Mensch.

h) Albert regt sich über alles auf. Er ist ziemlich _____.

i) Hans schläft oft sehr schlecht. Deshalb ist er morgens oft _____.

j) Jörg lacht sehr selten. Meistens sieht er sehr _____ aus.

k) Veronika fährt immer langsam und paßt gut auf. Sie ist eine _____ Autofahrerin.

l) Frau Wertz hat selten Wünsche. Sie ist meistens _____.

Lektion 5

3. Birgit weiß auch noch nichts.

Birgits Freund Werner hatte einen Autounfall. Eine Freundin ruft sie an und fragt nach Werner, aber Birgit weiß selbst noch nichts. Was sagt Birgit?

Ergänzen Sie.

a) O Sind seine Verletzungen gefährlich?
   □ Ich weiß auch noch nicht, ob _seine Verletzungen ge_

b) O Wie lange muß er im Krankenhaus bleiben?
   □ Der Arzt konnte mir noch nicht sagen, wie lange _____

c) O Wo ist der Unfall passiert?
   □ Ich habe noch nicht gefragt, _____

d) O War noch jemand im Auto?
   □ Ich kann dir nicht sagen, _____

e) O Wohin wollte er denn fahren?
   □ Er hat mir nicht erzählt, _____

f) O Ist der Wagen ganz kaputt?
   □ Ich weiß nicht, _____

g) O Kann man ihn schon besuchen?
   □ Ich habe den Arzt noch nicht gefragt, _____

h) O Bezahlt die Versicherung die Reparatur des Wagens?
   □ Ich habe die Versicherung noch nicht gefragt, _____

4. Wie heißen die Sätze richtig?

a) Kurt ist ein guter Autofahrer, obwohl / seinen / er / zwei Monaten / erst / hat / Führerschein / seit / .

Ebenso:

b) Der Motor zieht nicht richtig, obwohl / Werkstatt / in / letzte / war / Woche / erst / der / der / Wagen / .

c) Ich nehme jetzt einen Kleinwagen, denn / Benzin / der / weniger / braucht / .

d) Ich muß den Wagen jetzt abholen, weil / morgen / ich / Zeit / keine / habe / .

e) Kannst du den Wagen in der Werkstatt anmelden, bevor / zur / gehst / du / Arbeit / ?

f) Herr Kohnen hat sich darüber gefreut, daß / so / hat / wenig / die / gekostet / Reparatur / .

g) Kleinwagen sparen Benzin, aber / große / klein / eine / zu / Familie / für / sind / sie / .

h) Ich habe schon einmal den Führerschein verloren, deshalb / Alkohol / kann / mehr / Autofahrt / keinen / ich / einer / vor / trinken / .

5. Sagen Sie es anders. Verwenden Sie die Wörter ‚bevor‘, ‚als‘ oder ‚während‘.

GR

a) Adele hat Kinderschwester gelernt. Danach hat sie geheiratet.

Bevor Adele geheiratet hat, hat sie Kinderschwester gelernt.

Ebenso:

b) Maria hat zuerst mit ihrer Mutter alleine gelebt. Danach hat sie bei ihrem Großvater gewohnt.

c) Maria war gerade zwei Jahre alt, da ist ihr Vater gestorben.

d) Adeles Mutter hat nachmittags immer geschlafen. In dieser Zeit durften die Kinder nicht spielen.

e) Ulrike ist noch zur Schule gegangen, da ist sie schon zu Hause ausgezogen.

6. Alltagstrott

SA

Für Petra Maurer war gestern ein ganz normaler Tag. Schreiben Sie, was Petra gemacht hat. Benutzen Sie auch ‚dann‘, ‚danach‘, ‚später‘, ‚zuerst‘, ‚als‘, ‚aber‘, ‚deshalb‘.

– Wecker klingelt 6.45 Uhr	– 8.35 Uhr Arbeit anfangen
– noch 10 Minuten im Bett bleiben	– vier Briefe schreiben
– aufstehen	– zwei Briefe aus Spanien übersetzen
– Haare waschen	– Schreibmaschine kaputt gehen, nicht selbst reparieren können
– sich wiegen	
– Kaffee trinken	– früher aufhören
– Auto aus Garage holen	– nach Hause fahren
– Kollegin abholen	– zu Hause Suppe kochen und essen
– tanken müssen	– zwei Stunden fernsehen
– zum Büro fahren	– 5 Zigaretten rauchen
– hoffen, schnell Parkplatz zu finden	– im Bett lesen
– 15 Minuten suchen müssen	– um 11.30 Uhr einschlafen

Um 6.45 Uhr hat der Wecker geklingelt, aber Petra ist noch zehn Minuten ...
Dann ist sie ...

7. Welches Wort paßt wo? Ergänzen Sie.

WS

Dose	Sprache	Heizung	Brot	Buch	Päckchen	Radio	Flasche	Licht
Frage	Stelle	Brief	Schule	Antwort	Fleisch	Universität		Geld
Kühlschrank	Leute	Film	Fahrrad	Kuchen	Kleidung	Apparat		
Paket	Gemüse	Deutsch	Tür	Koffer	Platz	Beruf		

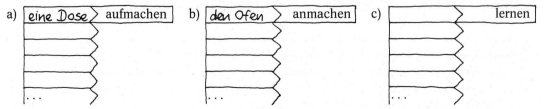

a) *eine Dose* aufmachen b) *den Ofen* anmachen c) lernen

55

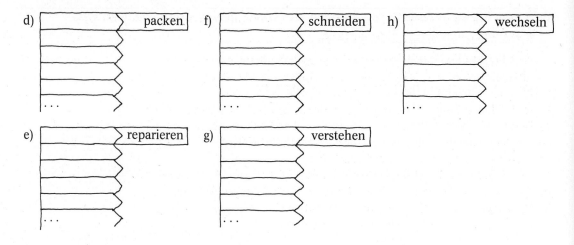

d) packen
e) reparieren
f) schneiden
g) verstehen
h) wechseln

WS

8. Welches Wort paßt wo? Ergänzen Sie.

vom Urlaub   mit der Schule   für den Brief   über ihren Hund   von seinem Bruder
mit der Untersuchung   um eine Zigarette   auf das Wochenende   auf den Urlaub
auf eine bessere Regierung   mit dem Frühstück   um die Adresse   um eine Antwort
für die Verspätung   auf besseres Wetter   mit der Arbeit   von ihrem Unfall
über die Regierung   auf das Essen   für ein Haus   um Feuer   über den Sportverein
auf Sonne   für die schlechte Qualität   von seiner Krankheit   um Auskunft
für eine Schiffsreise   für meine Tochter   auf den Sommer

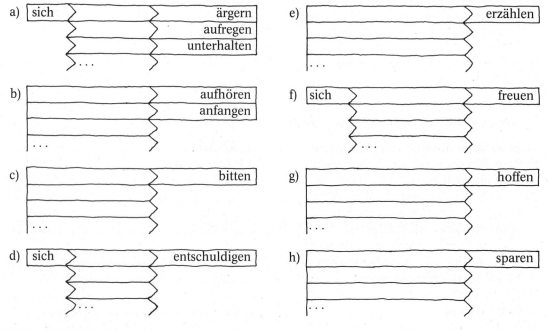

a) sich ärgern / aufregen / unterhalten
b) aufhören / anfangen
c) bitten
d) sich entschuldigen
e) erzählen
f) sich freuen
g) hoffen
h) sparen

9. Sagen Sie es anders. Verwenden Sie einen Infinitivsatz oder einen ‚daß-Satz'. Manchmal sind auch beide möglich.

a) Skifahren kann man leicht lernen. Versuch es doch mal!
   Versuch doch mal, Skifahren zu lernen. Es ist leicht.
   Ebenso:
b) Im nächsten Sommer fahren wir wieder in die Türkei. Das verspreche ich dir.
c) Bei diesem Wetter willst du das Auto waschen? Das hat doch keinen Zweck.
d) Ich suche meinen Regenschirm. Kannst du mir helfen?
e) Es schneit nicht mehr. Es hat aufgehört.
f) Du wolltest doch mit uns Fußball spielen. Hast du das vergessen?
g) Ihr wollt Fahrrad fahren? Bei diesem Nebel habe ich keine Lust.
h) Heute gehe ich nicht schwimmen. Ich habe keine Zeit.
i) Ich finde, wir sollten mal wieder essen gehen.

10. Herr Petersen möchte nur noch vier Stunden pro Tag arbeiten. Er sagt auch, warum er das möchte. Sagen Sie es anders.

a) Ich möchte nur noch vier Stunden pro Tag arbeiten,
   weil ich dann mehr Zeit für meine Hobbys habe.
   um mehr Zeit für meine Hobbys zu haben.
   damit ich mehr Zeit für meine Hobbys habe.
   Ebenso: (Sätze mit ‚um . . . zu' sind nicht immer möglich!)
b) weil ich dann morgens länger schlafen kann.
c) weil meine Kinder mich dann öfter sehen.
d) weil meine Frau dann wieder arbeiten kann.
e) weil ich dann ruhiger leben kann.
f) weil ich meine Freunde dann öfter treffen kann.
g) weil meine Frau und ich dann öfter zusammen sind.
h) weil ich dann öfter im Garten arbeiten kann.

11. Erinnern Sie sich noch an Frau Bauer? Sie hat ihre Freundin Christa gefragt, was sie machen soll. Das sind Christas Antworten. Sagen Sie es anders.

a) Er kann dir doch im Haushalt helfen.   _Er könnte_
b) Back ihm doch keinen Kuchen mehr.   _Ich würde ihm_
c) Kauf dir doch wieder ein Auto.
d) Er muß sich eine neue Stelle suchen.
e) Er soll sich neue Freunde suchen.
f) Ärger dich doch nicht über ihn.
g) Er kann doch morgens spazierengehen.
h) Sag ihm doch mal deine Meinung.
i) Er soll selbst einkaufen gehen.
j) Sprich doch mal mit ihm über
   euer Problem.

Lektion 5

12. Was paßt wo? Ergänzen Sie.

falsch	schlank	scharf	schwierig	breit	sympathisch	~~gelb~~
niedrig	feucht	froh	jung	heiß	verwandt	preiswert

a) rot – blau – _gelb_

b) kurz – lang – _____

c) einfach – leicht – _____

d) dick – dünn – _____

e) kalt – warm – _____

f) klein – hoch – _____

g) süß – sauer – _____

h) teuer – billig – _____

i) wahr – richtig – _____

j) zufrieden – glücklich – _____

k) naß – trocken – _____

l) fremd – bekannt – _____

m) freundlich – nett – _____

n) neu – modern – _____

13. Was paßt wo? Ergänzen Sie.

a) Verkehr

d) Wetter

g) Natur

j) Betrieb

b) Zeit

e) Post

h) Familie

k) Technik

c) Politik

f) Tiere

i) Schule

l) Geld

Briefumschlag	Lehrer	Schwester	Kollege	Unfall	Päckchen
Eltern	Briefmarke	Monat	Partei	Rechnung	Baum	Wald	Nebel
Paket	Kinder	Industrie	Uhr	Prüfung	Panne	Schnee	Krieg
Zeugnis	Versicherung	Maschine	Angestellter	Katze	Schwein	Sonne
Tag	Gewerkschaft	Gewitter	Pflanze	Verwandte	Elektromotor	Steuer
Datum	Vogel	Führerschein	Bank	Werkstatt	Betriebsrat	Fahrplan
Stunde	Fisch	Regierung	Unterricht	Konto	Kilometer	Regen	Arbeiter
Telegramm	Bruder	Klasse	Hund	Wahl	Apparat	Abteilung	Meer	Blume

14. Ergänzen Sie.

a) Das ist meine Schwester, _____ jetzt in Afrika lebt.

b) Das ist das Haus, _____ _____ ich lange gewohnt habe.

c) Das ist mein Bruder Bernd, _____ _____ ich dir gestern erzählt habe.

d) Hier siehst du den alten VW, _____ ich zwölf Jahre gefahren habe.

e) Das ist der Mann, _____ _____ ich den ersten Kuß bekommen habe.

f) Das sind Freunde, _____ _____ ich vor zwei Jahren im Urlaub war.

g) Das sind die Nachbarn, _____ _____ Kinder ich abends manchmal aufpasse.

h) Hier siehst du einen Bekannten, _____ Schwester mit mir studiert hat.

i) Und hier ist die Kirche, _____ _____ ich geheiratet habe.

j) Das ist die Tante, _____ alten Schrank ich bekommen habe.

k) Hier siehst du meine Großeltern, _____ jetzt im Altersheim wohnen.

15. Schlagzeilen aus der Presse. Ergänzen Sie die Präpositionen.

| zwischen während von...bis seit in nach aus bis auf bei mit gegen durch |
| unter über von...nach |

a) Autobahn _____ das Rothaargebirge wird doch nicht gebaut

b) Ostern: Wieder viel Verkehr _____ unseren Straßen

c) 1000 Arbeiter _____ AEG entlassen

d) U-Bahn _____ Bornum _____ List fertig: 40 000 fahren jetzt täglich _____ der Erde

e) _____ Bremen und Glasgow gibt es jetzt eine direkte Flugverbindung

f) Autobahn A 8 jetzt _____ Wilhelmshaven fertig

g) Flüge _____ den Atlantik _____ Kanada und USA werden billiger

h) Lastwagen _____ Haus gefahren

i) Theatergruppe _____ China zu Gast _____ Düsseldorf

j) Parken im Stadtzentrum _____ 9.00 _____ 18.00 Uhr jetzt ganz verboten

k) Halbe Preise bei der Bahn für Jugendliche _____ 25 und für Rentner _____ 60

l) Dieses Jahr: Viele Geschäfte _____ Weihnachten und Neujahr geschlossen

m) Stadt muß sparen: Weniger U-Bahnen _____ Mitternacht

n) Probleme in der Landwirtschaft: _____ fünf Wochen kein Regen

o) Der Sommer beginnt: _____ zwei Wochen öffnen die Schwimmbäder

p) Aktuelles Thema beim Frauenärzte-Kongreß: _____ 40 Jahren noch ein Kind?

q) Stadtbibliothek noch _____ Montag geschlossen

r) Alkoholprobleme in den Betrieben: Viele trinken auch _____ der Arbeitszeit

Lektion 5

WS

16. Was paßt wo?

besuchen beantragen anziehen kündigen erklären anrufen abschließen hören	
kennenlernen waschen anmelden gewinnen bauen einladen entlassen	

a)
das Auto
die Tür
das Haus

f)
den Vertrag
die Wohnung
dem Angestellten

k)
das Problem
den Apparat
die Grammatik

b)
das Kleid
den Mantel
den Pullover

g)
das Auto
den Fernseher
das Radio

l)
ein Haus
eine Straße
eine Garage

c)
Gäste
Freunde
Bekannte

h)
das Spiel
die Wahl
Geld

n)
das Gesicht
die Haare
die Bluse

d)
Radio
Musik
Nachrichten

i)
Bernd
den Handwerker
die Bank

m)
Leute
Menschen
Kollegen

e)
den Arbeiter
den Angestellten
die Sekreärin

j)
ein Zeugnis
einen Reisepaß
einen Ausweis

o)
die Schule
Verwandte
einen Kurs

GR

17. Ergänzen Sie.

Wir sind ein bekannt_____ **Autohaus** in Offenbach und suchen einen freundlich_____
Automechaniker.
Wir bieten Ihnen einen interessant_____ Arbeitsplatz mit nett_____ Kollegen und einem
gut_____ Betriebsklima. Wir wünschen uns einen jung_____ Mitarbeiter mit ausgezeich-
net_____ Zeugnissen. Das gut_____ Gehalt, der sicher_____ Arbeitsplatz und die
modern_____ Werkstatt in unserem neu_____ Betrieb überzeugen Sie bestimmt.
Schreiben Sie Ihre kurz_____ Bewerbung an

Autohaus Nordwest
Giselastraße 29
Offenbach a. M.

Peter Handke

Ich war sieben Jahre alt, als ich *Durch das wilde Kurdistan* von K. May las. (Ich glaube, fast jeder könnte etwas Ähnliches berichten.) Ein seltsames Erlebnis hatte ich dann aber erst mit dem zweiten Buch, das ich ein paar Wochen später anging. Es war *Schloß Rodriganda* von demselben K. M., und das Erlebnis war der Unterschied zwischen beiden Büchern. *Durch das wilde Kurdistan* war nämlich in der Ich-Form erzählt: der Held in meinem ersten Buch war also ein »Ich«. Und in *Schloß Rodriganda* tauchte dieses »Ich« nicht mehr auf. Ich las Seite um Seite, begierig zuerst, dann enttäuscht, dann verärgert, weil das »Ich« noch immer nicht auftrat! Es war ein Gefühl des Mangels, daß die Helden von *Schloß Rodriganda* nur Leute in der dritten Person waren. Es ist mir in Erinnerung, wie ich noch in der Mitte des Buches darauf wartete, daß endlich das »Ich« erscheinen würde, als Retter aus der Not all der »Er«. Selbst am Schluß, im Moment der völligen Ausweglosigkeit, hoffte ich noch auf das »Ich« aus dem wilden Kurdistan. Daß es auch in den Fortsetzungsbüchern von *Schloß Rodriganda: Die Pyramide des Sonnengottes, Benito Juarez* usw. nicht einschritt, ist für mich ein Schock gewesen, in der Erinnerung also ein Erlebnis. Im *Kurzen Brief zum langen Abschied*, über zwanzig Jahre später, habe ich diesen Bewußtseins-Schwindel von damals benützt für die Form des Anfangs der Geschichte: das Wort »Ich« steht erst im fünften Satz der Erzählung.

STÄDTISCHE BIBLIOTHEKEN MÜNCHEN

Benutzereinführung – Stadtteilbüchereien

Anmeldung und Ausweis

Für die **Anmeldung** brauchen wir Ihren Personalausweis oder Reisepaß und eine amtliche Bestätigung Ihrer Adresse. Damit bekommen Sie einen Bibliotheksausweis, der für alle Stadtteilbüchereien gilt. **Anmeldung und Ausleihe sind kostenlos.**

Wenn sich Ihre **Adresse geändert** hat, melden Sie das bitte sofort und bringen Sie eine amtliche Bestätigung dieser Änderung mit.

Wir bitten Sie, einen **Verlust Ihres Bibliotheksausweises** sofort zu melden. Der Ausweis wird dann von uns gesperrt und kann nicht mehr benutzt werden. Für einen neuen Ausweis müssen wir Ihnen allerdings eine kleine Gebühr berechnen.

Ausleihe

Sie können nur mit Ihrem Bibliotheksausweis ausleihen! Bei einer Ausleihe können Sie bis zu 12 Medien (Bücher, Zeitschriften, Cassetten, Spiele, Karten) mitnehmen. Die Medien müssen immer in derselben Stadtteilbücherei zurückgegeben werden, bei der sie ausgeliehen worden sind.

Für die ausgeliehenen Medien sind Sie selbst verantwortlich und haftbar. **Kontrollieren Sie** deshalb vor der Ausleihe die Medien! Werden sie beschädigt oder verlieren Sie welche, dann müssen Sie das sofort melden.

Die normale **Leihfrist** ist vier Wochen. Das Rückgabedatum steht auf der Fristkarte, die Sie bei der Ausleihe bekommen. Normalerweise können Sie die Leihfrist einmal um vier Wochen verlängern lassen. Das geht auch telefonisch; Sie müssen uns dann nur die Nummer Ihres Bibliotheksausweises nennen.
Behalten Sie das Buch länger, ohne die Leihfrist zu verlängern, müssen Sie **Versäumnisgebühr** für jeden Tag und jedes Medium extra bezahlen. Bei größerer Überschreitung der Leihfrist können wir auch die ausgeliehenen Medien in Rechnung stellen; diese Rechnung wird aber zurückgenommen, wenn die Medien daraufhin sofort zurückgegeben werden.

Auskünfte

Kataloge und Listen auf Mikrofilm (Mikrofiches) informieren Sie über die einzelnen Bücher und Medien aller Stadtteilbibliotheken und das ganze System der Stadtbibliothek. Sprechen Sie mit unseren Bibliothekaren, wenn Sie Fragen haben; sie helfen Ihnen gern. Auskünfte bekommen Sie auch am Telefon.

Kataloge und Systematik

Die Kataloge helfen Ihnen, den gewünschten Titel zu finden. Auf jeder Katalogseite steht rechts oben die **Signatur** des Titels. Gesucht werden kann
alphabetisch: Verfasserkatalog
Titelkatalog
Bibliographischer Katalog
Interpretationskatalog
systematisch: Systematischer Sachbuchkatalog
Themenkatalog (für Romane)

Die folgenden Informationen sollen Ihnen helfen, den Katalog zu benutzen und die gewünschten Titel schnell zu finden. Natürlich können Sie auch immer eine Bibliothekarin oder einen Bibliothekar fragen.

Bücher

Romane und Erzählungen sind alphabetisch nach Autoren geordnet. Die drei Anfangsbuchstaben des Autors in Großbuchstaben und eine Unterscheidungszahl stehen auf der Katalogkarte und auf dem Buchrücken.

Beispiel:

| HEM 10 | = Roman oder Erzählung von Ernest Hemingway |

| HEM 30 | = Roman oder Erzählung von Hans Hempel |

Fremdsprachige Erzählungen tragen dazu noch einen anderen Vermerk: e = Englisch, f = Französisch, i = Italienisch usw.

Themengruppen werden durch Farben unterschieden oder stehen in bestimmten Gruppen zusammen.

Beispiele:
rot = Kriminalroman, gelb = Science Fiction, blau = Heimatroman, grün = Jugendliteratur usw.

Sachbücher sind nach Themen geordnet. Sachbuchsignaturen haben einen Großbuchstaben (Haupt-Sachgruppe) und Kleinbuchstaben und Zahlen, die die Haupt-Sachgruppe nach einzelnen Themen ordnet.

Beispiel:

Cem 22	:	C	= Haupt-Sachgruppe Geographie
		Ce	= Geographie Europas
		Cem	= Südeuropa
		Cem 2	= Italien
		Cem 22	= Südtirol

Die Haupt-Sachgruppen der Sachbücher sind:

A Allgemeines (Lexika, Schrift- und Buchkunde)
B Reiseführer
C Geographie, Volkskunde, Völkerkunde
D Heimatkunde (München und Umgebung)
E Geschichte
F Recht
G Sozial- und Staatswissenschaften
H Wirtschaft
K Religion
L Philosophie
M Psychologie
N Pädagogik
O Sprache und Philologie
P Literatur
Q Informations- und Kommunikationswissenschaften
R Kunst
S Musik, Tanz, Theater
T Mathematik
U Naturwissenschaften
V Medizin
W Technik
X Land- und Forstwirtschaft, Hauswirtschaft
Y Sport und Freizeitgestaltung

Kinderbücher sind nach Themen und Altersgruppen geordnet. Kleinbuchstaben bezeichnen die Haupt-Buchgruppe, drei Großbuchstaben den Autor.

Beispiel:

| a | a = Abenteuererzählung |
| MAY | MAY = Karl May |

Die Hauptbuchgruppen der Kinderbücher sind:

a Abenteuer
b Bilderbücher
c Gedichte
d Kunst, Musik
e Erdkunde
f Fremdsprachen
g Geschichte
h Heimatkunde
j Jahrbücher, Lexika
k Kindergeschichten
l Literatur, Sprache
m Märchen
n Naturwissenschaften
o Psychologie, Medizin
r Religion
s Sport, Spiel, Basteln
t Technik
u Erzählungen und Romane für 9–13jährige
v Sagen, Fabeln
w Gemeinschaftskunde
z Zeitschriften

Andere Medien

Cassetten haben fortlaufende Nummern und sind nur im systematischen Katalog nach Themen geordnet.

Spiele haben die Signatur Y und sind nicht weiter geordnet.

Zeitschriften sind im Zeitschriftenregal geordnet. In vielen Büchereien können Sie aber das neueste Exemplar nicht ausleihen.

W. Christian Schmitt im Gespräch
mit dem Schriftsteller Ludwig Harig

»Die Sprache ist der Held meiner Bücher«

Herr Harig, Sie waren 20 Jahre lang Volksschullehrer, bis Sie 1970 diesen Beruf an den Nagel gehängt haben. Waren Sie schon damals – als dies noch gar nicht Mode war – ein Aussteiger?
Harig: Das kann man schon so sagen. Wenngleich ich auch sehr gerne Lehrer gewesen bin. Ich habe insgesamt 20 Jahre lang an saarländischen Volksschulen, zuerst fünf Jahre auf dem Dorf, dann in einer Bergarbeiterstadt gewirkt. Und ich habe mit meinen Schülern eine ganze Menge literarischer Sachen gemacht. Einiges davon ist in dem Büchlein »... und sie fliegen über die Berge weit durch die Welt« enthalten, das bei Hanser als Jubiläumsband Nummer 100 der damaligen »Gelben Reihe« erschien. Sehen Sie, die Arbeit als Schriftsteller, die ich damals natürlich nebenher tun mußte, ist immer gewaltiger, umfänglicher geworden, so daß ich eines Tages wirklich wählen mußte. Und die Wahl ist mir nicht schwergefallen. Ich bin also wirklich ausgestiegen. Nachdem ich ein Gespräch im Kultusministerium hatte, wo mir klar wurde, daß es nicht länger möglich war, auf eine Art Halbtags-Beschäftigung oder eine längere Beurlaubung zu hoffen. Dann höre ich eben auf, habe ich mir gesagt, und von heut auf morgen den Schuldienst quittiert...

...und Sie sind freier Schriftsteller geworden?
Harig: So ist es.

Sie haben Reiseberichte geschrieben, sich über das Fußballspielen geäußert, über die deutsch-französische Verständigung, Balladen, Sonette, Novellen und schließlich auch Satiren verfaßt. Sind Sie – freiweg gefragt – so etwas wie ein literarisch-publizistischer Tausendsassa?
Harig: Um es gleich zu sagen: Alles, was ich bisher gemacht habe, habe ich gerne gemacht, mit großer Lust. Die einzelnen literarischen Gattungen, Formen, die Sie nennen, habe ich regelrecht gelernt. Als ganz junger Mensch schon war ich sehr am Methodischen, Formalen der Literatur interessiert. Diese formalistische Beschäftigung mit Literatur, das Studieren von Prinzipien, Formen, Methoden hat mich sehr stark fasziniert. Und daher kommt es sicher auch, daß ich – wenn ich mich mit Literatur aktiv beschäftige, wenn ich schreibe – sehr viele Formen frei wählen und auch handhaben kann.

Sprache, was bedeutet das eigentlich letztlich für Sie?
Harig: Alles! Anfang und Ende. Der Gegenstand aller meiner Bücher, die Hauptperson, wenn man sie einmal vermenschlichen will, ist im Grunde die Sprache. Es geht mir einzig um die Sprache. Um die Art und Weise, wie und mit Hilfe welcher Sprache die Menschen miteinander verkehren. Man kann da all meine Bücher durchgehen. Die »Sprechstunden für die deutschfranzösische Verständigung«, beispielsweise ein »Familienroman«, wobei die Familien, die sich in diesem Buch entwickeln, im Grunde Wortfamilien, Sprachfamilien sind. Die in dem Buch vorkommenden Familien werden groß, weil die Sprache zunimmt... Oder nehmen Sie den »Kleinen Brixius«. Ein Märchen, eine utopische Geschichte. Da ist ein kleiner Junge, der ich natürlich selber bin (ich erzähle sehr viel aus meiner Kinderzeit in diesem Buch), der sich plötzlich eines Tages entschließt, nicht mehr nein, sondern nur noch ja zu sagen. Ein Junge, der die Möglichkeit hat, sich von dieser Erde zu lösen. Und eines Tages wachsen ihm Flügel, und er kann wirklich fliegen. Aber er hat die Flügel nur, weil ihm sozusagen ein Sprachknochen gewachsen ist. Also auch hier ist die Sprache das eigentliche Thema, der Held des Buches.

Sie haben für Zeitungen, Zeitschriften, für Rundfunk, Fernsehen und Verlage gearbeitet – welches Medium ist denn für Sie am reizvollsten?
Harig: Am liebsten sitze ich zu Hause und schreibe Prosa.

Sie sind in dem kleinen Ort Sulzbach im Saarland geboren, waren beruflich in Frankreich, Amerika und anderswo tätig und sind doch immer wieder heimgekehrt nach Sulzbach. Fühlt man sich als Schriftsteller in einem doch so relativ kleinen Ort nicht im Abseits?
Harig: Uns fehlt überhaupt nichts. Wir haben hier einen anregenden Freundeskreis. Da sind Künstler dabei, Übersetzer, Bildhauer, Literaturredakteure, Professoren und fröhliche Menschen, denn der Saarländer ist ja bekannt als ein solcher.

Wer Sie bei Veranstaltungen, Lesungen erlebt hat, weiß um Ihren Humor, Ihre kunstvolle Ironie. Gibt es Situationen, bei denen für Sie der Humor aufhört?
Harig: Um diese Frage wirklich ganz präzis zu beantworten: Es ist sicher nicht Ironie, was meine Literatur ausmacht oder charakterisiert. Es ist eher das Komische, das ich auch in den zwischenmenschlichen Beziehungen entdecke. Wenn die Menschen die Sprache benutzen, kann das komisch wirken – und zwar jetzt wirklich im allerernstesten Sinne gemeint. Ich glaube, in meiner Literatur kehre ich dieses Komische hervor. Und darüber lachen die Leute.

DIE SCHULEN DES DEUTSCHEN BUCHHANDELS

»Einladung zum Seminar für ausländische Buchhändler«

Der Börsenverein des Deutschen Buchhandels lädt zu seinem

3. Seminar für ausländische Buchhändler

ein, um jüngeren Kollegen aus dem nicht-deutschsprachigen Ausland die Möglichkeit zu geben, den deutschen Buchhandel in seinen wesentlichen Aufgaben und Funktionen, in Arbeit und Leistung kennenzulernen.

Das Seminar findet statt vom

**5. bis 13. Oktober
im Hotel „Hainberg", D-6370 Oberursel**

Mit diesem Seminar sind Veranstaltungen verbunden, die einerseits einen Blick in die Buchhandelspraxis, vom Verlag bis zur Sortimentsbuchhandlung, erlauben und andererseits persönliche Begegnungen mit deutschen Buchhändlern und Verlegern ermöglichen sollen. Zum Rahmenprogramm gehört auch ein Besuch der Frankfurter Buchmesse.

Die Teilnehmer an diesem Seminar sind von ihrem Eintreffen im Hotel an bis zur Abreise Gäste des Börsenvereins des Deutschen Buchhandels, der alle Kosten für den Aufenthalt und die Veranstaltung übernimmt. Die Kollegen aus dem Ausland sollten die deutsche Sprache gut verstehen und sprechen, damit sie mit Gewinn an den Vorträgen, Referaten und Diskussionen teilnehmen können.

Anfragen wegen Einzelheiten und Programm sowie Anmeldungen sind zu richten an

**Börsenverein des Deutschen Buchhandels e.V.
Außenhandels-Ausschuß
Postfach 24 04
6000 Frankfurt/Main 1**

Die Anmeldungen werden in der Reihenfolge des Eingangs berücksichtigt.

Lektion 6

72 ab und zu	67 gleich	66 sehen an
74 ach	69 e Grenze, -n	68 sofort
68 alle	67 innerhalb	68 steigen
73 alles	68 inzwischen	66 r Stein, -e
73 angehen	72 jedenfalls	66 s Stockwerk, -e
67 e Ansicht, -en	70 r Kiosk, -e	73 e Summe, -n
67 e Aussicht	71 r Kreis, -e	69 e Tatsache, -n
66 r Bau, ten	66 r Kunststoff, -e	68 tatsächlich
69 bedeuten	73 laut	72 teilen
74 behaupten	66 leicht	74 überhaupt
74 benutzen	69 leisten	70 übernehmen
72 bereit sein	66 s Licht	71 um
72 Bescheid wissen	73 s Loch, ¨er	74 umziehen
74 beweisen	69 lohnen	69 ungestört
73 e Birne, -n	69 r Markt, ¨e	74 r Untermieter, -
69 bis	69 r Mieter, -	69 verbessern
66 brennen	74 s Mieterschutz-	69 e Verbesserung,
73 Decke, -n	gesetz, -e	-en
73 derselbe,	73 r Mietvertrag, ¨e	69 verlieren
dieselbe,	73 r Mitarbeiter, -	74 r Vermieter, -
dasselbe	74 möbliert	72 verstehen
73 dicht	67 nach	66 s Vieh
73 einfach	70 nach	72 e Voraussetzung,
73 einziehen	67 nebenan	-en
69 elektrisch	74 nützen	67 r Vorort, -e
67 e Entfernung,-en	67 oberster, oberste,	74 e Vorschrift, -en
67 entlang	oberstes	66 e Wärme
66 e Erde, -n	74 ohne weiteres	73 e Wasserleitung,
69 erfüllen	70 s Pferd, -e	-en
69 s Ergebnis, -se	70 r Plan, ¨e	68 r Weg, -e
73 erinnern an	69 r Protest, -e	68 weit
66 erkennen an	70 r Raum, ¨e	69 weiter
74 sich erkundigen	74 s Recht, -e	70 e Wiese, -n
bei/ nach	69 reich	69 zeigen
72 erledigen	70 e Rolle spielen	68 s Ziel, -e
68 erreichen	72 e Rücksicht	73 r Zustand, ¨e
71 erst	69 e Ruhe	73 zwar
68 e Fläche, -n	73 r Schaden, ¨	
69 s Gebäude, -	73 r Schalter, -	
67 gegenüber	72 schließen	
69 gelegentlich	73 s Schreiben, -	
72 e Gewohnheit,	74 e Schwierigkeit,	
-en	-en	

Lektion 6

1. Was paßt wo? Wiederholen Sie Nomen zum Thema Wohnen.

Badewanne	Schrank	Sessel	Kühlschrank	Waschmaschine	Heizung	Bett	Spiegel

Badewanne   Schrank   Sessel   Kühlschrank   Waschmaschine   Heizung   Bett   Spiegel
Stuhl   Teppich   Dusche   Tapete   Regal   Tisch   Lampe   Sofa

a) Darauf stellt man Teller und Gläser beim Essen: _____
b) Darauf sitzt man: _____
c) Damit wärmt man im Winter die Wohnung: _____
d) Darin bleiben Lebensmittel länger frisch: _____
e) Darin kann man sich sehen: _____
f) Darin liegen oder hängen Kleidungsstücke: _____
g) Braucht man abends, wenn es dunkel ist: _____
h) Macht die Wände schöner: _____
i) Darin werden Kleidungsstücke wieder sauber: _____
j) Darin kann man sich im Stehen waschen: _____
k) Darin kann man sich im Liegen waschen: _____
l) Darin schläft man: _____
m) Darauf kann man zum Beispiel Bücher stellen: _____
n) Darauf können mehrere Personen sitzen: _____
o) Darauf sitzt eine Person sehr bequem: _____

2. Ordnen Sie.

Eßzimmer   Zimmerdecke   Toilette   Küche   Zentralheizung   Kleinstadt   Zentrum
Erde   Schlafzimmer   Vorort   Kinderzimmer   Fenster   Mauer   Wand   Treppe   Holz
Dach   an einer Hauptverkehrsstraße   Tür   Wohnzimmer   Bad   Couch   Glas   Beton   Regal   Fußboden   Bett
Eingang   Wasserleitung   Stuhl   am Wald   Innenstadt   Dorf   Sessel   Stein   Tisch

Baumaterial	Wohnlage	Möbel	Räume im Haus	feste Teile des Hauses

3. Was paßt nicht? (ein oder zwei Wörter)

a) erledigen: Einkauf – Gewohnheit – Arbeit – Abwasch – Schreiben – Loch
b) schließen: Auge – Tür – Fenster – Protest – Licht – Eingang
c) teilen: Schwierigkeit – Miete – Baukosten – Ziel – Wohnung – Summe
d) zeigen: Wohnung – Schaden – Strom – Weg – Brief – Raum
e) verlieren: Ruhe – Protest – Weg – Fußballspiel – Kreis – Arbeit
f) verbessern: Mieter – Vorschrift – Gesetz – Voraussetzung – Ergebnis – Zustand

Schreiben Sie Sätze mit den Verben und den passenden Nomen; Ihre Lehrerin/Ihr Lehrer kann korrigieren.

Lektion 6

B1/2 GR

4. Wiederholen Sie ‚Wo + Präposition?'. (Vergl. Arbeitsbuch Themen 2, Seite 37 ff., Übung 17, 18, 20, 21 und Seite 99, Übung 7.)

gegen	zu	(r)an	(r)auf	für	(r)über	von	(r)aus	durch	mit

a) Wo_____ heizte man vor 1000 Jahren? _____ Holz.

b) Wo_____ baut man heute die meisten Hochhäuser? _____ Beton.

c) Wo_____ erkennt man alte Häuser? _____ der Bauform und _____ Baumaterial.

d) Wo_____ träumt Familie Kurz? _____ einer ruhigen Wohnung.

e) Wo_____ freut sich Jochen? _____ die herrliche Aussicht in seiner Neubauwohnung.

f) Wo_____ brauchte man vor 1000 Jahren Holz? _____ den Hausbau, _____ Heizen und _____ die Möbelherstellung.

g) Wo_____ fährt Herr Janßen zur Arbeit? _____ dem Bus oder _____ der S-Bahn.

h) Wo_____ beschweren sich die Leute im Altbau? _____ den kaputten Aufzug.

i) Wo_____ warten die Leute im neuen Vorort? _____ die neue Schnellstraße.

j) Wo_____ gibt es so viel Lärm am Kirchplatz? _____ die Baustelle.

k) Wo_____ demonstrierten die Leute gestern? _____ das häßliche Hochhaus am Kirchplatz.

B1/2 GR

5. Sehen Sie sich die Zeichnung von Lernschritt B 1–2 im Kursbuch an und ergänzen Sie die Sätze. Benützen Sie dafür nur die folgenden Wörter und denken Sie an die Artikel.

entlang	gegenüber	um … herum	innerhalb	außerhalb	um	nebenan

a) Ein Fahrradfahrer fährt _____ Fluß _____.

b) _____ Kirche wird ein Hochhaus gebaut. (_____ Kirche _____ baut man ein Hochhaus.)

c) Ein Bus fährt _____ Park _____.

d) _____ Stadt gibt es keinen Park, nur Häuser und Straßen.

e) Aber _____ Stadtzentrums gibt es viele Wiesen, Felder, Bäume und einen kleinen Park.

f) _____ Kirche stehen nur Bauernhäuser. (_____ Kirche _____ stehen nur Bauernhäuser.)

g) Wenn man im ersten Stadthaus an der Ecke wohnt, hat man das Kino direkt _____.

h) Ist neben dem Kino ein Park? – Nein, der ist _____.

i) Ist der Strand innerhalb der Stadt? – Nein, der ist _____.

B1/2 GR

6. Ergänzen Sie. Wiederholen Sie den Konjunktiv II. (Vergl. Kursbuch „Themen 2", Seite 135 und Arbeitsbuch „Themen 2", Seite 35 f., Übung 11–16.)

können	dürfen	müssen	sein	haben

Wohnen in einem modernen Hochhaus.

Was wäre gut, was wäre nicht so gut?

a) Man _____ eine herrliche Aussicht. (Man _____ sehr weit sehen.)

b) Man _____ keine großen Hunde haben.

c) Man _____ immer ruhig sein, weil noch viele andere Leute im Haus wohnen.

d) Man _____ viel Komfort, z. B. eine Tiefgarage, ein Schwimmbad auf dem Dach, Zentralheizung und immer warmes Wasser.

e) Man _____ immer lange auf den Aufzug warten.

f) Man _____ nur einen Balkon, aber keinen Garten.

g) Man _____ vielleicht oft allein, weil die Atmosphäre in einem Hochhaus meistens sehr unpersönlich ist.

h) Man _____ keinen Lärm machen, weil das die Nachbarn stört.

i) Man _____ keinen Hausflur putzen, weil es einen Hausmeister gibt.

7. Noch eine Wiederholungsübung zum Konjunktiv II. Schreiben Sie mit den Stichworten kleine Texte. Verwenden Sie die Form ‚würde + Infinitiv' und den Konjunktiv II von ‚sollen', ‚müssen', ‚können' und ‚haben'   B1/2 GR

a) schönen alten Bauernhof kaufen / Wiese mit Pferden haben / Scheune als Schwimmbad ausbauen / Wohnräume mit alten Bauernmöbeln einrichten
   ☐ Ich würde gern einen schönen ...
   _____

b) schönes Haus am Waldrand bauen / ein bis zwei Zimmer mehr / Zimmer ein bißchen größer / muß Balkon und Garten haben
   ☐ Wir würden ...
   _____

c) großes Bauernhaus / viel basteln können / viele Leute einladen können
   ☐ Jens und Maria ...

d) eigenes Haus am Stadtrand einer Großstadt bauen lassen / mit einem Architekten zusammenarbeiten / Innenausstattung selber machen / im spanischen Stil einrichten
   ☐ Frau Richter ...

e) Haus mit großem Grundstück haben / soll Kamin haben / große Schiebetüren / schnell in den Garten gehen können / muß Fußbodenheizung haben
   ☐ Herr Gabriel ...

8. Ergänzen Sie die Artikel. Finden Sie eine Regel?   B1/2 GR

a) _das___ Haus _der__ Bau → _der___ Hausbau

b) _____ Wohnung _____ Markt → _____ Wohnungsmarkt

c) _____ Grundstück _____ Preis → _____ Grundstückspreis

d) _____ Jahr _____ Einkommen → _____ Jahreseinkommen

e) _____ Quadrat _____ Meter → _____ Quadratmeter

f) _____ Sprache _____ Schülerin → _____ Sprachenschülerin

g) _____ Leben _____ Ziel → _____ Lebensziel

h) _____ Luft _____ Schloß → _____ Luftschloß

i) _____ Obst _____ Garten → _____ Obstgarten

j) _____ Hobby _____ Raum → _____ Hobbyraum

k) _____ Wohnung _____ Anzeige → _____ Wohnungsanzeige

Lektion 6

9. Ergänzen Sie.

a) Ein Haus, in dem man vieles kaufen kann, ist *ein Kaufhaus*.
   Wenn man ein Haus kauft, nennt man das *einen Hauskauf*.

b) Eine Zeitung, in der nur Anzeigen erscheinen, ist _____.
   Eine Anzeige in der Zeitung nennt man _____.

c) Ein Garten, in dem es nur Obstpflanzen gibt, ist ein _____.
   Obst, das aus dem Garten kommt, nennt man _____.

d) Die Sprache, die Studenten sprechen, nennt man _____.
   Die Studenten, die Sprachen lernen, nennt man _____.

e) Ein Kanal für Schiffe ist _____.
   Schiffe, die nur auf Kanälen fahren, sind _____.

f) Den Wunsch nach einer bestimmten Wohnung nennt man _____.
   Eine Wohnung, die man sich sehr wünscht, ist _____.

g) Eine Wohnung, die man mieten kann, ist _____.
   Die Miete, die man für eine Wohnung bezahlt, ist _____.
   Aber Vorsicht ! Nicht alle zusammengesetzten Nomen lassen sich so einfach umkehren.

10. Lesen Sie die Texte im Kursbuch Seite 10 (Mitte) und Seite 11 (oben). Ordnen Sie die zusammengesetzten Nomen, die Sie in den Texten finden.

a) Nomen (im Singular + Plural) + Nomen
   Arbeitnehmer
   _____
   _____

c) Nomen + (e)s + Nomen
   Jahreseinkommen
   _____
   _____

b) Verbstamm + Nomen
   Wohnfläche
   _____
   _____

d) Adjektiv + Nomen
   Altbau
   _____
   _____

Versuchen Sie jetzt selbst, zusammengesetzte Nomen zu bilden. Ordnen Sie diese auch unter a–d.

Bauern　Neu　Zentral　Grundstücks　Wohnungs　Kauf　Wald　Schiebe
Wohnungs　Schwimm　Spiel　Ehe　Land　Obst
Zeitungs　S-Bahn　Hobby　Bauern　Familien　Fuß　Hoch　Wohn

haus　kiosk　bau　treffpunkt　möbel　angebot　bad　garten　paar
preis　tür　haus　haus
rand　bereich　haus　boden　raum　heizung　raum　platz　anzeige

Sie können natürlich viel mehr Nomen bilden, als Sie im Lösungsschlüssel finden. Aber Vorsicht, man kann nicht alle benutzen !

11. Karin und Ludwig Schröder möchten ein Haus kaufen. Sie haben unterschiedliche Wünsche und diskutieren.

B1/2
GR

☐ Eine größere Küche wäre _wichtig_ / _eine wichtige Sache_ / _etwas Wichtiges_ .

○ Das finde ich nicht! _Wichtiger_ / _eine wichtigere Sache_ / _etwas Wichtigeres_ wäre ein großes Wohnzimmer.

☐ Nein, _am wichtigsten_ / _die wichtigste Sache_ / _das Wichtigste_ wäre eine große Küche.

Bilden Sie jetzt die Formen mit anderen Adjektiven.

a) _schön_ _____ _eine schöne Sache_ _____ _etwas Schönes_ _____

 schöner _____ _eine schönere_ _____ _etwas_ _____

 _am_ _____ _____ _____

b) gut   c) praktisch   d) bequem   e) ärgerlich

12. ‚Finden' hat verschiedene Bedeutungen.

B1/2
BD

A. Die Häuser und Wohnungen in den Großstädten sind sehr teuer. Trotzdem *findet* man dafür Käufer oder Mieter.
   In den Großstädten ist es schwer, eine ruhige und preiswerte Wohnung zu *finden*.
   (finden = bekommen, was man möchte oder braucht)

B. Ich habe im Aufzug einen Schlüssel *gefunden*. Ich weiß nicht, wem er gehört.
   Ich kann meine Brille nicht *finden*. Weißt du, wo sie ist?
   (finden = etwas zufällig sehen; entdecken, was man gesucht hat)

C. Bad und Zentralheizung *findet* man in fast allen Wohnungen.
   Wenn Sie mich sprechen wollen, *finden* Sie mich in meinem Büro.
   (finden = erwarten dürfen, daß jemand/etwas an einem Ort ist)

D. Ich *finde*, daß Wohnen im Hochhaus sehr bequem ist.
   Jens *findet* den Stadtpark nicht sehr schön.
   (finden = der Meinung sein, daß...)

Welche Bedeutung hat ‚finden' in den folgenden Sätzen?

1. Wolfgang *findet* Spazierengehen langweilig. ☐
2. Holger hat seine Traumwohnung noch nicht *gefunden*. ☐
3. Knut hat im zweiten Stock eine Brieftasche *gefunden*. ☐
4. Frau Ludwig kann das Schreiben von ihrem Vermieter nicht *finden*. ☐
5. Besonders in Universitätsstädten *findet* man viele Wohngemeinschaften. ☐
6. Frau Bayer hat eine neue Stelle *gefunden*. ☐
7. Viele Leute *finden* unsere Wohnung zu klein. ☐
8. Hochhäuser kann man in jeder Großstadt *finden*. ☐

Lektion 6

B1/2
BD

13. ‚Nah(e)-, näher-, nächst-' hat verschiedene Bedeutungen.

A. Der Hafen ist sehr *nahe*.
Der Weg durch den Park ist *näher*.
Das ist zwar nicht der *nächste* Weg, aber der schnellste.
(nahe = nicht weit weg; in kurzer Entfernung)

B. *Nächste* Woche können Sie mich im Büro nicht erreichen.
(‚nächst-' vor Zeitangaben wie ‚Tag, Stunde, Jahr' = ‚folgend-')

C. *Nähere* Informationen bekommen Sie bei Frau Rückert.
(‚näher-' vor Nomen wie ‚Auskunft', ‚Information' und nach ‚etwas' und ‚nichts' =
‚genau(er)')

D. An der *nächsten* Ecke ist ein Kiosk.
Das Büro von Frau Franzen ist am *nächsten* Zimmer.
(nächst = nebenan; der, die, das erste... von hier gesehen)

Welche Bedeutung hat ‚nah(e)-, näher-, nächst-' in den folgenden Sätzen?

1. An der *nächsten* Haltestelle müssen Sie aussteigen. □
2. Alle Geschäfte sind sehr *nah*; man muß nicht weit laufen. □
3. Der Makler konnte uns keine *näheren* Informationen über die Wohnung geben. □
4. Hier sind Sie falsch. Die Arztpraxis ist im *nächsten* Haus. □
5. Carlo muß *nächsten* Monat ausziehen. □
6. Ich weiß auch nichts *Näheres* über den neuen Mitarbeiter. □
7. Die Buslinie Nr. 5 fährt *nahe* an unserem Haus vorbei. □
8. Warten Sie noch ein bißchen; Herr Thomsen muß in den *nächsten* Minuten kommen. □

B1/2
BD

14. ‚Erst' hat verschiedene Bedeutungen.

A. Eva wohnt *erst* zwei Monate in der Wohngemeinschaft.
Das Haus ist *erst* fünf Jahre alt.
(erst = nur; noch nicht viel; noch nicht lange)

B. Wir renovieren unsere Wohnung *erst* nächstes Jahr.
(erst = nicht vor einem bestimmten Zeitpunkt; später als geplant, gewünscht oder ver-
mutet)

C. *Erst* muß Herr Klaasen die Wohnung renovieren, dann kann er ausziehen.
Erst wohnte er ganz gerne in der Stadt, aber dann wollte er doch in sein Dorf zurück.
(erst = zuerst; am Anfang)

Welche Bedeutung hat ‚erst' in den folgenden Sätzen?

1. *Erst* wollten sie ein Haus kaufen, doch jetzt wohnen sie wieder in einer Mietwohnung. □
2. *Erst* wenn der Vermieter ‚ja' gesagt hat, können wir das Bad renovieren. □
3. Christa verdient *erst* nächstes Jahr genug Geld, um sich eine eigene Wohnung zu mieten. □
4. Carlo wollte *erst* nicht, aber dann ist er doch noch zum Mieterverband gegangen. □
5. Uta und Eva kennen sich *erst* ein oder zwei Monate. □
6. Das Wohnzimmer haben wir *erst* vor zwei Jahren tapeziert. □

15. Was können Sie auch sagen?

a) *Womit wird geheizt?*
 Ⓐ Aus welchem Material ist die Heizung?
 Ⓑ Womit heizt man?
 Ⓒ Wozu wird geheizt?

b) *Wozu wird Kunststoff gebraucht?*
 Ⓐ Wozu verwendet man Kunststoff?
 Ⓑ Wofür braucht man Kunststoff?
 Ⓒ Woraus wird Kunststoff gemacht?

c) *Billige Mietwohnungen zu bauen lohnt sich nicht.*
 Ⓐ Billige Mietwohnungen zu bauen, ist kein gutes Geschäft.
 Ⓑ Billige Mietwohnungen zu bauen, ist viel Arbeit.
 Ⓒ Billige Mietwohnungen bauen können nur arme Leute.

d) *Gaby muß innerhalb eines Monats ausziehen.*
 Ⓐ Gaby muß ihre Wohnung spätestens in einem Monat verlassen.
 Ⓑ Gaby kann noch höchstens einen Monat in ihrer Wohnung bleiben.
 Ⓒ Gaby muß in einem halben Monat ausziehen.

e) *Das Haus ist in einem schlechten Zustand.*
 Ⓐ Das Haus muß renoviert werden.
 Ⓑ Das Haus hat zu kleine Räume.
 Ⓒ Das Haus hat keinen Garten.

f) *Du hast ja wirklich eine Traumwohnung!*
 Ⓐ Ich finde deine Wohnung phantastisch.
 Ⓑ Ich habe gestern von deiner Wohnung geträumt.
 Ⓒ Deine Wohnung ist viel zu teuer.

g) *In einer Wohngemeinschaft ist immer etwas los.*
 Ⓐ In einer WG ist es nie langweilig.
 Ⓑ In einer WG gibt es jeden Tag Streit.
 Ⓒ In einer WG kann jeder machen, was er will.

h) *Woran erkennt man Bauernhäuser?*
 Ⓐ Wie erkennt man Bauernhäuser?
 Ⓑ Womit erkennt man Bauernhäuser?
 Ⓒ Woran sieht man, welche Häuser Bauernhäuser sind?

i) *Woraus wird Beton gemacht?*
 Ⓐ Wozu wird Beton gemacht?
 Ⓑ Aus welchem Material ist Beton?
 Ⓒ Woraus macht man Beton?

j) *Das neue Gesetz hat Verbesserungen für die Mieter gebracht.*
 Ⓐ Das neue Gesetz bringt den Mietern Vorteile.
 Ⓑ Die Mieter verstehen das neue Gesetz besser.
 Ⓒ Das neue Gesetz ist besser für die Vermieter.

k) *Die wichtigste Voraussetzung ist, daß die Wohnung einen Balkon hat.*
 Ⓐ Meine Wohnung muß unbedingt einen Balkon haben.
 Ⓑ Wenn die Wohnung keinen Balkon hat, nehme ich sie nicht.
 Ⓒ Ich sitze gern auf dem Balkon.

l) *Meiner Ansicht nach sind Hochhäuser häßlich.*
 Ⓐ In Hochhäusern ist die Aussicht schlecht.
 Ⓑ Hochhäuser gefallen mir nicht.
 Ⓒ Niemand wohnt gern in Hochhäusern.

m) *Uta will ihre Gewohnheiten nicht ändern.*
 Ⓐ Uta will die Wohnung nicht wechseln.
 Ⓑ Uta will genauso weiterleben wie bisher.
 Ⓒ Uta ändert sich gewöhnlich nicht.

n) *Ein eigenes Haus kann ich mir nicht leisten.*
 Ⓐ Ein eigenes Haus lohnt sich nicht.
 Ⓑ Ein eigenes Haus ist zu teuer für mich.
 Ⓒ Ein eigenes Haus kann ich nicht bezahlen.

Lektion 6

B3
WS

16. Was paßt nicht?

a) Toilette, Küche, Waschbecken, Badewanne

b) Fußboden, Zimmerdecke, Wand, Garage

c) Gebäude, Gas, Strom, Wasser

d) Dachboden, Keller, Altbau, Stockwerk

e) Steckdose, Ofen, Heizung, Kamin

f) Küche, Dach, Bad, Flur

g) Hochhaus, Neubau, Bauernhof, Keller

h) Teppich, Bild, Erdgeschoß, Tapete

i) Schalter, Loch, Birne, Licht

j) Fläche, Vieh, Pferd, Wiese

k) Kunststoff, Stein, Erde, Wärme

l) Vermieter, Mieter, Pferd, Mitarbeiter

m) Vorschrift, Recht, Gesetz, Tatsache

Wenn Sie glauben, daß Sie die richtige Lösung gefunden haben, ordnen Sie jeder Reihe eine Erklärung zu:

1	j	gehört zu einem Bauernhof
2		alles Personen
3		alles gegen Kälte
4		gehört zur elektrischen Lampe
5		alles im Badezimmer
6		bequem, wenn man es in der Wohnung hat
7		was man (nicht) tun muß, kann, darf

8		Material zum Bauen
9		alles Gebäude
10		feste Teile eines Hauses
11		sind zusammen ein Zimmer
12		macht Räume schöner
13		Räume in einer Wohnung

B3
WS

17. Welche Ergänzungen passen zu welchen Verben?

über den Mieter   an der Wasserleitung   über den Schaden   beim Vermieter
an den Plan   an das Schreiben   über das Ziel
bei der Fa. Gromann   über das Ergebnis   am Zustand des Baus   nach der Vorschrift.
am Gebäude   beim Mieterverband   an den Schaden   nach der Miete
nach der Entfernung   nach dem Mieterschutzgesetz
nach dem Ergebnis   an das Ziel   über eine Gewohnheit   am Baumaterial   am Schaden
über das Schreiben

a) über das Schreiben ⟩ Bescheid wissen
...

b) sich ⟩ beim Vermieter ⟩ erkundigen
nach der Vorschrift
...

c) an den Plan ⟩ erinnern
...

d) am Schaden ⟩ erkennen / sehen
...

74

18. Ergänzen Sie.

behaupten   bedeuten₁   Bescheid wissen   Rolle spielen   bedeuten₂   benutzen
beweisen   bereit sein

a) Der Mieter hat die Wasserleitung nicht kaputt gemacht. Aber er kann das nicht _____.
Deshalb muß er jetzt den Schaden bezahlen.

b) Der Vermieter _____, daß der Mieter den Schaden bezahlen muß. Aber der Mieterverband sagt, daß der Vermieter die Reparatur bezahlen muß.

c) Meine Wohnung _____ mir nicht viel; für Möbel gebe ich kein Geld aus, weil ich
sowieso wenig zu Hause bin.

d) Carlo _____ über das Mieterschutzgesetz nicht _____; er kennt es noch nicht.

e) Der Vermieter _____, die Wohnung selbst zu renovieren, obwohl er es eigentlich nicht
machen muß.

f) Die Wörter ‚Ansicht‘ und ‚Aussicht‘ _____ nicht dasselbe.

g) Die Dusche kann man nicht _____, sie ist kaputt.

h) In einer Wohngemeinschaft leben meistens sehr verschiedene Leute zusammen, deshalb
_____ Toleranz eine wichtige _____.

19. Was paßt wo?

gelegentlich   ab und zu   ohne weiteres   überhaupt   eigentlich

a) Meistens bin ich gern mit anderen Leuten zusammen, aber _____ möchte ich doch
alleine sein und meine Ruhe haben.

b) Ich bin gerne allein, aber über _____ Besuch freue ich mich.

c) Diesen Mietvertrag kannst du _____ unterschreiben; der ist in Ordnung.

d) Hast du _____ gewußt, daß dieses Haus schon 250 Jahre alt ist?

e) Du willst ein Haus kaufen? Hast du _____ soviel Geld?

f) Die Miete ist zwar teuer, aber ich kann sie _____ bezahlen.

g) Ich wohne hier nicht schlecht, aber _____ werde ich eine ruhigere Wohnung suchen.

20. Was muß gemacht werden? Schreiben Sie.

Herr Eilers hat seine Wohnung gekündigt. Bevor er auszieht, muß er noch einige Sachen in
Ordnung bringen. Was muß gemacht werden?

a) Wände streichen *Die Wände müssen gestrichen werden.* _____

b) Wasserleitung reparieren _____

c) Dusche reparieren _____

d) Heizung in Ordnung bringen _____

e) Keller reinigen _____

f) Räume tapezieren _____

g) Wohnung sauber machen _____

Lektion 6

B3
GR

21. Was ist gemacht worden? Schreiben Sie.

Frau Gabriel hat diese Wohnungsanzeige in der Zeitung gelesen und ruft den Makler an, um sich über die Wohnung zu informieren.

> **3-Zi.-Whg.** (ca. 60 m²), Kü, voll eingerichtet, Stadtzentrum, sehr ruhig, 1000,– + NK, KT,
> **Imm. Fritsche, Tel. 5 54 29**

a) Türen streichen

Schreiben Sie, was der Makler antwortet.

b) Heizung in Ordnung bringen _____
c) Fenster erneuern _____
d) alle Räume tapezieren _____
e) Küche neu einrichten _____
f) Wasserleitungen reparieren _____
g) neuen Teppichboden verlegen _____
h) Wandschränke einbauen _____
i) Wohnzimmer größer machen _____
j) neues Bad einbauen _____
k) Keller putzen _____

B3
BD

22. ‚Kaum' hat verschiedene Bedeutungen.

A. Ich finde das Wohnzimmer viel zu klein; es hat *kaum* 14 m²!
   (kaum = nicht einmal; weniger als)
B. Weil wir so weit außerhalb der Stadt wohnen, bekommen wir *kaum* Besuch.
   (kaum = selten)
C. Die Wohnung ist mir zu dunkel; sie hat *kaum* Licht.
   (kaum = fast kein(e); fast nicht)
D. In eurer Wohngemeinschaft gibt es keine Probleme? Das kann ich *kaum* glauben.
   (kaum = nur schwer)

Was können Sie in den folgenden Sätzen für ‚kaum' noch sagen? (Oft passen mehrere Wörter.)

1. nicht einmal	3. selten	6. nur schwer	8. sicher nicht
2. weniger als	4. fast nicht		
	5. fast kein(e)	7. nur wenig	

a) Traumhäuser, die man auch bezahlen kann, gibt es *kaum*. __3, 5__

b) Von unserer Wohnung laufe ich *kaum* 10 Minuten zur U-Bahn. _____

c) Mit vielen Kindern hat man *kaum* Chancen, eine gute Wohnung zu finden. _____

d) Mein Vater kommt *kaum* vor 20 Uhr nach Hause; meistens ist es sogar später. _____

e) Unser Haus ist *kaum* drei Jahre alt, und trotzdem muß ich dauernd etwas reparieren. _____

f) In den Großstädten wird *kaum* mit Holz gebaut. _____

g) Der letzte Mieter war sehr ordentlich; Sie brauchen die Wohnung *kaum* zu renovieren. _____

h) In diese Badewanne paßt ja *kaum* ein Kind! _____

i) Als ich noch studiert habe, konnte ich *kaum* die Miete für ein kleines Zimmer bezahlen. _____

j) Meine Eltern sind schon alt. Sie können *kaum* noch Treppen steigen. _____

k) In einem Hochhaus kennt man seine Nachbarn *kaum*. _____

23. Haben Sie die folgenden Begriffe richtig verstanden? Entscheiden Sie, ob die Sätze richtig (R) oder falsch (F) sind.

B3
BD

A. Untermieter

a) Ein Untermieter hat nur ein oder zwei Zimmer in einer größeren Wohnung gemietet. . . . . | R | F |

b) Ein Untermieter lebt mit dem Vermieter oder dem Hauptmieter in einer Wohnung zusammen. . . . . | R | F |

c) Die meisten Untermieter sind Studenten oder alleinstehende Personen in größeren Städten. . . . . | R | F |

d) Untermieter wohnen ein Stockwerk tiefer als der Vermieter. . . . . | R | F |

e) Zimmer für Untermieter sind meistens möbliert. . . . . | R | F |

B. Mietvertrag

a) Bei der Kündigung schließen Mieter und Vermieter einen Mietvertrag. . . . . . . | R | F |

b) Vor dem Einzug schließen Mieter und Vermieter einen Mietvertrag. . . . . | R | F |

Im Mietvertrag werden geregelt:

c) Preis der Monatsmiete und Höhe der Nebenkosten. . . . . | R | F |

d) Wann der Mieter oder Vermieter den Vertrag kündigen kann. . . . . | R | F |

e) Wer die Wohnung renovieren muß. . . . . | R | F |

f) Welche Möbel der Mieter haben muß. . . . . | R | F |

g) In welchem Zimmer der Mieter schlafen muß. . . . . | R | F |

Lektion 6

h) Ob der Mieter einen Hund oder eine Katze haben darf. . . . . | R | F |

i) Weil dem Vermieter die Wohnung gehört, darf er im Mietvertrag alles verlangen,
was er möchte. . . . . | R | F |

j) Durch das Mieterschutzgesetz hat jeder Mieter wichtige Rechte, gegen die auch
ein Vermieter mit einem Mietvertrag nichts machen kann. . . . . | R | F |

C. Wohngemeinschaft

‚Wohngemeinschaft' heißt eigentlich nur ‚Leute wohnen zusammen'. Wenn Sie allerdings
heute hören oder lesen ‚Er (sie/diese Leute) wohnt (wohnen) in einer Wohngemeinschaft.'
ist damit eine ganz bestimmte Form des Zusammenlebens gemeint. Was glauben Sie, was ist
die ‚moderne' Bedeutung des Wortes?

Ⓐ Ein unverheiratetes Paar lebt in einer gemeinsamen Wohnung.

Ⓑ Großeltern, Eltern und Kinder wohnen zusammen in einem Haus.

Ⓒ Personen wohnen in einem Mietshaus im gleichen Stockwerk.

Ⓓ Studenten wohnen in einem Studentenheim zusammen.

Ⓔ Mehrere Leute teilen sich eine größere Wohnung.

B3
BD

24. Was können Sie auch sagen?

a) *Mein Geld reicht nicht für eine Eigen-*
tumswohnung.
Ⓐ Ich kann mir keine Eigentumswohnung leisten.
Ⓑ Für eine Eigentumswohnung habe ich
nicht genug Geld.
Ⓒ Ich bin reich, aber trotzdem kaufe ich
keine Eigentumswohnung.

b) *Der Dachboden ist über eine Treppe zu*
erreichen.
Ⓐ Wenn man auf den Dachboden gehen
will, muß man eine Treppe benutzen.
Ⓑ Es führt eine Treppe auf den Dachboden.
Ⓒ Über dem Dachboden ist eine Treppe.

c) *Das nützt doch nichts.*
Ⓐ Das gefällt mir nicht.
Ⓑ Das hat doch keinen Zweck.
Ⓒ Das hilft doch auch nicht.

d) *Carlo möchte (mit seinem Vermieter)*
keine Schwierigkeiten haben.
Ⓐ Carlo möchte keinen Streit haben.
Ⓑ Carlo möchte keinen Ärger haben.
Ⓒ Carlo möchte keinen Schaden
haben.

e) *Die Baukosten sind stark gestiegen.*
Ⓐ Wer bauen will, muß sehr stark sein.
Ⓑ Der Hausbau ist in den letzten Jahren
sehr teuer geworden.
Ⓒ Früher war ein Hausbau wesentlich
billiger.

f) *Carlo zieht nächste Woche um.*
Ⓐ Carlo zieht nächste Woche in eine an-
dere Wohnung ein.
Ⓑ Carlo zieht nächste Woche aus seiner
alten Wohnung aus.
Ⓒ Carlo zieht sich um.

B3
SA

25. Schreiben Sie einen Brief.

Carlo macht in zwei Monaten seine Abschlußprüfung an der Universität. Er hat keine Zeit,
selbst zum Mieterverein zu gehen, und schreibt deshalb einen Brief. Vorher notiert er sich
ein paar Stichpunkte.

Schreiben Sie den Brief für Carlo. Beginnen Sie mit ‚Sehr geehrte Damen und Herren', und schreiben Sie zum Schluß ‚Mit freundlichen Grüßen' und dann Ihre Unterschrift.

- seit 6 Monaten ein Zimmer
- Untermieter
- kein Mietvertrag
- soll Zimmer innerhalb eines Monats verlassen (bis 31. 8.)
- Prüfung am 15. 9.
- keine Zeit, neues Zimmer zu suchen
- Vermieter will Zimmer für Sohn
- wußte es sicher vorher, hat aber nichts gesagt
- Frage: Was sagt Gesetz? Wann ausziehen? Möglichkeit, bis nach Prüfung zu bleiben?

26. Schreiben Sie einen Dialog.

B3
BD

Hallo Carlo, was ist denn passiert? Du siehst ja so traurig aus!

Na ja, ich muß schon wieder umziehen.

Du weißt doch, was das Gesetz sagt:
Wenn der Vermieter das Zimmer für sich oder seine Familie braucht,
kann er dem Mieter kündigen.

Kannst du nichts dagegen machen?

Was? Du wohnst doch erst seit 6 Monaten in deinem neuen Zimmer!

Das finde ich auch. Aber hilft mir das, wenn ich es nicht beweisen kann?

Das weiß ich auch nicht. Informiere dich doch mal beim Mieterverein. Der kann dir vielleicht helfen.

Aber das wußte er doch bestimmt schon vor einem halben Jahr. Das hätte er dir sagen müssen, daß du nur so kurz bei ihm wohnen kannst!

Mein Vermieter braucht das Zimmer für seinen Sohn, sagt er. Deshalb hat er mir gekündigt.

○ Hallo Carlo, was ist ... _____

□ _____

○ _____

□ _____

○ ...

Oft Anlaß zum Streit: die Hausordnung

Was muß sich ein Wohnungsmieter eigentlich gefallen lassen? – Da hatte sich zum Beispiel ein junges Ehepaar im Mietvertrag verpflichtet, keine Kinder zu bekommen. Als dann doch ein Kind zur Welt kam, wurde den Eltern prompt die Wohnung gekündigt. Vor Gericht konnte der Vermieter diese Kündigung aber nicht durchsetzen: der Richter stellte fest, daß die Vorschrift »Keine Kinder« in einem Mietvertrag nicht erlaubt ist und daß deshalb eine Verletzung dieser Vorschrift kein Grund für eine Kündigung der Wohnung sein kann.

Solche Fälle sind aber nicht sehr häufig. Denn wer eine Wohnung mietet, der liest den Mietvertrag meistens genau durch und wird lieber auf eine Wohnung verzichten, als eine Bestimmung wie »Keine Kinder« zu akzeptieren.

Auf eines achtet man allerdings oft nicht so sehr: auf die Hausordnung. Daher kommt es, daß in den meisten Fällen nicht die Regelungen im Mietvertrag, sondern die Bestimmungen der Hausordnung später zum Streit zwischen Vermieter und Mieter führen. Und mancher erlebt eine böse Überraschung, wenn er plötzlich merkt, daß er nur drei Stunden am Tag das Fenster zum Lüften öffnen darf oder daß abends das Duschen verboten ist. Klar, daß man sich dann ärgert und sich fragt, was man gegen eine solche Hausordnung unternehmen kann.

Wie eine Hausordnung aussehen sollte, darüber gibt es keine allgemeingültige Regelung. Jeder Vermieter darf sich eine eigene Ordnung für sein Mietshaus ausdenken. Aber in einigen Grundsatzfragen haben sich die Gerichte – durch die mancher Streit um die Hausordnung schließlich geklärt werden muß – geeinigt. So gilt es zum Beispiel als unzulässig, wenn

– ein Vermieter Baden und Duschen nach 22 Uhr verbieten will;
– das Musizieren völlig untersagt werden soll;
– Besuch nach 22 Uhr verboten ist;
– der Vermieter vorschreibt, wann und wie lange man seine Wohnung lüften darf.

Es gibt noch krassere Fälle, ähnlich wie das Kinderverbot. Vorschriften zum Beispiel wie »Besuche sind nur an Wochenenden gestattet« oder »nach 20 Uhr darf die Toilette nicht gespült werden«. Eine Lehrerin mietete eine Wohnung mit der Vorschrift »kein Herrenbesuch nach 22 Uhr abends, nur ein Wannenbad in der Woche, keine Straßenschuhe in der Wohnung«. All dies muß sich ein Mieter natürlich nicht gefallen lassen.

Schwieriger wird es allerdings, wenn die Hausordnung Teil des Mietvertrags ist. Dann hat man nämlich zusammen mit dem Mietvertrag auch die Hausordnung unterschrieben, und da hilft dann meist nur noch ein Rechtsanwalt und – wenn der Vermieter nicht nachgeben will – das Gericht.

Was der Vermieter bestimmen darf, wird von den Juristen so beschrieben: Es sind nur solche Anordnungen möglich, die notwendig sind, um die Ordnung im Haus zu bewahren und ein »gedeihliches Zusammenleben« der Mieter zu ermöglichen. Dazu gehört zum Beispiel die Bestimmung, daß die üblichen Ruhezeiten (nachts von 22 bis 7 Uhr, mittags von 13 bis 15 Uhr) eingehalten werden. Oder daß nur tagsüber Staub gesaugt werden darf.

Ein Vermieter kann außerdem dem Mieter verbieten,
– in der Wohnung Wäsche zu trocknen;
– Fahrräder im Treppenhaus abzustellen;
– Hunde oder Katzen in der Wohnung zu halten.

Die Frage, ob man auf dem Balkon einer Mietwohnung grillen darf oder nicht, ist bei den Rechtsanwälten und Richtern immer noch ungeklärt.

Wenn man mit seiner Hausordnung nicht einverstanden ist, sollte man den Vermieter darauf ansprechen. Sagt man nichts, kann dies als Zustimmung zur Hausordnung verstanden werden. In jedem Fall ist es besser, wenn man zuerst versucht, sich direkt mit dem Vermieter einig zu werden. Schließlich will man sich ja nicht mit dem Hausbesitzer vor Gericht treffen.

Wenn aber alles nichts hilft, kann man sich bei einem Rechtsanwalt, aber auch bei Mietervereinen oder in größeren Städten bei den Amtsgerichten erkundigen, die oft besondere Beratungsstellen eingerichtet haben. Solche Beratungsstellen sind allerdings nur für solche Mieter, die zuwenig Geld haben, um einen Rechtsanwalt zu bezahlen.

Und da wir gerade beim Geld sind: Wenn das Gericht einem Mieter Recht gibt, kann der vom Vermieter verlangen, daß er ihm nicht nur Beratungs- und Anwaltskosten ersetzt, sondern auch finanzielle Nachteile, die ihm durch das vertragswidrige oder unerlaubte Verhalten des Vermieters entstanden sind. Schmerzensgeld kann er allerdings im allgemeinen nicht verlangen.

84 aber	86 e Erlaubnis	88 rechnen (mit	82 viel
79 abfliegen	85 s Fach, ¨er	etwas	82 von
87 r Abschnitt, -e	78 faul	81 e Regel, -n	86 vor
82 abwärts	85 s Feld, -er	88 -reich	84 vorbereiten
85 allerdings	88 fern	88 s Reisebüro, -s	84 vorstellen
81 allgemein	83 folgen	84 r Scheinwerfer, -	84 e Vorstellung,
88 r Angehörige, -n	87 in Frage	82 schieben	-en
88 ansehen	kommen	79 schlagen	81 was
88 anstrengen	82 frieren	85 schließen	81 weiter
86 auch wenn	81 furchtbar	81 r Schritt, -e	80 wenig
81 e Aufgabe, -n	79 s Gasthaus, ¨er	87 sicher	88 werden
87 e Ausfahrt, -en	86 gehen um	85 sobald	86 westlich
88 ausnahmsweise	88 gelten	88 s Sonderange-	86 wie
87 e Ausreise, -n	86 s Gespräch, -e	bot, -e	78 winken
85 ausziehen	80 halb	84 r Sonderbus, -se	79 e Wirtschaft, -en
88 s Bad	88 hassen	80 s Spielzeug, -e	88 e Zahl, -en
79 e Bank, ¨e	80 häufig	79 springen	88 s Zelt, -e
88 e Bedeutung, -en	78 s Heft, -e	82 steil	84 zu
78 begrüßen	81 hinsetzen	87 e Stelle, -n	
78 beobachten	88 e Hitze	81 stellen	
88 berufstätig	80 s Hobby,	87 e Strecke, -n	
86 besondere	Hobbies	79 stürzen	
87 bestehen	88 jährlich	82 südlich	
87 betragen	85 jedenfalls	82 s Tal, ¨er	
88 r Betrieb, -e	86 jedoch	88 r Tanz, ¨e	
84 bitten	88 r Kontinent, -e	78 s Taschenbuch,	
82 bremsen	84 e Kopie, -n	¨er	
88 buchen	82 e Kurve, -n	79 turnen	
88 r Campingplatz,	85 e Küste, -n	87 überhaupt	
¨e	88 laufen	87 übernachten	
80 desto	88 e Mehrheit, -en	80 übrig	
81 dienen	87 melden	78 s Ufer, -	
84 drüben	88 e Menge, -n	87 e Umleitung, -en	
83 einander	83 e Mitte	84 unsicher	
84 r Eindruck, ¨e	85 s Motorrad, ¨er	81 unter	
80 einmal	79 r Nagel, ¨	88 e Unterkunft, ¨e	
87 e Einreise, -n	79 nähen	81 unterscheiden	
84 s Ende	86 neugierig	80 e Veranstaltung,	
81 e Erfahrung, -en	88 operieren	-en	
88 sich erholen	82 östlich	89 verbinden	
84 e Erinnerung,	79 e Pause, -n	87 verbringen	
-en	82 s Rad, ¨er	87 r Vergleich, -e	
81 erkennen	79 radfahren	81 r Vertreter, -	

Lektion 7

B1/2
WS

1. Was paßt nicht?

a) fahren: Eisenbahn, Motorrad, Fahrrad, Auto, Bus, Flugzeug, Schiff, Boot

b) lesen: Zeitung, Zeitschrift, Postkarte, Paket, Taschenbuch, Heft, Stadtplan, Kurve

c) malen: Gespräch, Bild, Landschaft, Blumenfeld, Vogel, Kontakt, Meer, Kind

d) machen: Pause, Schulfach, Kopie, Kaffee, Schulaufgabe, Hobby, Lärm

e) springen: vom Tisch, ins Wasser, mit den Armen, aus dem Flugzeug, morgens aus dem Bett, zwei Meter hoch

f) ausziehen: die Schuhe, das Kleid, das Ufer, den Pullover, die Strümpfe, den Hut, das Hemd

g) ausziehen: vom Arbeitsplatz, aus einem Haus, aus einer Wohnung, aus dem Kino, aus einem möblierten Zimmer, aus seinem Büro

h) beobachten: im Wald die Tiere, in der Wüste die Vögel, einen Sessel im Wohnzimmer, den Sonnenuntergang am Meer, das Fernsehprogramm

i) stellen: ein Fahrrad an die Mauer, eine Bank in den Garten, eine Hose in den Schrank, ein Motorrad in die Garage, ein Taschenbuch ins Regal

B1/2
WS

2. Was paßt wozu? Ergänzen Sie.

sehen	ansehen	beobachten	erkennen

a) Viele alte Leute können nicht mehr gut _____. Sie brauchen eine Brille.

b) _____ du das schwarze Motorrad dort? Das gehört mir.

c) Ohne Brille kann ich noch nicht einmal meine besten Freunde _____.

d) Die Scheinwerfer sind aber schwach. Man kann ja kaum etwas _____.

e) Er hat das Bild lange _____, weil es ihm so gut gefallen hat.

f) Ich habe Fotos vom Urlaub dabei. Möchtest du sie _____?

g) Ich möchte mir heute abend einen Film _____.

h) Der Nachbar ist ein komischer Mensch. Er sitzt oft stundenlang am Fenster und _____ mich.

B1/2
WS

3. Bilden Sie neue Wörter.

Im Deutschen kann man neue Wörter bilden. Dafür gibt es Regeln. Aber Vorsicht: Die Regeln sind zwar meistens einfach, es ist aber schwer zu lernen, welche Wörter man wirklich verwendet und welche nicht – denn dafür gibt es keine Regeln. (Natürlich versteht ein Deutscher Sie in den meisten Fällen auch dann, wenn Sie ein Wort bilden, das normalerweise nicht verwendet wird.)

Man kann zum Beispiel neue Adjektive nach den Formeln

        Nomen + los   – der Baum + los → baumlos (ohne Bäume)

        Nomen + reich   – der Wald + reich → waldreich (mit viel Wald)

bilden. Bei manchen Nomen muß man allerdings ein „s" einsetzen:

        Nomen + s + los   – die Bedeutung + s + los → bedeutungslos

        Nomen + s + reich   – die Arbeit + s + reich → arbeitsreich

Leider gibt es dafür keine einfache Regel. Auch nicht dafür, ob das Nomen im Singular oder im Plural benutzt wird, wenn daraus ein Adjektiv auf -los oder -reich werden soll.

Versuchen Sie es: Bilden Sie selbst Adjektive, mit denen Sie die Sätze sinnvoll ergänzen können.

die Arbeit   die Kinder   die Pausen   der Verkehr   das Wort   der Wald   +   reich   los

a) 4-Zimmer-Wohnung zu vermieten. Nur an berufstätiges _____ Ehepaar über 35, Nichtraucher. DM 1200,– + NK, 3 MM Kaution.

b) Mein Vater schimpfte gar nicht, als er das schlechte Zeugnis sah. Er drehte sich nur um und ging _____ hinaus.

c) Die letzten Monate waren für alle Kolleginnen und Kollegen besonders _____. Jetzt haben alle ihren Urlaub wirklich verdient.

d) Ferien im Hotel sind sehr teuer. Besonders für _____ Familien ist es viel besser, eine Ferienwohnung zu mieten.

e) Die Wohnung ist sehr schön, aber sie liegt an einer _____ Straße. Man kommt kaum auf die andere Seite, weil _____ Autos daherkommen.

f) Ich kann mich bei Waldspaziergängen am besten erholen. Deshalb mache ich immer in _____ Gebieten Urlaub.

g) Mit 48 ist es schwer, eine neue Stelle zu finden. Vielleicht bleibe ich für immer _____.

h) Herr Abt langweilt alle mit seinen _____ Erklärungen, die keiner versteht.

4. ,Miteinander' oder ,gegeneinander'. Ergänzen Sie.

B1/2
WS

a) Stefan und sein Freund sind _____ den Rhein hinauf bis Straßburg gefahren.

b) Die Schüler sprachen nach der Reise in die DDR _____ über ihre Erlebnisse und Eindrücke.

c) Die Sowjetunion und Deutschland haben im 2. Weltkrieg _____ Krieg geführt. Die Sowjetunion hat den Krieg gewonnen, und deshalb wurde Deutschland geteilt.

d) Großbritannien, Frankreich, die USA und die Sowjetunion haben _____ den 2. Weltkrieg gewonnen.

e) Bei der Fußballweltmeisterschaft 1972 haben die Bundesrepublik und die DDR _____ gespielt. Die DDR hat damals gewonnen.

f) Im Schwimmbad haben die Kinder _____ gespielt.

Lektion 7

5. Bilden Sie Verben mit ,weiter' und ergänzen Sie.

Im Deutschen kann man vor ein Verb das Wort ,weiter' setzen. Das bedeutet dann, daß die Handlung, die das Verb beschreibt, nicht zu Ende ist, sondern bis zu einem genauen oder unbestimmten Zeitpunkt in der Zukunft dauert. Zum Beispiel:

weiter + fahren → weiterfahren

Der Rundfunk hat einen Stau gemeldet und empfohlen, die Autobahn zu verlassen. Trotzdem ist Herr Anders auf der Autobahn *weiter*gefahren.

weiter + frieren lesen sehen nähen feiern schwimmen arbeiten wissen klettern laufen

a) Ich habe alles versucht, den Motor zu reparieren. Aber jetzt _____ ich nicht mehr _____. Ich muß einen Fachmann fragen.
b) Jetzt ist zwar Pause, aber ich muß unbedingt _____.
c) Mach doch das Buch zu, ich möchte gerne schlafen. Oder willst du noch _____?
d) Die Nachbarn haben sich über den Lärm beschwert. Aber Meiers haben mit ihren Gästen trotzdem bis Mitternacht _____.
e) Wir sind noch nicht am Ziel, es sind noch drei Kilometer. Wir müssen noch _____.
f) Als Sonja in der Mitte des Berges war, wurde das Wetter schlecht. Trotzdem ist sie _____.
g) Langsam wird es mir zu kalt im Wasser. Ich habe keine Lust mehr _____.
h) Es ist draußen fünf Grad unter Null. Wollen wir nicht die Heizung anmachen? Oder willst du _____.
i) Willst du den Film noch _____? Der ist furchtbar langweilig.
j) Ich muß noch _____, denn ich habe versprochen, daß das Kleid morgen fertig ist.

6. ,Übrig' und ,weiter'.

Das Wort ,übrig' verwendet man oft zusammen mit den Verben ,sein', ,haben', ,bleiben' und ,lassen'. Zum Beispiel:
– Es ist kein Geld mehr *übrig*. Wir haben alles ausgegeben.
– Für den Urlaub bleibt kein Geld mehr *übrig*. Es ist alles ausgegeben worden.
– Wir lassen immer Geld für den Urlaub *übrig*.
Als Attribute vor Nomen haben ,übrig' und ,weiter' fast dieselbe Bedeutung. Vergleichen Sie:
– Am Anfang war der Film sehr interessant, der *übrige/weitere* Teil war sehr langweilig.
– Auf einige Fragen habe ich Antworten bekommen, die *übrigen/weiteren* konnte man mir nicht beantworten.

7. ,Sehr', ,besonders', ,ziemlich', ,ganz', ,ein wenig/bißchen', ,viel', ,furchtbar', ,schrecklich'.

Im Deutschen gibt es einige besondere Wörter, um Adjektiven oder Verben eine stärkere oder schwächere Bedeutung zu geben. Sie stehen vor dem Positiv oder Komparativ eines Adjektivs oder vor einem Verb.

Beispiele:

a) vor einem Positiv

Adjektiv als Adverb

– Für die jungen Menschen in der Provinz ist es	*(nicht) sehr* *ziemlich* *(nicht) besonders* *(nicht) ganz* *nicht) furchtbar* *schrecklich*	schwierig, einfach schwierig	mit

ihren Eltern über ihre Probleme zu sprechen.

Adjektiv als Attribut

– Linz ist	eine keine eine nicht	*sehr* *besonders*	schöne häßliche	Stadt.
	eine	*ziemlich* *ganz*	schöne häßliche	Stadt.
	eine	*furchtbar* *schrecklich*	häßliche	Stadt.

‚Furchtbar' und ‚schrecklich' verwendet man normalerweise nur vor Adjektiven, deren Bedeutung für den Menschen negativ ist (z. B. häßlich, teuer, langweilig, heiß, kalt).

b) vor einem Komparativ

Adjektiv als Adverb

– Reisen im Bus ist	*(nicht)* *(nicht)* *(nur)* *(nur)*	*sehr viel* *viel* *ein wenig* *ein bißchen*	langsamer als im Auto.

Adjektiv als Attribut

– In der Bundesrepublik gibt es	*sehr viel* *viel*	schnellere Autos als in der DDR.

c) vor einem Verb

– Die Schüler haben nach der Reise	*(nicht)* *(nicht)*	*sehr* *besonders* *ziemlich* *furchtbar* *schrecklich*	viel über die DDR diskutiert.

8. Bilden Sie Sätze mit ‚je … desto'.

B1/2
GR

a) lange in der Wirtschaft sitzen / viel Bier trinken

Je länger man in der Wirtschaft sitzt, desto mehr Bier trinkt man.

Lektion 7

Ebenso:

b) oft eine Pause machen /
   die Arbeit macht viel Spaß

c) gut kochen / häufig Besuch haben

d) viel turnen / gesund leben

e) lange in der Sonne liegen / braun werden

f) lange tanzen / müde werden

g) alt sein / Erfahrung haben

h) weit reisen / gut die Welt kennenlernen

i) gut verdienen / viel Geld für die Freizeit
   ausgeben

B1/2
GR

9. Wer ist das?

a) Wer ist Nr. 1? Es gibt verschiedene Lösungen. Hier einige Beispiele:

   der Mann auf dem Berg (mit der Kamera)

   der Mann mit der Kamera

   der Mann, der auf dem Berg sitzt und fotografiert

   der Mann auf dem Berg (, der fotografiert)

Ebenso:

b) Nr. 2?   c) Nr. 3?   d) Nr. 4?   e) Nr. 5?   f) Nr. 6?   g) Nr. 7?   h) Nr. 8?   i) Nr. 9?
j) Nr. 10?

10. Aus Verben kann man im Deutschen Nomen machen.

B1/2
GR

spazierengehen → Ich gehe täglich im Park spazieren. Das ist gesund.
das Spazierengehen → Das tägliche Spazierengehen im Park ist gesund.
Manchmal gibt es auch extra ein Nomen dafür, zum Beispiel:
der Spaziergang → Der tägliche Spaziergang im Park ist gesund.

Machen Sie aus dem Verb ein Nomen, und bilden Sie Sätze.

a) Verwandte besuchen → das Besuchen von Verwandten / der Besuch von Verwandten
häufig Verwandte besuchen / langweilig
Ich besuche häufig Verwandte. Das ist langweilig.
Das häufige Besuchen von ...
Der häufige Besuch ...

Ebenso:

b) im See baden → _____ / das Bad im See
regelmäßig im See baden / Spaß machen
c) im Fluß schwimmen → _____ / *(gibt es nicht)*
häufig im Fluß schwimmen / gut für die Gesundheit
d) in der Natur wandern → _____ / die Wanderung in der Natur
täglich in der Natur wandern / interessant
e) bei Sportveranstaltungen zuschauen → _____ / *(gibt es nicht)*
bei Sportveranstaltungen zuschauen / bequemer als selbst Sport zu treiben
f) radfahren auf einsamen Landstraßen → _____ / *(gibt es nicht)*
radfahren auf einsamen Landstraßen / Spaß machen

11. Bilden Sie Sätze.

B1/2
GR

a) In der Natur wandern / gesund sein
Das Wandern in der Natur ist gesund.
In der Natur zu wandern ist gesund.

Ebenso:

b) Tiere beobachten / interessant sein _____
c) Kleider nähen / Geld sparen _____
d) Feste feiern / Spaß machen _____
e) Alkohol trinken / ungesund sein _____
f) In fremde Länder reisen / teuer sein _____
g) Im Schwimmbad schwimmen / langweilig sein _____

Vorsicht! Den Infinitiv mit einer Ergänzung (z. B. ‚in der Natur zu wandern‘) kann man immer verwenden, aber viele Nomen mit präpositionalem Attribut (z. B. ‚das Hören von Radio‘) kann man zwar bilden, aber man gebraucht sie nicht.

Lektion 7

12. Ihre Grammatik. Ergänzen Sie.

	Perfekt	Präteritum	Plusquamperfekt
Ich	habe die Reise vorbe-reitet.	bereitete die Reise vor.	hatte die Reise vorbe-reitet.
Du			
Er/Sie Man			
Wir			
Ihr			
Sie			

13. Präteritum oder Plusquamperfekt? Was paßt?

Am 4. Juni *(starten)* _startete_ der Sonderbus in die DDR _____. Vor der Fahrt ① *(sammeln)* _____ die Schüler viele Informationen über den zweiten deutschen Staat _____. Im Unterricht ② *(diskutieren)* _____ sie vorher über die politische Situation zwischen der DDR und der Bundesrepublik _____, und der Lehrer ③ *(vor-bereiten)* _____ die Reise gut _____. Jetzt am Grenzübergang ④ *(sein)* _____ die Schüler trotzdem sehr nervös _____. Die DDR-Grenzbeamten ⑤ *(steigen)* _____ zwar in den Bus _____, aber sie ⑥ *(kontrollieren)* _____ weder die Personen noch das Gepäck _____. Warum? Die Schüler ⑦ *(schreiben)* _____ vor der Reise einen Brief an den DDR-Staatsratsvorsitzenden Honecker _____ und ⑧ *(fragen)* _____, ob sie eine Klassenfahrt in die DDR machen dürften. Als Antwort ⑨ *(bekommen)* _____ sie ein Empfehlungs-schreiben _____, das ihnen jetzt die Grenze ohne Probleme ⑩ *(öffnen)* _____ _____. Vor der Abfahrt ⑪ *(erwarten)* _____ die Schüler nicht _____, daß sie ohne lange Wartezeit und ohne große Kontrollen einreisen könnten. Jetzt, fünf Kilometer nach der Grenze ⑫ *(sein)* _____ sie nicht mehr nervös _____, und alle ⑬ *(sich freuen)* _____ _____, die DDR genauer kennenzulernen. Sie ⑭ *(besuchen)* _____ nicht nur die touristischen Sehenswürdigkeiten _____, sondern ⑮ *(tref-fen)* _____ sich auch mit Jugendlichen aus der DDR _____ und ⑯ *(sein)* _____ Gäste in verschiedenen Industriebetrieben _____. Diese Termine ⑰ *(vor-bereiten)* _____ das DDR-Reisebüro ‚Jugendtourist' schon vor der Reise _____. Die Schüler ⑱ *(lernen)* _____ viel Neues über die DDR _____, obwohl sie sich vorher schon sehr genau über das Land dort ⑲ *(informieren)* _____ _____. Zurück in der Bundesrepublik ⑳ *(aufschreiben)* _____ sie diese neuen Erfahrungen _____. In der Schule ㉑ *(diskutieren)* _____ sie dann über ihr neues Bild von der DDR _____ und ㉒ *(vergleichen)* _____ es mit ihren alten Vorstellungen _____.

14. ‚Hinaus‘, ‚hinunter‘, ‚hinein‘, ‚hindurch‘, ‚hinüber‘. Ergänzen Sie.

a) Du kennst bestimmt das alte Stadttor in Linz. Da sind wir _hindurch_ gefahren.

b) Du kennst bestimmt das Siebengebirge. Von dort oben sind wir _____ ins Rheintal gefahren.

c) In Leutersdorf mußten wir über den Rhein fahren. Dort gibt es keine Brücke, und wir fuhren deshalb mit einer Fähre _____ nach Andernach.

d) Die Jugendherberge lag auf einem hohen Berg. Deshalb mußten wir abends unsere Fahrräder _____ schieben. Morgens konnten wir dann aber bequem _____ fahren.

e) Im Norden von Berlin ist ein Grenzübergang nach Ost-Berlin. Er heißt Heiligensee/Stolpe. Dort sind die Schüler _____ gefahren.

f) Die Schüler fuhren mit einem Empfehlungsschreiben von Erich Honecker in die DDR. Sie mußten deshalb ihr Gepäck nicht öffnen und konnten ohne Kontrolle _____ fahren.

g) Sie durften auch ohne Kontrolle die DDR verlassen. Sie fuhren ohne Kontrolle _____.

Ihre Grammatik. Ergänzen Sie.

Präposition + Nomen	hin + Präposition (Präpositionalpronomen)
Sie fahren a) durch das Stadttor. b) vom Siebengebirge ins Rheintal. c) über den Rhein nach Andernach. d) auf den Berg zur Jugendherberge. e) ohne Kontrolle in die DDR.	Sie fahren hindurch. hin…

15. ‚Bei +Artikel (Dativ) + Nomen‘, ‚während +Artikel (Dativ o. Genitiv) + Nomen‘, oder ‚während + Nebensatz‘. Sie können es auch anders sagen.

Um auszudrücken, daß zwei Sachverhalte gleichzeitig geschehen, verwendet man die beiden Präpositionen ‚bei‘ und ‚während‘ oder einen Nebensatz mit dem Subjunktor ‚während‘. Zum Beispiel:

a) *Während* unserer Rast in Carwitz zeigte sich, daß die Natur in der DDR noch in Ordnung war.

Während wir in Carwitz Rast machten, zeigte sich, daß in der DDR die Natur noch in Ordnung war.
Bei unserer Rast in Carwitz zeigte sich, daß die Natur in der DDR noch in Ordnung war.

Ebenso:

b) *Während* ihrer Fahrt nach Italien mußten Herr und Frau Gebhardt in vielen Verkehrsstaus warten.

c) *Bei* einem Kaufhausbesuch machten die Schüler die Erfahrung, daß es große Preisunterschiede zwischen Lebensmitteln und Luxuswaren gibt.

d) *Während* Iris sich mit den Jugendlichen unterhielt, lernte sie, daß die Jugendlichen in der DDR ähnliche Wünsche wie die Jugendlichen in der Bundesrepublik haben.

e) *Bei* ihrer Fahrt durch das Rheintal besuchten die Jungen viele Burgen.

Lektion 7

f) *Während* der Prüfung waren die Studenten sehr nervös.
g) Bei der Fahrt auf der Autobahn gab es sehr viel Verkehr.

Vorsicht! ‚Bei' bedeutet nicht immer dasselbe wie ‚während'. Es hat auch noch andere Bedeutungen. ‚Bei' kann man nur für Zeiträume verwenden, die nicht zu lang sind.

B1/2 GR

16. Was paßt? Setzen Sie ‚sobald' oder ‚bevor' ein.

a) _____ die Schüler in die DDR fuhren, hatten sie sich auf die Reise gut vorbereitet.
b) _____ der Bus den Grenzübergang verlassen hatte, waren die Schüler nicht mehr so nervös.
c) _____ der Bus wieder zu Hause in West-Berlin ankam, stürzten sich Journalisten auf die Schüler, um sie nach ihren Erfahrungen in der DDR zu fragen.
d) _____ sie die DDR kannte, hatte Carola nicht gedacht, daß sie dort so viel erleben würde.
e) _____ eine Ausfahrt kommt, verlassen wir die Autobahn, denn vor uns ist ein großer Stau.
f) _____ die Urlaubszeit beginnt, ist auf den Autobahnen viel mehr Verkehr.
g) _____ wir die Stadtbesichtigung machen, sollten wir noch etwas essen.
h) _____ die Schüler die Antwort vom Staatsratsvorsitzenden hatten, konnten sie mit der genauen Planung der Reise beginnen.

B1/2 GR

17. ‚Jedoch / allerdings' oder ‚jedenfalls'? Was paßt?

a) Ich habe nicht genau verstanden, warum Werner keine Zeit hat. *Jedenfalls* _____ kann er heute abend nicht zu uns kommen.
   jedenfalls = obwohl etwas nicht klar oder sicher ist, weiß man etwas anderes genau
b) Werner kommt nächste Woche bei uns vorbei, *jedoch/allerdings* ___ hat er wenig Zeit.
   jedoch / allerdings = etwas ist doch nicht ganz so gut (oder ganz so schlecht), weil...
c) Die Häuser in der DDR waren alle sehr sauber, _____ sahen sie meistens sehr alt aus.
d) Ich glaube, daß den Schülern die Reise in die DDR sehr gut gefallen hat; _____ haben sie das den Journalisten nach der Fahrt erzählt.
e) Wahrscheinlich sind die meisten Leute in der DDR ganz zufrieden mit ihrem Land. _____ hat den Schülern keiner gesagt, daß er aus der DDR auswandern möchte.
f) In der DDR findet man viele Buchgeschäfte, _____ verkaufen sie fast nur Bücher von Autoren aus sozialistischen Ländern.
g) Die DDR-Bürger ärgern sich oft über die Qualität des DDR-Kleinwagens ‚Trabbi', die meisten _____ lieben ihr Auto trotzdem sehr.
h) Nach meinem Eindruck sind die Leute in der DDR sehr nett zueinander. _____ wird dort mehr gefeiert und gelacht als in der Bundesrepublik.
i) Die Schüler wollen jetzt auch regelmäßig Briefe in die DDR schreiben; _____ haben sie viele Adressen von neuen Freunden mitgebracht.
j) Die DDR ist ein schönes und interessantes Land. _____ muß man mit Problemen bei der Einreise rechnen.

18. ‚Viel' hat verschiedene Bedeutungen.

B1/2
BD

A. Die Leute in der DDR sind mit *vielem* (wenigem, manchem, einigem, allem) nicht einverstanden, aber trotzdem wollen *viele* (wenige, manche, einige, alle) nicht in der Bundesrepublik wohnen.
(‚Viel' ist in diesen Sätzen ein Indefinitpronomen, das eine unbestimmte, größere Menge bedeutet. Seine Form ist veränderbar: ‚Vieles/vielem' für Sachen und ‚viele/vielen' für Personen. Genauso verwendet man die anderen Indefinitpronomen ‚wenige(s)', ‚manche(s)', ‚einige(s)', und ‚alle(s)'.)

B. Die Schüler sind in den Städten der DDR *viel* (wenig) spazierengegangen.
(Hier ist ‚viel' ein Adverb. Es bedeutet, daß die Handlung, die das Verb ausdrückt, sehr häufig geschieht, lange dauert oder besonders intensiv ist. ‚Wenig' bedeutet das Gegenteil.)

C. In der DDR gibt es noch *viel* (nur wenig) gesunde Natur.
In der DDR gibt es in *vielen* (manchen, einigen, wenigen, allen) Seen eine Menge Fische.
(‚Viel' ist in diesen Sätzen Artikelwort. Es ist, wie auch ‚wenig', entweder unveränderbar (für nicht zählbare Sachen) oder, wie auch ‚manche', ‚einige', ‚wenige' und ‚alle', veränderbar (für zählbare Dinge oder für Personen).)

D. Die Leute waren *viel* zu neugierig.
Nach der Reise waren die Schüler *viel* besser über die DDR informiert als vorher.
(Hier ist ‚viel' ein Adverb und steht vor ‚zu + Adjektiv' oder einem Komparativ. Es verstärkt diese Formen des Adjektivs. Siehe auch Übung Nr. 8.)

Welche Bedeutung hat ‚viel' in den folgenden Sätzen?

1. Vor unserer Fahrt in die DDR habe ich mir nicht vorgestellt, daß *vieles* in den Dörfern noch so wie vor zwanzig Jahren ist.
2. In der DDR gibt es *viele* interessante Buchläden.
3. Die Leute waren *viel* netter, als wir geglaubt hatten.
4. Auf der Autobahn gibt es während der Urlaubszeit *viel* Verkehr.
5. Herr und Frau Gebhardt sind heute *viel* gefahren und sind deshalb sehr müde.
6. Die Leute in der DDR möchten *viel* lieber ein modernes Auto, aber trotzdem lieben sie ihren kleinen ‚Trabbi' mit der Technik von vorgestern.
7. Die Schüler haben nach der Fahrt über *vieles* diskutiert, was sie in der DDR erlebt haben.
8. Die Schüler haben nach der Fahrt *viel* diskutiert.
9. Die Schüler hätten noch *vieles* fragen wollen, aber die Zeit war zu kurz.
10. Alle sind der Meinung, daß sie in der DDR sehr *viel* gesehen und gelernt haben.
11. Die Einreise war *viel* einfacher als die Schüler gedacht hatten.

19. Jugendsprache

B1/2
BD

Sicher haben Jugendliche und junge Erwachsene auch in Ihrem Land eine besondere ‚Sprache'. Dafür, wie deutsche Jugendliche sprechen, ist der Text auf Seite 23 im Kursbuch ein Beispiel. Haben Sie ganz verstanden, was die jungen Leute von ihren Freizeitproblemen erzählen? Wir wollen Ihnen hier ein paar Sätze ‚übersetzen' und erklären. Natürlich sollen Sie nicht lernen, diese ‚Sprache' selbst zu benutzen, aber vielleicht macht es Ihnen Spaß, sie ein bißchen zu verstehen.

Lektion 7

a) ‚Daß *du* viel reisen mußt.‘ ‚*Du* reist von einer Gegend in die andere.‘
= Man muß oft wegfahren (weil es am Ort keine Freizeitangebote gibt), immer in eine andere Stadt oder Kleinstadt.

> ‚Du‘ *wird anstelle von ,man‘, ,ich‘ oder ,wir‘ gebraucht. Das kommt nicht nur in der Sprache der Jugendlichen, sondern auch in der Alltagssprache häufig vor: ,Ich fahre dieses Jahr auf die Insel Sylt; da kannst du gut Vögel beobachten.‘ = ,Da kann man (ich) gut Vögel beobachten!‘*

b) ‚Aber es fällt mir *ungeheuer* schwer, da *laß* ich lieber mal *was sausen* und geh meinen Gewohnheiten nach.‘
= Aber es fällt mir schwer. Da lasse ich lieber etwas ausfallen (z. B. eine Veranstaltung) und gehe meinen Gewohnheiten nach.

> *Typisch für die Jugendsprache ist der häufige Gebrauch von bestimmten Adverbien, die eine Aussage verstärken sollen. Anstatt ,Das finde ich gut‘ könnte es heißen ,Das finde ich ungeheuer / total / echt / wahnsinnig / irre gut‘.*
> *Das Weglassen von Endvokabeln (,ich geh‘ anstatt ,ich gehe‘) ist auch in der Alltagssprache von Erwachsenen üblich.*
> *,Etwas sausen lassen‘ bedeutet ,etwas, was man tun wollte, aus irgendwelchen Gründen nicht tun‘ oder ,mit etwas aufhören‘.*

c) ‚Geh in die Flipperhalle, weil ich da andere *Typen* treffe.‘
= Ich gehe in die Flipperhalle (Spielsalon), weil ich da andere junge Leute treffe.

> *Allgemein ist es nicht höflich, eine Person als ,Typ‘ zu bezeichnen, und Sie sollten deshalb mit diesem Wort vorsichtig sein. Unter Jugendlichen ist es allerdings nur ein anderes Wort für ,Mensch‘, ,Mann‘, ,junger Mann‘, ,jemand‘. (,Ich kenne einen Typ, der ein großes Motorrad hat.‘; ,Der Typ da drüben gefällt mir.‘; ,Der Typ, der über mir wohnt, ist ganz nett.‘)*

d) ‚Aber zu Hause dich hinsetzen, das ist einfach nicht drin.‘
= Ich kann meine Freizeit nicht zu Hause verbringen; das geht nicht. (Wahrscheinlich gibt es zu Hause Probleme mit den Eltern.)

> *,Dich‘ wie unter a) erklärt. ,Das ist nicht drin.‘ heißt ,Das geht nicht.‘, ,Das klappt nicht.‘, ,Das ist nicht möglich.‘*

e) ‚Du bist abgeschlafft.‘
= Ich habe keine Energie.

> *,Abgeschlafft sein‘ bedeutet, daß man zu nichts Lust hat, sich ohne Energie und Kraft fühlt, keinen Plan für sein Leben hat. Für die gleiche Sache gibt es noch die Ausdrücke ,keinen drive haben‘ und ,durchhängen‘.*

f) ‚Wenn man permanent frustriert wird, ...‘
= Wenn man immer nur Enttäuschungen erlebt, ...

> *‚Permanenz' und ‚Frustration' sind lateinische Fremdwörter, die bis in die 60er Jahre nur als wissenschaftliche Fachwörter gebraucht wurden. Durch die Studentenbewegung Ende der 60er Jahre sind sie in die Alltagssprache gekommen und werden seitdem vor allem von Schülern, Studenten und Jungakademikern sehr häufig gebraucht. ‚Frustrierend' ist alles, was keinen Spaß macht, langweilig oder nicht angenehm ist.*

g) ‚..., im Winter gammeln zu Hause'
= ...im Winter zu Hause sein und nichts tun

> *‚Gammeln' bedeutet ‚nicht arbeiten, nichts tun'. ‚In den Ferien haben wir nur gegammelt.' heißt ‚In den Ferien haben wir uns ausgeruht, viel geschlafen, kein Freizeitprogramm gemacht'.*

20. Was paßt zusammen?

B1/2
BD

A	Warum schiebt ihr denn die Räder?	1	Weißt du das nicht? Du hast wohl gar keine Vorstellung von unserer Fahrtroute.
B	Warum winken die Leute denn?		
C	Vor dieser Kurve mußt du stark bremsen!	2	Sei nicht so faul!
D	Wohin kommen wir, wenn wir dem Fluß folgen?	3	Der Weg ist zu steil zum Fahren.
		4	Ich glaube, sie wollen uns begrüßen.
E	Hast du heute nacht auch gefroren?	5	Ganz furchtbar! Das nächste Mal gehen wir in ein Hotel oder Gasthaus!
F	Bevor wir zur Burg hinaufsteigen, möchte ich in eine Wirtschaft gehen, etwas trinken und mich ausruhen!	6	Warum das denn? Bist du da schon mal gestürzt?

A	B	C	D	E	F

21. Was paßt wo?

B3
WS

> den französischen Wein mit dem spanischen – mit einem Gewitter – die Eltern um Erlaubnis – ~~als faul~~ – auf einen ereignisreichen Urlaub – als guter Sportler – sich von einer Krankheit – den jüngeren Bruder mit dem älteren – den Lehrer um eine Pause – mit Schwierigkeiten bei der Ausreise – auf gutes Wetter – sich von einer anstrengenden Reise

a) _als faul_____ gelten
_____ gelten

b) _____ bitten
_____ bitten

c) _____ erholen
_____ erholen

d) _____ rechnen
_____ rechnen

e) _____ hoffen
_____ hoffen

f) _____ vergleichen
_____ vergleichen

Lektion 7

B3
WS

22. ‚Zeigen' hat verschiedene Bedeutungen.

A. In der Provinz bestimmen vor allem die Erwachsenen. Das *zeigt* besonders die Situation im Stadtjugendring. Von 17 Mitgliedern sind nur 4 unter dreißig.
(zeigen = beweisen)

B. Rostock *zeigte* schon ein wenig mehr Großstadtflair als Neubrandenburg.
Ein Junge *zeigte* große Enttäuschung darüber, daß ich nicht Break-Dance konnte.
(zeigen = eine Person oder Sache zeigt selbst den eigenen Zustand, man kann ihn sehen)

C. Ich kann das Fahrrad nicht allein reparieren. Kannst du mir *zeigen*, wie man das macht?
(zeigen = etwas machen und dabei erklären)
Während der Führung im Schloß wurden uns alle Räume *gezeigt*.
(zeigen = auf etwas hinweisen, was sonst nicht gesehen, erkannt oder gefunden würde)

Welche Bedeutung hat ‚zeigen' in den folgenden Sätzen?

1. Ein Autofahrer *zeigte* den Jungen den richtigen Weg. ☐
2. Die Schüler waren mit der Reise sehr zufrieden. Das *zeigten* ihre Berichte, die sie später geschrieben hatten. ☐
3. Der Fotograf *zeigte* den Leuten, wie man richtig fotografiert. ☐
4. Sein Gesicht *zeigte* deutlich, daß es ihm nicht gut ging. ☐
5. Die Untersuchung *zeigte*, daß wir immer mehr Geld für unsere Freizeit ausgeben. ☐
6. Die Schüler *zeigten* deutlich, daß sie mit der Reise in die DDR zufrieden waren. ☐

B3
GR

23. Ihre Grammatik. Ergänzen Sie.

	Präsens	Futur I
Ich	bleibe zu Hause.	werde zu Hause bleiben.
Du		
Er/Sie/Man		
Wir		
Ihr		
Sie		

B3
GR

24. Das Futur hat drei wichtige Funktionen.

A. Ich *werde* wohl im Urlaub zu Hause *bleiben*.
(= Es passiert vielleicht/wahrscheinlich in der Zukunft.)

B. Ich *werde* mich im Urlaub auf die Prüfung *vorbereiten*.
(= Es passiert ganz bestimmt in der Zukunft.)

C. Ich weiß nicht genau, wo er im Moment ist, aber er *wird* wohl im Keller *arbeiten*.
(= Es passiert wahrscheinlich in der Gegenwart.)

Welche Funktion hat das Futur I in den folgenden Sätzen?

1. Ich *werde* ins Krankenhaus *gehen* und mich *operieren lassen*. Ich habe schon einen Termin.
2. Gerd ist ganz rot im Gesicht. Er *wird* Fieber *haben*.
3. Vom 1. 6. bis 14. 6. *werden* wir unsere Verwandten in der DDR *besuchen*.
4. Wir *werden* Campingurlaub in Italien *machen*. Den Campingplatz haben wir schon gebucht.

94

5. Den Urlaub *werde* ich mit meiner Freundin *verbringen.* Das ist klar, aber wohin wir fahren, das wissen wir noch nicht.

6. Wir brauchen Ruhe, um uns zu erholen. Ich denke, wir *werden* nach Schweden *fahren.*

7. Ich weiß noch nicht genau, aber ich *werde* wohl wieder an die Nordsee *fahren.*

8. Ich muß schnell nach Hause gehen. Meine Frau *wird* sich bestimmt schon *Sorgen machen.*

9. Geh du bitte ans Telefon. Der Anruf *wird* für dich *sein.*

10. Ich *werde* in die Alpen *fahren* oder nach Nord-Italien. Mal sehen.

25. Ergänzen Sie die Dialoge. Beachten Sie: Manchmal steht die Ergänzung am Satzanfang und manchmal nicht. Können Sie den Grund dafür erkennen?

große Hitze stört mich nicht	Ich mag keine Campingplätze
ich mag keine große Hitze	Radfahren kann man doch immer
Ich mache keinen Urlaub	genaue Pläne habe ich noch nicht
Ich habe noch keine genauen Pläne	Fremde Länder und Kontinente finde
Campingplätze mag ich nicht	ich aufregend *(excited?)*

a) O Was machst du denn dieses Jahr im Urlaub?
   □ Ich mache eine Radtour den Rhein entlang. ~along.~
   O Das ist doch langweilig. _Radfahren kann man doch immer_

b O Was planst du für den Urlaub?
   □ Ich werde wohl wieder in die Türkei fahren, doch _____.
   O Ist es dort nicht zu heiß? ~well probably~
   □ Sicher, aber _____.

c) O Wir haben dieses Jahr eine Urlaubsreise nach Skandinavien gebucht.
   □ Warum das denn? In Skandinavien werdet ihr doch gar nicht braun.
   O Vielleicht, aber _____. In Skandinavien ist das Klima sehr angenehm. Es ist nicht zu warm, und man kann sich gut erholen.

d) O Fahrt ihr dieses Jahr wieder nach Spanien?
   □ Ja, aber diesmal machen wir Urlaub im Zelt.
   O Findest du das gut?
   □ Eigentlich nicht. _____

e) O Ich mache dieses Jahr wieder Campingurlaub in Spanien. Willst du nicht mitkommen? Unser Campingplatz liegt direkt am Meer.
   □ Nein, _Campingplätze mag ich_ das weißt du doch. Ich mache lieber Urlaub in einem ~nicht~ bequemen Hotel.

f) O Wohin fährst du dieses Jahr?
   □ Nach Indien oder Pakistan.
   O Ist das nicht gefährlich?
   □ Ich glaube nicht. _____, aber nicht gefährlich.

g) O Im Sommer fahre ich nach Dänemark. Und du?
   □ _____, ich bleibe zu Hause.

h) O Ich verbringe dieses Jahr meinen Urlaub auf einem Bauernhof. Und was machst du?
   □ _____

Lektion 7

B3
GR

26. Welches Pronomen paßt wo? Ergänzen Sie.

Im Deutschen gibt es nicht nur Pronomen für Dinge oder Personen, zum Beispiel:

○ Gefällt dir der Campingplatz hier am Meer?

□ Ja, er liegt sehr schön und ist ruhig.,

sondern auch für einen Sachverhalt, zum Beispiel:

○ Wir fahren in die Alpen, um klettern zu lernen.

□ Ist das nicht gefährlich?

> darüber   daran   das   damit   dafür   das   damit   das

a) ○ Du bleibst also im Urlaub zu Hause. Was machst du denn die ganze Zeit?
   □ _____ habe ich noch nicht nachgedacht.
b) ○ Letztes Jahr im Urlaub war unser Campingplatz laut und dreckig.
   □ _____ muß man rechnen, wenn man Campingurlaub macht.
c) ○ Diese Hose ist viel zu weit.
   □ Stimmt, _darin oder damit_ siehst du aus wie ein Clown.
d) ○ Vor zehn Jahren haben wir einen ganz tollen Urlaub auf Kreta verbracht. Weißt du das noch?
   □ Nein, _____ kann ich mich nicht erinnern.
e) ○ Ich fliege im Sommer in die USA. Machst du auch Urlaub?
   □ Nein, _dafür_ habe ich keine Zeit.
f) ○ Im Urlaub nehme ich Fahrstunden und mache die Führerscheinprüfung.
   □ _____ ist doch kein richtiger Urlaub.
g) ○ Wir werden mit dem Motorrad durch die Sahara fahren.
   □ Ist _____ nicht langweilig?
h) ○ Wir verbringen unseren Urlaub dieses Jahr an der Nordseeküste. Willst du nicht mitkommen?
   □ Mal sehen, _das_ muß ich mir noch mal überlegen.

Unterstreichen Sie die Sachverhalte, für die die Pronomen stehen.

B3
BD

27. Was können Sie auch sagen?

a) *Auf der Sportveranstaltung war sehr viel Betrieb.*
   Ⓐ Ich war mit meinen Arbeitskollegen schon sehr oft auf Sportveranstaltungen.
   Ⓑ Die Sportveranstaltung wurde von sehr vielen Menschen besucht.
   Ⓒ Es waren sehr viele Leute auf der Sportveranstaltung.

b) *„Je kleiner der Campingplatz, desto besser!"*
   Ⓐ Kleine Campingplätze mag ich lieber als große.
   Ⓑ Besser ein kleiner Campingplatz als gar keiner.
   Ⓒ Es gibt nur wenige Campingplätze, die gut sind.

96

c) *Es kommt nicht in Frage, daß wir im Auto übernachten!*

   Ⓐ Frag doch mal, wer mit uns im Auto schlafen will.

   Ⓑ Wir schlafen auf keinen Fall im Auto!

   Ⓒ Ich bin unbedingt dagegen, daß wir die Nacht im Auto verbringen.

d) *Dieses Café dient als Treffpunkt für Studenten.*

   Ⓐ In diesem Café treffen sich viele Studenten.

   Ⓑ Das ist ein Studentencafé.

   Ⓒ Hier können Studenten einen Job als Kellner finden.

e) *(Meinen Reisepaß wollen Sie behalten?) Besteht diese Regel in allen Hotels?*

   Ⓐ Gilt diese Vorschrift in allen Hotels?

   Ⓑ Stellen Sie den Paß ins Regal?

   Ⓒ Können Sie mir ein anderes Hotel nennen?

f) *Wie unterscheiden sich die DDR und die Bundesrepublik?*

   Ⓐ Wie ist das Verhältnis von DDR und Bundesrepublik?

   Ⓑ Was ist in der DDR anders als in der Bundesrepublik?

   Ⓒ Welche Probeme gibt es zwischen der DDR und der Bundesrepublik?

28. Welcher Satz paßt zu welchem Bild?

B3
BD

a) Er stellt das Fahrrad auf den Hof.

b) Das Fahrrad steht auf dem Hof.

c) Er setzt das Kind auf einen Stuhl.

d) Das Kind sitzt auf einem Stuhl.

e) Er legt das Buch auf den Tisch.

f) Das Buch liegt auf dem Tisch.

g) Er hängt die Uhr an die Wand.

h) Die Uhr hängt an der Wand.

i) Er steckt den Brief in den Briefkasten.

j) Der Brief steckt im Briefkasten.

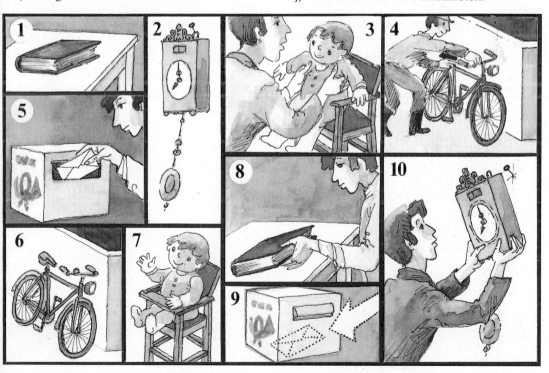

Lektion 7

29. ‚Liegen', ‚legen', ‚sitzen', ‚hängen', ‚stehen', ‚stellen' oder ‚stecken'? Was paßt?

a) ○ Hast du schon die Hemden in den Koffer _gelegt_ ?
   □ Nein, die _liegen hängen_ noch im Schrank.
b) ○ Wo ist der Autoschlüssel?
   □ Der _steckt_ schon im Schloß.
c) ○ Weißt du, wo die Kinder sind?
   □ Die _____ schon im Auto.
d) ○ Wer hat die Campingstühle vor die Tür
   _____?
   □ Ich weiß nicht. Jedenfalls _____
   sie schon seit gestern da.
e) ○ Ist Peter vom Fußballspielen zurück?
   □ Ja, er _____ schon in der Badewanne.
f) ○ Hast du den Kleinen schon mal auf die
   Toilette _____?
   □ Nein, er wollte nicht.
g) ○ Sind die Wolldecken im Auto?
   □ Nein, die habe ich gewaschen und zum
   Trocknen in den Garten _____.

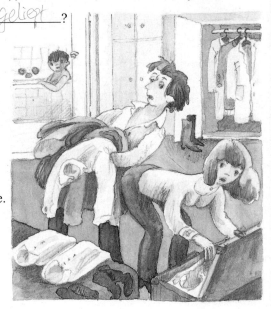

30. ‚Liegen' hat verschiedene Bedeutungen.

A. Die Zeitschriften *liegen* auf dem Teppich.
   *(Lage von Dingen, wenn sie nicht stehen
   oder hängen)*
B. Eva liegt seit zwei Wochen krank im Bett.
   *(Lage von Menschen oder Tieren, wenn
   sie nicht stehen oder sitzen)*

C. Ich bin schon wieder erkältet; das liegt
   am schlechten Wetter.
   (Grund)
D. Die Fabrik liegt außerhalb der Stadt.
   (geographische Lage, Ort)

Finden Sie zu jeder Bedeutung drei Beispielsätze.

a) Unsere Wohnung		1. in der Garage
b) Mein Freund		2. sehr schön am Waldrand
c) Das neue Gummiboot		3. in der Sonne, um braun zu werden
d) Nur wenige Ferienhäuser		4. direkt am Meer
e) Der Kinderspielplatz		5. gern auf dem Bauch
f) Jedes Baby		6. bestimmt an der Hitze
g) Heute fühle ich mich nicht wohl. Das	+ liegen +	7. zwischen den Büchern
h) Georg		8. am guten Essen in Spanien
i) Deine Kamera		9. mitten im Stadtzentrum
j) Mein Mann hat 2 Kilo zugenom-men. Das		10. abends immer lange in der Badewanne
k) Das Spielzeug		11. auf dem Schrank
l) Dieses Jahr war ich von unserem Hotel sehr enttäuscht. Das		12. an der schlechten Information des Reisebüros

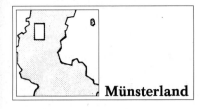

Münsterland

Schlittschuhlaufen vor alten Schlössern

Eisiges Gleiten vor alten Mauern

Meistens ruhen die Wasserburgen des Münsterlandes geschützt und unnahbar in ihren dunkelgrünen Ringen von Wasser, den Gräften, wie man hierzulande sagt. Nur im Winter, im klirrenden Frost, frieren diese Wassergräben zu und geben den Weg frei, sich den alten Mauern auf winterliche Weise zu nähern: auf Schlittschuhen. Natürlich ist das Eis auf den Gräften nicht so gut, daß man beim Schlittschuhlaufen ins Träumen geraten kann. Es ist huckelig und buckelig, eingefrorene Holzstückchen oder Wasserpflanzen und herabgefallene Äste stoppen die Fahrt und lassen den Läufer aufs Eis stürzen. Doch es gibt auch Abschnitte, wo das Wasser glattgefroren und mit Schnee dünn überpudert ist. Und manchmal hört man ein Knacken unter den Kufen der Schlittschuhe: beschwert sich die Eisjungfrau da unten, weil wir sie in ihrem Winterschlaf gestört haben?

Auf der doppelten Gräfte von Schloß Westerwinkel im südlichen Münsterland scheint das Eis meterdick zu sein. Unter einer Steinbrücke hindurch bin ich bis zur inneren Gräfte vorgedrungen. Glatt wie ein Spiegel glänzt das Eis in der Morgensonne des klaren Wintertages. Bei den Ecktürmen mit ihren grauen Schieferdächern wage ich ein paar Drehungen, bei denen nur die Pfauen zusehen können, die ihre langen, bunten Schwänze von dem zierlichen Balkon hinabhängen lassen. Sie wohnen also den Winter über im Schloß. Und: Sie sollten nicht gestört werden, ruft plötzlich eine Stimme von oben, nicht unhöflich. Aus einem der Fenster mit schwarzweißen Holzläden schaut ein Herr

mit Samtmütze. Ist es der Schloßherr persönlich? Ich entschuldige mich für die Störung und füge hinzu, daß mein Morgenlauf ohnehin beendet sei.

Wenige Autominuten von Westerwinkel entfernt liegt Burg Vischering. Hier störe ich niemanden. In der malerischen Burg, die seit sieben Jahrhunderten den Grafen Droste zu Vischering gehört, befindet sich heute ein Museum. Auf dem Schloßteich haben die Schlittschuhläufer am Wochenende ein großes Stück Eis freigewischt und dort ihre Kreise gezogen. Ich fahre eine Acht und beginne dann mit der Untersuchung des großen Systems von Gräften und Teichen, die die Natur um die Burg angelegt hat. Nach einigen Stürzen kehre ich zur Burg zurück: Siebenhundert Jahre alte Mauern, uralte Steine bilden das Fundament; weiter oben sind die Mauern

verputzt, nur der Renaissance-Vorbau im Süden ist mit roten Klinkersteinen verkleidet.

Schloß Nordkirchen wurde zu Beginn des 18. Jahrhunderts auf den Grundmauern einer älteren Wasserburganlage gebaut. Die Stimmung hier ist heiter, es wimmelt von Fußgängern, Schlittschuhläufern, Kindern mit Schlitten und herumtollenden Hunden. Eine breite Treppe aus Sandstein führt zum Wasser hinunter, vielmehr zum Eis; der Ort ist gerade recht, die Stiefel aus- und die Schlittschuhe anzuziehen. Ich umkreise zügig das große Schloß. Eine sportliche Mama auf Schlittschuhen schiebt einen Kinderwagen, Pärchen laufen gemeinsam über das Eis. Auf den Brücken stehen Fußgänger und beobachten die Läufer, die gebückt unter den niedrigen Brückenbogen hindurchsausen...

Brigitte Macher

Lektion 8

97 abgeben	97 erscheinen	99 Mitbestimmung	101 verursachen
98 abstimmen	94 erschrecken	98 s Mittel	94 e Verwaltung,
94 ähnlich	98 evangelisch	101 e Mittel (Pl.)	-en
99 allein	100 eventuell	100 öffnen	94 von
99 andere	101 e Existenz	101 e Panne, -n	97 vorläufig
97 e Änderung ,-en	101 r Fachmann,	94 r Praktikant,	98 e Ware, -n
98 ankommen	Fachleute	-en	98 wegfallen
101 r Artikel, -	92 fest	94 recht	101 s Werk, -e
94 auch	99 r Fortschritt, -e	98 e Rede, -n	98 wertvoll
100 aufgeben	101 s Gebiet, -e	92 regeln	99 e Wirklichkeit
100 r Auftrag, ¨e	100 e Gebrauchs-	94 rein	97 zeichnen
97 ausrechnen	anweisung, -en	100 scheinen	97 e Zeichnung,
100 ausschalten	98 gehen	101 schließen	-en
100 r Automat, -en	98 gelten	97 e Schrift, -en	97 e Zeile, -n
100 beachten	99 e Gesellschaft	101 r Schritt, -e	97 zusammen-
97 r Bedarf	101 e Gesellschaft,	99 r Schutz	halten
100 bedienen	-en	101 e Sicherheit	94 zusammen-
94 e Bedienung,	99 r Gewinn, -e	100 e Sicherheits-	kommen
-en	97 e Größe, -n	vorschrift, -en	94 zusammen-
97 bei	101 großzügig	99 sichern	stellen
97 beraten	97 haben	93 r Soldat, -en	94 zwingen
101 beruflich	97 halten	100 stecken	
101 beschäftigen	101 handeln	100 e Stellung, -en	
93 besondere	97 herstellen	101 s Taxi, -s	
99 r Beweis, -e	97 hin	94 teilnehmen	
100 e Breite	100 e Höhe, -n	94 s Ticket, -s	
93 dankbar	97 innen	101 tragen	
99 dienen	99 s Interesse, -n	93 s Trinkgeld, -er	
100 drehen	100 jeweils	101 überdurch-	
97 drucken	100 s Kapital	schnittlich	
94 einiges	97 kommen	98 überflüssig	
100 einschalten	99 e Kontrolle, -n	97 r Umfang	
98 einstellen	100 r Kredit, -e	101 e Verantwor-	
94 einzeln	101 e Lage	tung	
97 endgültig	97 e Leitung, -en	101 s Verfahren, -	
97 entscheiden	97 e Linie, -n	97 vergrößern	
94 entschließen	92 e Macht	98 sich verhalten	
101 entwickeln	100 s Maß, -e	99 s Verhalten	
101 e Entwicklung,	93 e Meister-	99 verhindern	
-en	prüfung, -en	101 r Verlust, -e	
100 erfinden	100 e Menge, -n	101 verpassen	
98 r Erfolg, -e	99 menschlich	99 verteilen	
101 erfüllen	101 r Mißerfolg, -e	97 r Vertreter, -	

1. Was paßt wo?

die Bedienung um ein Glas Wasser   die Zeilen der Buchseite   das Trinkgeld
die notwendigen Geldmittel   die Geschäftsleitung um längere Mittagspausen
die gerade angekommenen Waren   die Änderung der Arbeitszeit   die Fehler
den Praktikanten um einen Gefallen   die Größe der neuen Büroräume
den Bedarf an Heizmaterial   die Qualität der Zeichnungen
den Umfang der Betriebskosten   das unfreundliche Verhalten eines Kollegen
die Linien auf der Kopie   die Gesellschaft wegen ihrer Personalpolitik
den Meister um einen freien Tag   den Kunden um Geduld
den Gewinn der letzten zwei Jahre   die Zahl der verkauften Tickets
die langweilige Rede des Betriebsleiters

a) _den Bedarf an Heizmaterial_ ausrechnen

c) bitten

b) kritisieren

d) zählen

2. ‚Besonders / vor allem‘ oder ‚allein‘? Ergänzen Sie.

‚allein + genaue Mengenangabe‘
‚besonders / vor allem + allgemeine Mengenangabe oder ohne Mengenangabe‘

a) In einigen Wirtschaftsbereichen wurden von 1960 bis 1980 mehr Leute entlassen als in anderen.
Allein in der Landwirtschaft verloren über 2 Millionen Menschen ihren Arbeitsplatz.
Besonders/Vor allem in der Landwirtschaft verloren viele Menschen ihren Arbeitsplatz.

b) Durch die 38,5-Stunden-Woche waren die Arbeitgeber gezwungen, neue Arbeiter einzustellen.
_____ in der Metallindustrie mußten wegen der 38,5-Stunden-Woche über 100 000 neue Leute eingestellt werden.
_____ in der Metallindustrie brachte die 38,5-Stunden-Woche neue Arbeitsplätze.

c) In meinem Beruf bleibt mir nicht viel Zeit für Fortbildung.
_____ die Routinearbeiten kosten sehr viel Zeit.
_____ die Routinearbeiten kosten 60% meiner Arbeitszeit.

d) Georg hat eine sehr gut bezahlte Stellung.
_____ im letzten Jahr hat er über 80 000 DM verdient.
_____ im letzten Jahr hat er sehr gut verdient.

Lektion 8

e) In kleinen Reisebüros gibt es mehr Arbeit als in den großen.

_____ in der letzten Woche mußte Eva sehr lange arbeiten.

_____ in der letzten Woche mußte Eva 50 Stunden arbeiten.

B1/2
WS

3. Zwei Nomen in jeder Reihe passen nicht. Ergänzen Sie dann den Beruf, der zu den ‚richtigen' Nomen paßt.

> Sekretärin – Bauer – Krankenschwester – Friseur – Soldat – Bedienung – Bäcker
> Feuerwehrmann – Lehrer

a) _____: Haare, Bart, Schatten, Haarbürste, Spiegel, Schere, Magen
b) _____: Hals, Brot, Brötchen, Mehl, Grippe, Backofen, Kuchen
c) _____: Kellner, Ober, Speisekarte, Trinkgeld, Kaufhaus, Zuschauer
d) _____: Hilfe, Seife, Feuer, Gewitter, Werkstatt, Wasser, Gefahr
e) _____: Klinik, Fieberthermometer, Verband, Metzgerei, Verletzung, Pflaster, Wald, Krankenhaus
f) _____: Mond, Schirm, Landwirtschaft, Boden, Vieh, Pferd, Pflanzen, Hof
g) _____: Schule, Beamter, Glückwunsch, Note, Prüfung, Hunger, Unterricht
h) _____: Angestellte, Kirche, Gewürz, Betrieb, Büro, Firma, Schreibmaschine
i) _____: Krieg, Tod, Feind, Grenze, Krise, Angst, Politik, Kofferraum, Bleistift

---

B1/2
WS

4. Was paßt nicht?

a) dienen: der Höhe – dem Fortschritt – der sozialen Entwicklung – dem Land
b) diktieren: einen Brief – eine Zeichnung – eine Rede – einen Bericht
c) drucken: einen Schreibtisch – einen Prospekt – ein Buch – eine Rede – eine Zeitung
d) messen: den Umfang – das Trinkgeld – die Höhe – die Breite – die Zeit
e) ausrechnen: einen Gewinn – einen Verlust – einen Beruf – Maße – eine Zahl
f) unterrichten: die Studenten – Deutsch – an einer Berufsschule – eine Antwort
g) verteilen: Kopien – Prospekte – Zeitungen – Arbeit – Freude
h) zeichnen: eine Linie – einen Brief – ein Bild – einen Bauplan

---

B1/2
GR

5. Sagen Sie es anders.

a) Zuerst müssen die Texte gesetzt werden, erst dann kann man das Layout machen.

Erst wenn die Texte gesetzt sind, kann das Layout gemacht werden.

Ebenso:

b) Zuerst müssen Texte und Materialien gesammelt werden, erst dann kann man das Manuskript schreiben.
c) Zuerst müssen die Bücher gedruckt werden, erst dann kann man sie binden.
d) Zuerst müssen die Bücher gebunden werden, erst dann kann man sie ins Lager des Verlags bringen.
e) Zuerst muß das Manuskript korrigiert werden, erst dann kann man die Texte setzen.
f) Zuerst müssen die Fotos verkleinert werden, erst dann kann man sie für das Buch gebrauchen.

6. **Wie wurde es früher gemacht?**

Heute
Heute macht man Kopien von Briefen
mit Fotokopierern.

Früher
Früher sind Briefe mit der Hand
geschrieben worden.
Früher wurden Briefe mit der Hand
geschrieben.

Ebenso:
a) Heute setzt man Texte mit einem Computer. (früher: mit der Hand setzen) → *gesetzt*
b) Heute heizt man meistens mit Öl oder Gas. (früher: mit Holz oder Kohle heizen)
c) Heute baut man die Häuser aus Beton und Stein. (früher: aus Holz bauen)
d) Heute arbeitet man mit Maschinen. (früher: ohne Maschinen arbeiten)
e) Heute wird weniger gearbeitet und mehr produziert als früher. (früher: mehr arbeiten und weniger produzieren)
f) Heute diktiert man Geschäftsbriefe auf Kassettengeräte. (früher: Briefe der Sekretärin direkt diktiert.)

Ihre Grammatik. Ergänzen Sie.

	Präsens Passiv	Perfekt Passiv	Präteritum Passiv
Ich	werde kritisiert	bin ... kritisiert *worden*	wurde kritisiert
Du	*wirst k.*	bist *"* *worden*	wurdest *"*
Er/sie/ man	*wird k.*	ist *"* worden	wurde *"*
Wir	werden *"*	sind *"* worden	wurden *"*
Ihr	werdet *"*	seid *"* worden	wurdet *"*
Sie	werden *"*	sind *"* worden	wurden *"*

7. **Passiv Präteritum. Ergänzen Sie.**

So ist „Themen 3" entstanden.
Natürlich ① *(schreiben)* _____ das Manuskript nicht ohne Vorbereitung _____.
Zuerst ② *(entwickeln)* _____ das endgültige Konzept für „Themen 3" _____.
Von den Autoren ③ *(sammeln)* _____ gleichzeitig Texte und Materialien _____.
Im Verlag ④ *(besprechen)* _____ inzwischen die Planung _____, und die Kosten
⑤ *(ausrechnen)* _____ _____. Außerdem ⑥ *(abschließen)* _____ mit den
Autoren die Verträge _____. Erst viel später begann die eigentliche Arbeit am Manu-
skript: Zuerst ⑦ *(aussuchen)* _____ die endültigen Texte _____ und dann
⑧ *(verteilen)* _____ die Grammatik und der Wortschatz für die einzelnen Lektionen
_____. Danach ⑨ *(schreiben)* _____ dann das Manuskript _____. Nach-
dem es fertig war, ⑩ *(setzen)* _____ die Texte _____ und die Fotos *(besorgen)* _____. Von Herrn Faltermeier ⑪ *(machen)* _____ dann das Layout
_____ und von Herrn Schuster ⑫ *(zeichnen)* _____ die Zeichnungen
_____. Schließlich ⑬ *(herstellen)* _____ die Druckfilme _____. Kurz
danach ⑭ *(drucken)* _____ das Buch _____ und *(binden)* _____. Zum
Schluß ⑮ *(bringen)* _____ die fertigen Bücher in das Lager des Verlags _____.

Lektion 8

B1/2
GR

8. Zeitliche Reihenfolge im Text.

Um die zeitliche Reihenfolge der Produktion eines Buches zu beschreiben, werden im Text der Übung 7 folgende Wörter verwendet: ‚zuerst', ‚gleichzeitig', ‚inzwischen', ‚später', ‚dann', ‚danach', ‚schließlich', ‚zum Schluß'. Es gibt aber noch ein paar andere Wörter, um einen Text zeitlich zu ordnen: ‚davor', ‚vorher', ‚zuletzt', ‚am Ende', ‚später', ‚nachher' und ‚hinterher'. Vielleicht hilft Ihnen die folgende Zeichnung, die Bedeutung dieser Wörter besser zu verstehen.

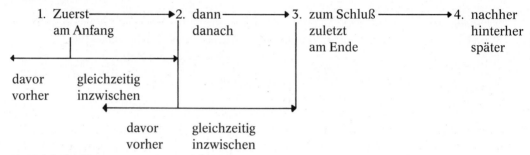

1. Zuerst → 2. dann → 3. zum Schluß → 4. nachher
   am Anfang   danach   zuletzt   hinterher
                                am Ende   später

davor   gleichzeitig
vorher   inzwischen

         davor   gleichzeitig
         vorher   inzwischen

Beispiele im Text:

Feierabend im Reisebüro
Zuerst schließt Eva die Eingangstür zu. *Danach* räumt sie ihren Schreibtisch auf. *Inzwischen* kontrolliert ihr Chef die Kasse. *Zum Schluß* schaltet Eva das Licht aus und macht alle Fenster zu. *Hinterher* bringt sie noch das Geld zur Bank.

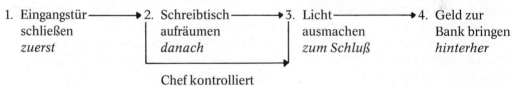

1. Eingangstür → 2. Schreibtisch → 3. Licht → 4. Geld zur
   schließen   aufräumen   ausmachen   Bank bringen
   zuerst   *danach*   *zum Schluß* *hinterher*

         Chef kontrolliert
         inzwischen

Was passiert zuerst, danach, später, ...? Machen Sie eine solche Zeichnung der zeitlichen Reihenfolge der Handlungen in den folgenden Texten a) und b).

a) Am Anfang werden die Texte gesetzt und gleichzeitig die Fotos besorgt. Dann wird das Layout gemacht und danach die Zeichnungen. Zuletzt wird das Buch gedruckt und später gebunden.

b) Zuerst sucht der Verlag die Autoren. Davor wurde jedoch ein allgemeines Konzept für das Buch entwickelt. Danach wird das endgültige Konzept mit den Autoren diskutiert, und gleichzeitig werden die Autorenverträge abgeschlossen. Dann schreiben die Autoren das Manuskript, das nachher von den Lektoren im Verlag korrigiert wird.

9. Ergänzen Sie das passende Nomen.

B1/2
GR

Präposition		Nomen		
Gegen-		wäsche	zimmer	ort
Neben-		mieter	kosten	
Nach-	+	job	wind	
Vor-		verkehr	prüfung	
Unter-		name	raum	
Zwischen-		mittag	kriegsgeschichte	

a) die Zeit vor 12 Uhr: _____

b) Die Zeit nach 14 Uhr: _____

c) Das Geld, das ein Mieter für Heizung, Wasser, Strom usw. bezahlen muß: _____

d) Wer in einer Wohnung nur ein Zimmer gemietet hat, ist ein _____

e) Die Arbeit, mit der man vor oder nach der eigentlichen Arbeit Geld verdient: _____

f) Wenn man eine Wohnung ganz in der Nähe einer größeren Stadt hat, die aber nicht in der Stadt selbst liegt, wohnt man in einem _____

g) Der Wind, der von vorne kommt: _____

h) Ein Zimmer in einer Wohnung, das klein und nicht so wichtig ist: _____

i) Ein Zimmer, das neben einem anderen Zimmer liegt: _____

j) Autos, die aus der anderen Richtung kommen: _____

k) Examen während eines Studiums oder einer Ausbildung: _____

l) Kleidung, die man direkt auf der Haut trägt: _____

m) Der zweite Name von Personen: _____

n) Der erste Name von Personen: _____

o) Die Geschichte, die einem Krieg folgt: _____

10. ‚Hauptsatz mit nämlich' oder ‚weil + Nebensatz'. Sagen Sie es anders.

B1/2
GR

a) Ich würde jedem raten, an Praktika und Lehrgängen teilzunehmen. Man lernt nämlich doch so einiges dazu.

Ich würde jedem raten, an Praktika und Lehrgängen teilzunehmen, weil man doch so einiges dazulernt.

Ebenso:

b) Ich mag meinen Beruf. Ich arbeite *nämlich* in einem kleinen Büro, wo ich alle Aufgaben erledigen muß.

Ich ...

c) Der Firma geht es sehr gut, *weil* sie mit ihrem letzten Produkt großen Erfolg hatte.

d) Klaus hat gekündigt. Er hat *nämlich* eine bessere Stelle gefunden.

e) Das Gesetz muß verbessert werden, *weil* es einige Fehler hat.

f) Der Kellner verdient recht gut. Er bekommt *nämlich* hohe Trinkgelder.

g) Die Maschine muß schnell repariert werden, *weil* sie sehr wichtig für die Produktion ist.

h) Die Berufsschule fand ich ganz gut. Wir haben dort *nämlich* nur das gelernt, was wir in unserem Beruf auch wirklich brauchen.

Lektion 8

11. ‚Von' hat verschiedene Bedeutungen.

A. *Vom* nächsten Jahr an gibt es in der Metallindustrie die 38,5-Stunden-Woche.
  (*‚von + Zeitangabe + an' = Zeitpunkt, zu dem etwas beginnt (z. B. eine Entwicklung)*)

B. *Vom* Lager im Verlag ist „Themen 3" zu den Kunden gekommen.
  Ich komme gerade *von* Herrn Schuster.
  (*‚von + Ort' / ‚von + Name' = der Ort, wo eine Entwicklung, Handlung oder ein Geschehen beginnt*)

C. Nicht der Mensch, sondern die Produktion *von* Waren ist der Zweck eines Betriebs.
  Das Gehalt *von* Frau Kacmarek (von ihr) ist recht gut.
  (*‚von + Nomen/Pronomen/Name' = Attribut*)

D. „Themen 3" ist *von* Herrn Aufderstraße und Herrn Lohfert (von ihnen) geschrieben worden
  (*von* einer großen Maschine gedruckt worden).
  (*‚von + Name/Pronomen/Nomen' steht in Passivsätzen = Ursache eines Sachverhalts, Geschehens, einer Handlung*)

Welche Bedeutung hat ‚von' in den folgenden Ausdrücken?

1. *von* morgen an beginnen ☐
2. *von* Bremen nach Oldenburg fahren ☐
3. die Zeichnung *von* Herrn Schuster ansehen ☐
4. *von* der Geschäftsleitung entschieden werden ☐
5. auf die Tochter *von* meiner Nachbarin aufpassen ☐
6. *vom* Chefingenieur erfunden worden ☐
7. *von* nachmittags bis abends arbeiten ☐
8. *von* der Schule kommen ☐
9. *von* 8 Uhr an fernsehen ☐
10. die Schreibmaschine *vom* Personalbüro benutzen ☐
11. *von* Routinearbeiten erschreckt werden ☐
12. *von* zu Hause abholen ☐
13. *vom* dritten Lebensjahr an eine Brille tragen ☐
14. die Maße *von* der neuen Wohnung ausrechnen ☐
15. *von* der technischen Entwicklung verursacht werden ☐
16. *von* April bis heute ohne Arbeit sein ☐
17. *von* Herrn Schuster gezeichnet werden ☐
18. *vom* Kino nach Hause gehen ☐
19. an einem Lehrgang *von* der Gewerkschaft teilnehmen ☐
20. *vom* Tisch fallen ☐

12. ‚Werden' hat verschiedene Bedeutungen.

A. Die Bücher *werden* mit der Post geschickt.
  (*‚Werden' verwendet man hier, um das Passiv zu bilden.*)

B. Ich *werde* die Fotos nächste Woche vergrößern lassen.
  (*‚Werden' verwendet man hier, um das Futur zu bilden.*)

C. Er *wird* Vertreter einer deutschen Firma im Ausland. – Ein Traum *wird* selten wahr.
  (*‚Werden' ist hier ein normales Verb und bedeutet, daß sich eine Person oder Sache zu einem bestimmten Ziel oder Zustand entwickelt.*)

Welche Bedeutung hat ‚werden' in den folgenden Sätzen?

1. Von wem ist das Foto gemacht *worden*?
2. Einige Fotos sind zu dunkel *geworden*.
3. Die Fotos *werden* morgen neu gemacht.
4. Die Fotos müssen neu gemacht *werden*.
5. Wir *werden* die Fotos morgen machen.
6. Die Fotos *werden* bestimmt gut *werden*.

13. ‚Haben + zu + Infinitiv'.

B1/2
BD

Herr Faltermeier *hat zu entscheiden,* wie die Texte und Bilder auf der Seite stehen.
Es paßt mir nicht, den Abwasch sofort zu erledigen, wenn ich Wichtigeres *zu tun habe.*
(‚haben + zu + Infinitiv' = müssen)

Sagen Sie es anders. Bilden Sie Sätze mit ‚haben + zu + Infinitiv'.

a) Eva muß abends das Geld zur Bank bringen.

b) Der Fabrikdirektor meint: Ein Arbeiter muß genauso funktionieren wie eine Maschine.

c) Der Meister muß die Qualität der Produkte ständig kontrollieren.

d) Die Arbeiter müssen am Eingang zur Fabrik ihre Betriebsausweise zeigen.

14. ‚Besonders, recht, ziemlich, ganz, sehr'.

B1/2
BD

Im Deutschen werden Adjektive durch die Wörter ‚besonders', ‚recht', ‚ziemlich', ‚ganz' und
‚sehr' verstärkt. Zum Beispiel:

– Er schreibt *recht* schnell.   – Eva arbeitet in einem *sehr* kleinen Reisebüro.

– Den Sprachkurs fand ich *ganz* gut.   – Routinearbeiten sind *besonders* langweilig.

– Die Arbeit wird *ziemlich* gut bezahlt.

Es ist unmöglich, die Bedeutungsunterschiede zwischen diesen Wörtern mit einer Regel
genau zu erklären, weil sie je nach Situation verschieden verwendet werden. Man kann aber
sagen, daß ‚ganz', ‚recht' und ‚ziemlich' schwächer sind als ‚sehr' und ‚besonders'.

15. Was können Sie auch sagen?

B1/2
BD

a) *Bei einem Ferienjob kommt es mir nur auf das Geld an.*
   - Ⓐ Ich bekomme bald einen guten Ferienjob.
   - Ⓑ Bei einem Ferienjob ist für mich die Bezahlung das wichtigste.
   - Ⓒ Ich nehme jeden Ferienjob.

b) *Wenn das neue Produkt keinen Erfolg hat, müssen 200 Arbeiter gehen.*
   - Ⓐ Wenn das neue Produkt keinen Gewinn bringt, wird 200 Arbeitern gekündigt.
   - Ⓑ Wenn das neue Produkt ein Mißerfolg wird, werden 200 Arbeiter entlassen.
   - Ⓒ Wenn das neue Produkt schlecht ist, müssen 200 Arbeiter laufen.

c) *Was stellt diese Maschine her?*
   - Ⓐ Wohin kann man diese Maschine stellen?
   - Ⓑ Was steht auf dieser Maschine?
   - Ⓒ Was produziert diese Maschine?

d) *Ein Bauer hat keine geregelte Arbeitszeit.*
   - Ⓐ Ein Bauer arbeitet nicht jeden Tag die gleiche Stundenzahl.
   - Ⓑ Ein Bauer hat viel Zeit und wenig Arbeit.
   - Ⓒ In der Regel hat ein Bauer keine Zeit.

e) *Die Maschine muß täglich gereinigt werden, sonst hält sie nicht lange.*
   - Ⓐ ..., sonst geht sie bald kaputt.
   - Ⓑ ..., dann sieht sie besser aus.
   - Ⓒ ..., damit sie immer sauber ist.

f) *Bitte halten Sie mein Kind für einen Moment!*
   - Ⓐ Bitte helfen Sie meinem Kind!
   - Ⓑ Bitte nehmen Sie mein Kind kurz auf den Arm.
   - Ⓒ Bitte spielen Sie ein bißchen mit meinem Kind.

g) *Die Gewerkschaft konnte die Entlas-*
   sungen nicht verhindern.
   - Ⓐ Die Gewerkschaft konnte nichts gegen
     die Entlassungen tun.
   - Ⓑ Die Gewerkschaft hat niemanden
     entlassen.
   - Ⓒ Die Gewerkschaft hatte mit den Ent-
     lassungen nichts zu tun.

h) *Mein Vater hat mir zum Bäckerberuf*
   geraten.
   - Ⓐ Mein Vater hat mir den Rat gegeben,
     Bäcker zu werden.
   - Ⓑ Mein Vater zwingt mich, Bäcker zu
     werden.
   - Ⓒ Mein Vater möchte, daß ich zum
     Bäcker gehe.

**B3
WS**

16. Ergänzen Sie die Verben. Manchmal passen zwei.

> zwingen – sichern – erfüllen – aufgeben – $einstellen_1$ – erfinden – verursachen – verpassen
> sich verhalten – entwickeln – $einstellen_2$ – $einstellen_3$ – beschäftigen – gezwungen sein –

a) Wenn Herr K. nicht mehr Auto fahren kann, muß der Betrieb einen neuen Fahrer
   _____ .

b) Damit die Maschinen gut funktionieren, müssen sie jede Woche neu _____ werden.

c) Die Gewerkschaften fordern, daß die Arbeitgeber sich sozial _____ .

d) Viele Eltern _____ ihre Kinder, einen Beruf zu lernen, den sie nicht mögen.

e) Georg hat seine Stelle _____ . Er hat letzte Woche gekündigt.

f) Der Betrieb machte keine Gewinne mehr. Er war _____ , Leute zu entlassen.

g) Ernst hat seinen Plan _____ , Drucker zu werden. Er lernt jetzt Automechaniker.

h) Die Firma hat einen neuen Ticketautomaten _____ , der viel besser funktioniert als die
   alten und sogar Geldscheine wechselt.

i) Die Ingenieure haben ein neues Produktionsverfahren _____ , das den neuen Sicher-
   heitsvorschriften entspricht.

j) Die Fabrik hat letzten Monat neue Großaufträge bekommen. Das _____ die Arbeitsplätze für ein halbes Jahr.

k) Die Geschäftsleitung hat viele Pannen _____ . Deshalb sind die wirtschaftlichen Erwar-
   tungen der Besitzer nicht _____ worden.

l) Der technische Fortschritt _____ viele soziale Probleme, denn die Betriebe
   _____ immer schnellere Produktionsverfahren und Automaten und _____
   immer weniger Angestellte und Arbeiter _____ .

m) Der Betrieb hat die Entwicklung des technischen Fortschritts _____ , deshalb produziert er jetzt zu teuer und macht keine Gewinne mehr.

**B3
WS**

17. Was paßt nicht?

a) Kredit – Gewinn – Kapital – Verlust – Erfolg

b) Geschäftsleitung – Bedienung – Macht – Verantwortung – Verwaltung

c) Gebrauchsanweisung – Entwicklung – Verfahren – Fortschritt – Automat

d) Betrieb – Werk – Fabrik – Verwaltung – Gesellschaft – Firma

e) Höhe – Größe – Mittel – Maß – Menge – Breite

f) Praktikant – Verhalten – Meister – Soldat – Fachmann – Taxifahrer

g) Schutz – Sicherheit – Gefahr – Unfall – Interesse

h) Information – Erfahrung – Ausbildung – Umfang – Wissen

i) Änderung – Fehler – Panne – Unfall – Krise

j) Artikel – Ware – Produkt – Bedarf

Vergleichen Sie Ihre Lösung noch nicht mit dem Lösungsschlüssel! Hier ist noch eine Hilfe, wenn Sie Schwierigkeiten hatten:

1. ☒ Vier Wörter haben mit der Gesundheit am Arbeitsplatz zu tun.
2. ☐ Drei Wörter bedeuten Dinge, die in Fabriken zum Verkauf gemacht werden.
3. ☐ Vier Wörter gehören zu großen Industriebetrieben.
4. ☐ Fünf Wörter haben mit Zählen oder Messen zu tun.
5. ☐ Vier Wörter haben mit Geld in der Wirtschaft zu tun.
6. ☐ Vier Wörter bedeuten Dinge, über die man sich nicht freut.
7. ☐ Vier Wörter haben allgemein mit moderner Technik zu tun.
8. ☐ Vier Wörter haben mit Lernen und Denken zu tun.
9. ☐ Fünf Wörter bedeuten Personen.
10. ☐ Fünf Wörter haben (fast) die gleiche Bedeutung.

18. Ergänzen Sie Adjektive und Nomen.

B3
WS

sozial großzügig wirtschaftlich technisch stark	+	(s) Interesse (r) Bedarf (r) Mißerfolg (r) Meister (r) Fortschritt (e) Geschäftsleitung (s) Verfahren (e) Kontrolle (e) Lage (e) Verantwortung (e) Leistung

a) Der schnelle technische Fortschritt ist heute ein soziales Problem, weil die neuen Maschinen und Automaten immer mehr Menschen arbeitslos machen.

b) Die _____ in der Druckindustrie sind besser geworden. Vor allem gibt es jetzt mehr Urlaubsgeld als früher.

c) Die _____ des Betriebs ist nicht sehr gut; in diesem Jahr werden keine Gewinne gemacht.

d) Der Chefingenieur trägt die Verantwortung für die _____ aller Maschinen, damit keine Pannen passieren.

e) Für die Produktion von Kunststoffen sind in den letzten Jahren neue _____ entwickelt worden.

f) Die Gewerkschaft ist der Meinung, daß die Betriebe für die Arbeiter eine _____ haben, denn die Technik soll dem Menschen dienen und nicht der Mensch der Technik.

g) Die neuen Artikel sind ein _____ ; sie können nur schwer verkauft werden.

h) Unsere Abteilung hat einen _____, mit dem wir alle gern zusammenarbeiten.

i) Natürlich hat jeder Betrieb ein _____ daran, so viel und billig wie möglich zu produzieren.

Lektion 8

j) Das Werk hat eine sehr _____. Die Arbeiter und Angestellten werden viel besser bezahlt als in anderen Betrieben.

k) Es gibt in der Wirtschaft einen _____ an Ingenieuren und Technikern, die neue Produktionsverfahren entwickeln und kontrollieren können.

B3
WS

19. Welche Ergänzungen passen wo?

> mit Computern – an einem Praktikum – auf den wirtschaftlichen Erfolg
> mit netten Kunden – auf die Geschäftsleitung – aus Metall
> mit wichtigen Reiseinformationen – aus Kunststoff – an der Konferenz – mit Kleidern
> aus Holz – auf einen hohen Gewinn – für die Druckindustrie – mit Reisegruppen
> mit ganz verschiedenen Waren – für die Großbetriebe – aus einem neuen Material
> mit vielen verschiedenen Arbeiten – mit Spielautomaten – auf gute Fachleute
> an einem Sprachkurs – für das nächste Jahr – an der Meisterprüfung

a) Die neuen Arbeitszeiten gelten _für alle Arbeiter_ .
   _____.
   _____.
   _____.

b) Georg arbeitet in einem Betrieb, der _____ handelt.
   _____
   _____
   _____

c) Eva hat letztes Jahr _____ teilgenommen.
   _____
   _____
   _____

d) Im Reisebüro hat man _____ zu tun.
   _____
   _____
   _____

e) Der Fabrikdirektor meint: Im Betrieb kommt es _____ an.
   _____
   _____
   _____

f) Die Maschine besteht _____.
   _____.
   _____.
   _____.

110

20. ‚Jeweils‘, ‚jeder-jede-jedes‘, ‚ein paar‘, ‚alle‘ oder ‚einzelne‘? Ergänzen Sie.

a) _____ das zweite Glas hat einen Punkt.

b) _____ zweite Glas hat einen Punkt.

c) In _____ Gläsern ist Bier.

d) In _____ Glas ist Bier.

e) _____ Gläser sind kaputt.

f) _____ Glas ist kaputt.

g) _____ vierte Glas steht auf einem Teller.

h) _____ das vierte Glas steht auf einem Teller.

21. Ergänzen Sie.

passieren – anfangen – schimpfen
versuchen – geben – arbeiten
bedienen – beginnen
kriegen – aufhören – besorgen
gefallen – verdienen
aufstehen – trinken
vergessen – stehlen
gehen – beschweren – sagen

,Den Job hat mir eine Freundin ① _____, die hier an den Wochenenden ② _____. Ich ③ _____ ganz gut, und das Trinkgeld darf man auch nicht ④ _____. Die Arbeitszeit ⑤ _____ mir auch. Ich ⑥ _____ um 4 Uhr nachmittags und kann meistens schon vor Mitternacht ⑦ _____. Wissen Sie, ich ⑧ _____ lieber abends, weil ich dann morgens nicht so früh ⑨ _____ muß. Natürlich ⑩ _____ es auch manchmal Ärger. Manche Gäste ⑪ _____ zum Beispiel, Gläser zu ⑫ _____. Wenn das zum zweiten Mal ⑬ _____, ⑭ _____ der Gast Hausverbot. Oder wenn jemand zuviel Bier ⑮ _____ hat, muß ich ihm ⑯ _____, daß er nach Hause ⑰ _____ soll. Die meisten wollen dann einen Streit ⑱ _____ und ⑲ _____ laut. Manche wollen sich sogar beim Chef über mich ⑳ _____.

22. ‚Über‘ + Adjektiv. Ergänzen Sie.

übergenau   überdurchschnittlich   überpünktlich   überängstlich   übermenschlich   überglücklich

a) Ein Betrieb, der mehr Gewinne macht als andere Betriebe, macht _____ Gewinne.

b) Eine Person, die so stark ist, daß man es gar nicht glauben kann, hat _____ Kräfte.

Lektion 8

c) Eine Person, die in allen Dingen viel zu vorsichtig ist, ist _____.

d) Eine Person, der ein ganz großer Wunsch erfüllt worden ist, ist _____.

e) Eine Person, die alles ohne den kleinsten Fehler machen will, ist _____.

f) Eine Person, die zu Terminen und Verabredungen immer zu früh kommt, ist _____.

B3
BD

23. Schreiben Sie einen Dialog.

– Die Firma ist verkauft worden und unsere Abteilung wurde geschlossen.

– Nein. Hast du selbst gekündigt?

– Ich wünsche dir jedenfalls viel Glück.

– Nicht besonders gut. Vorläufig werde ich wohl keine neue Stelle finden.

– Was machst du denn hier? Bist du etwa arbeitslos?

– Und warum haben sie dich entlassen?

– Ich bin doch nicht verrückt!

– Ja, seit drei Wochen. Hast du das nicht gewußt?

– Wie sind denn die Chancen auf dem Arbeitsmarkt?

○ Was machst du denn hier? Bist du etwa arbeitslos?

□ _____

B3
SA

24. Beschreiben Sie, wie diese Maschine funktioniert.

der Wecker   der Hammer   klingeln

der Wassereimer   durchschneiden

das Scharnier   der Faden   der Klöppel

die Wippe   fallen   das Brettchen

wecken   der Haken   das Messer

_____

_____

_____

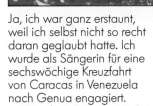

Animateurin – ein Traumjob?

Klingt schon toll: Animateurin auf einem Luxusdampfer. Wir wollten mal wissen, wie so ein Job wirklich aussieht, und unterhielten uns mit Beate Tradt.

Sie sind jetzt 34 und arbeiten als Animateurin auf Kreuzfahrtschiffen und in Ferienclubs. Wie sind Sie dazu gekommen? Hat Sie einfach irgendwann das Fernweh gepackt?
Eigentlich war es purer Zufall. Ich habe Grafik-Design studiert, aber keinen Job gefunden. Ich habe dann ein Lehramtsstudium drangehängt, aber auch als Lehrer gab es praktisch keine Hoffnung, eine feste Anstellung zu finden.
Damals habe ich in einer Zeitung einen Leserbrief gelesen, in dem ganz begeistert über eine Sängerin an Bord eines Kreuzfahrtdampfers berichtet wurde. Das hat mich interessiert. Was die kann, das kann ich auch – dachte ich mir. Schließlich hatte ich ja schon zehn Jahre lang so nebenher in einer Band gesungen. Ich habe mich also bei verschiedenen Reiseveranstaltern beworben, als Sängerin und Animateurin.

Und dann hat es sofort geklappt?

Ja, ich war ganz erstaunt, weil ich selbst nicht so recht daran geglaubt hatte. Ich wurde als Sängerin für eine sechswöchige Kreuzfahrt von Caracas in Venezuela nach Genua engagiert.

War diese Reise so, wie Sie es sich vorgestellt hatten?
Nur teilweise. Der Job als Sängerin war etwas schwierig. Ich mußte viele Schlager singen, die ich vorher gar nicht gekannt hatte. Mein nächster Job war dann in einem Ferienclub auf Mallorca, als Animateurin. Und danach wurde ich wieder für Kreuzfahrten engagiert, ebenfalls als Animateurin.

Welche Aufgaben hat man denn da?
Morgens gegen halb acht mache ich erst einmal eine kleine Radiosendung, mit der Schiffsradiostation. Ich wecke die Passagiere, gratuliere denen, die Geburtstag haben, erzähle, was wir an diesem Tag tun werden, und spiele viel Musik. Später leite ich die Morgengymnastik, dann bereite ich Bordspiele vor, zum Beispiel

Shuffle-board, Volleyball, Skat-Turniere oder die Wahl der schönsten Dame oder des bestaussehenden Herrn an Bord. Abends gibt es dann noch irgendeine Aufführung oder ein Bingo-Spiel. Und außerdem plane ich die Landausflüge...

Haben Sie keine Angst, daß Ihnen mal die Ideen ausgehen?
Eigentlich nicht. Ich habe ein bewährtes Programm im Kopf, dazu probiere ich manchmal etwas Neues aus.

Sie sind durch Ihre Kreuzfahrten schon viel herumgekommen. Würden Sie sagen, daß Sie diese Länder jetzt wirklich kennen?
Nein, sicher nicht. Um ein Land richtig kennenzulernen, muß man zu den Menschen dort Kontakte knüpfen. Bevor es dazu kommen kann, sind wir schon wieder auf See.

Sie sind oft monatelang an Bord eines Schiffes, haben dann drei, vier Wochen Pause, bis Sie wieder auf Reisen oder in einen Ferienclub ge-

hen. Ist das nicht sehr anstrengend? Oder ein bißchen traurig, wenn man immer wieder Abschied nehmen muß? Natürlich bin ich durch meinen Beruf ziemlich entwurzelt. Mein Apartment habe ich gerade aufgegeben und lebe – wenn ich mal zu Hause bin – bei meinen Eltern. Dort in Bonn wohnen auch die meisten meiner Freunde. Eine feste Partnerschaft kann man bei diesem Job nicht führen. Auf der anderen Seite lerne ich unheimlich viele Menschen kennen. Mit einigen Berufskollegen bin ich inzwischen befreundet – dann ist es natürlich herrlich, wenn man irgendwann gemeinsam arbeiten kann.

Sie versuchen, anderen Menschen einen schönen Urlaub zu machen. Was tun sie eigentlich, wenn Sie selber Ferien haben?
Ich reise – wie alle anderen. Allerdings meist allein oder mit Freunden auf eigene Faust quer durch irgendein Land, das ich noch nicht kenne.

Lektion 9

108 alles
112 e Anmeldung, -en
112 r Antrag, ⸚e
112 s Antrags-
formular, -e
108 auf
108 aus
111 ausfüllen
108 e Ausnahme, -n
112 e Ausstellung, -en
112 e Bedingung, -en
110 r Beginn
106 begründen
114 behalten
112 behandeln
108 sich bemühen
112 r Bescheid, -e
113 bestimmt
106 bestrafen
105 rauchen
108 r Briefkasten, ⸚
114 e Drucksache, -n
106 einfach
114 s Einschreiben, -
114 r Empfänger, -
107 entsprechen
110 erhöhen
112 e Erkältung, -en
109 erreichen
108 r Fall, ⸚e
112 fließend
112 s Formular, -e
112 e Gebühr, -en
112 s Gegenteil
108 grundsätzlich
112 halten
112 r Hammer, ⸚
112 r Himmel
112 husten
114 r Kamm, ⸚e

113 klar
114 s Kleingeld
112 kostenlos
114 e Kranken-
kasse, -n
108 kümmern
112 r Künstler, -
109 locker
114 e Luftpost
114 merken
113 e Methode, -n
114 minus
114 s Mißtrauen
108 mitmachen
112 s Mittel, -
110 mitzählen
114 e Nadel, -n
114 r Notruf
112 nützlich
108 e Pflicht, -en
114 s Rezept, -e
114 e Rückfahr-
karte, -n
112 e Salbe, -n
108 sein
107 selbstverständ-
lich
110 s Semester, -
112 sowohl
114 e Speisekarte, -n
112 stattfinden
106 e Strafe, -n
114 s Taschentuch, ⸚er
113 teils
112 e Tropfen (Pl.)
110 um
113 unterrichten
112 verbinden
114 e Verbindung, -en
108 s Verhältnis
112 verschreiben

108 r Vertreter, -
107 viel
112 r Vortrag, ⸚e
110 warnen
114 r Waschlappen, -
106 wiederholen
112 e Wunde, -n
114 r Zahnarzt, ⸚e
112 e Zange, -n
108 e Zeitschrift, -en
109 r Zusammen-
hang, ⸚e

114

1. Was paßt wo?

> die Zahl der Fächer – den Satz – um einen Kindergartenplatz – eine Strafe –
> eine Ausnahme – vor der schwierigen Aufgabe – der Schwierigkeit der Aufgabe –
> seiner beruflichen Stellung – vor München – um eine gute Stellung – Deutsch –
> die Aufgabe – einen Fehler – vor der großen Verantwortung – ein Interesse –
> um bessere Leistungen – die Schülerin – eine Meinung – der großen Bedeutung des
> Falles – vor der Schulleitung – die ganze Klasse – um bessere Kontakte –
> den Preis der Zeitschrift – eine schlechte Leistung – Informatik –
> die Menge der Aufgaben – um gutes Deutsch – der Vorstellung von moderner Kunst

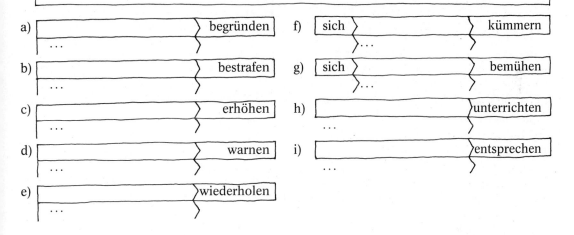

a) [...] begründen
b) [...] bestrafen
c) [...] erhöhen
d) [...] warnen
e) [...] wiederholen
f) sich [...] kümmern
g) sich [...] bemühen
h) [...] unterrichten
i) [...] entsprechen

2. ‚Mit + Verb'. Bilden Sie neue Verben.

| mit | + | helfen   bezahlen   lernen   fliegen   laufen   nehmen   rechnen |
| | | reparieren   kommen   lernen |

Ergänzen Sie.

a) Wir können den Schrank nicht alleine tragen. Können Sie nicht _mithelfen_ ?
b) Wir fahren morgen nach Bremen. Willst du nicht _____?
c) Wenn Sie gleich _____, dann können Sie meine Rechnung sofort kontrollieren.
d) Reparieren Sie bitte die Bremse vorne. Die Handbremse funktioniert auch nicht richtig.
   Können Sie die bitte _____?
e) Im Deutschen darf man die Nomen nicht allein lernen. Man muß auch die Artikel immer
   _____.
f) Ich mache einen Waldlauf. Hast du Lust _____?
g) Heute abend wiederholen wir in der Gruppe die letzte Lektion. Möchtest du _____?
h) Du bringst doch das Radio zu Wolfgang. Kannst du bitte diese Schallplatte _____; die
   habe ich ihm versprochen.
i) Ich habe kein Geld bei mir. Kannst du meine Rechnung bitte _____?
j) Wir nehmen das nächste Flugzeug. _____ Sie auch _____?

Lektion 9

mit$_1$ + Verb z. B. mitgehen, mitfahren   *(mit anderen Personen zusammen zu einem Ort gehen, fahren, ...)*

mit$_2$ + Verb z. B. mitmachen, mitzählen   *(mit anderen Personen zusammen etwas tun, machen, ...)*

mit$_3$ + Verb z. B. mitnehmen, mitreparieren *(eine Sache gleichzeitig mit einer anderen Sache erledigen oder tun)*

Welche Bedeutung hat ‚mit‘ in den Sätzen a) bis j)?

mit$_1$: _____   mit$_2$: *a)*_____   mit$_3$: _____

B1/2
WS
3. Einige wichtige Indefinitpronomen.

Wenn man im Deutschen über eine allgemeine Sache oder über einen Teil einer allgemeinen Sache sprechen möchte, dann verwendet man dafür Indefinitpronomen.

einzelnes	alles	nichts	vieles	manches	weniges	einiges

Zum Beispiel:
– Vieles hat sich schon verbessert, aber um *einiges* müssen wir uns noch kümmern.
– Ich bin mit *allem* einverstanden.
– *Einzelnes* haben wir verändern können, doch es gibt noch *manches*, was nicht geregelt ist.
– Wir haben in der Schule immer *alles* auswendig lernen müssen.

Ordnen Sie die Indefinitpronomen von ‚+‘ nach ‚–‘.

+ alles_____ –

Für die Indefinitpronomen können Sie auch folgende Ausdrücke verwenden:
alle Dinge/Sachen, einige Dinge/Sachen, viele Dinge/Sachen, einzelne Dinge/Sachen, wenige Dinge/Sachen, manche Dinge/Sachen.
Für Personen heißen die Indefinitpronomen: manche, einzelne, alle, wenige, viele, einige, niemand (!), mehrere, jede(r).
Beachten Sie: Die Formen der Indefinitpronomen kann man verändern.

B1/2
GR
4. Bilden Sie Sätze mit ‚nicht/nie/nur/selten/ ... + brauchen + (zu) + Infinitiv‘ (= nicht/nie/ nur/selten/ ... müssen).

a) Früher mußten alle Schüler dieselbe Kleidung tragen, heute *(keine Uniform mehr tragen)*
   brauchen sie keine Uniformen mehr (zu) tragen._____
   Ebenso:

b) Der Kindergarten ist freiwillig. Die Kinder *(nicht in den Kindergarten gehen)* _____
   _____.

c) Carola hat heute nachmittag frei, sie *(keine Hausaufgaben machen)* _____
   _____.

d) Claudia muß ihrer Mutter im Haushalt sehr viel helfen, aber Michael *(nie zu Hause zu helfen)* _____
   _____.

116

e) Michael kann mit seinem Vater über Probleme diskutieren. Er *(nicht alles machen, was sein Vater vorschlägt)* _____ _____.

f) In der Bundesrepublik ist Schule meistens nur vormittags, die Schüler *(selten am Nachmittag zur Schule gehen)* _____ _____.

g) Ich kann die Aufgabe allein lösen. Du *(mir nicht helfen)* _____

h) Wir treffen uns in der Wirtschaft ‚Zur Post'. Ihr *(uns nicht abholen)* _____

i) München ist ein Freizeitparadies. Man *(nur eine Stunde fahren)* _____ _____, und schon ist man in den Alpen.

5. Warum war es früher anders? Ein Kind fragt seine Eltern.

B1/2
GR

a) ○ Warum habt ihr immer das getan, was euch der Lehrer sagte?
   □ Damals *(den Lehrer nicht kritisieren dürfen)* <u>haben wir den Lehrer nicht kritisieren</u> <u>dürfen</u>.

b) ○ Warum seid ihr nicht länger zur Schule gegangen?
   □ Wir *(das nicht dürfen)* _____. Unsere Eltern *(das nicht wollen)* _____

c) ○ Warum haben euch die Lehrer geschlagen?
   □ Das war nicht verboten. Die Lehrer *(uns schlagen dürfen)* _____ _____.

d) ○ Warum habt ihr nicht studiert?
   □ Wir *(es wollen)* _____, aber *(es nicht können)* _____ _____, weil wir *(kein Abitur machen dürfen)* _____

e) ○ Warum haben die Mädchen keine Hosen getragen?
   □ Sie *(Hosen tragen wollen)* _____, aber sie *(es nicht dürfen)* _____.

f) ○ Warum habt ihr in der Schule nie frei eure Meinung gesagt?
   □ Wir *(in der Schule nicht diskutieren dürfen)* _____ _____ und *(das tun müssen)* _____, was der Lehrer uns gesagt hat.
   Tip: Sie müssen das Perfekt der Modalverben nicht unbedingt verwenden. Das Präteritum ist einfacher und wird deshalb auch öfter verwendet.

6. Sagen Sie es anders.

B1/2
GR

a) Während sie zu Abend essen, läuft der Fernseher.
   <u>Beim Abendessen läuft der Fernseher.</u>
   Ebenso:

b) Während Claudia in der Küche lernt, spielt immer das Radio.

c) Wenn er Rechnungen schreibt, macht er meistens Fehler.

Lektion 9

d) Während wir arbeiten, dürfen wir in der Fabrik nicht rauchen.
e) Wenn Claudia spielt, vergißt sie alle Probleme, die sie in der Schule hat.
f) Während er auf der Bank Geld gewechselt hat, hat er seine Brieftasche verloren.
g) Wenn sie ißt, darf man sie nicht stören.
   Vorsicht! Nicht bei allen Verben kann man die Konstruktion ‚bei + Infinitiv' oder ‚bei + Nomen + Infinitiv' als Nomen verwenden!

B1/2 GR

7. Ein alter Lehrer beschwert sich über die jungen Schüler. Er findet, daß früher alles besser war.

Er sagt: Wenn es so wie früher wäre, dann
a) (früher ins Bett gehen) *gingen die Schüler früher ins Bett* _____
   (nicht zu spät in die Schule kommen) *Sie ...* _____
   Ebenso:
b) (besser über die deutsche Geschichte Bescheid wissen) _____
c) (sich nicht mit anderen Schülern schlagen) _____
d) (auch an ihre Pflichten denken) _____
e) (für schlechte Leistungen keine guten Noten bekommen) _____
f) (mehr Respekt vor den Lehrern haben) _____
g) (nicht in Diskotheken gehen) _____
h) (nicht nur an die Freizeit denken _____ sondern
   (mehr auswendig lernen müssen) _____
   Tip: Den Konjunktiv II der Verben brauchen Sie nicht unbedingt lernen. Es reicht, wenn sie die Formen mit ‚würde + Infinitiv' kennen. Das ist einfacher. Auch die Deutschen verwenden im täglichen Leben meistens diese Formen.

Ihre Grammatik. Ergänzen Sie.

	Konjunktiv II	würde + Infinitiv
Ich	bekäme bessere Noten.	würde bessere Noten bekommen.
Du		
Er/Sie Man		
Wir		
Ihr		
Sie		

B1/2 GR

8. Sagen Sie es anders.

a) Die Münchner Studenten gehen in den Englischen Garten, nicht um zu studieren, sondern um in der Sonne spazierenzugehen.
   Die Münchner Studenten gehen nicht zum Studium, sondern zum Spazierengehen in den Englischen Garten.
   Ebenso:
b) Die Bücher halten sie vor die Nase, um sich vor der Sonne zu schützen.
c) Die Studenten fahren am Wochenende nach Südtirol, um dort zu klettern.

118

d) Um Ski zu fahren, fahren sie im Winter in die bayerischen Berge.

e) Nach Jugoslawien ans Mittelmeer fahren sie, um zu schwimmen und zu surfen.

f) Um Bier zu trinken, gehen sie in ganz normale Wirtschaften. Typische Studentenkneipen gibt es nicht.

g) Um Geld zu verdienen, arbeiten sie als Skilehrer, Dolmetscher, Kellner oder Babysitter.

9. Nomen und Pronomen im Text.

a) Um gutes Deutsch zu schreiben, darf man in Texten nicht nur Nomen verwenden, sondern man muß dort, wo es möglich ist, auch Pronomen gebrauchen.

Ergänzen Sie die folgenden Nomen und Pronomen im Text unten.

Zwei Lebenswege

In der zweiten Klasse der Grundschule sitzen sie nebeneinander: ⟨C und M. Beide⟩ sind sieben Jahre alt. In der Pause tauschen ⟨sie⟩ Tierfotos gegen Buntstifte. Am Nachmittag gehen ⟨sie⟩ zum Schwimmtraining ins Schwimmbad. Viele glauben, daß ⟨C und M⟩ Geschwister sind. Aber ⟨sie⟩ sind in Wirklichkeit sehr weit voneinander entfernt. ⟨ ⟩ hat in der zweiten Klasse Grundschule keine schlechteren Noten als Michael. Nach zwei Jahren geht ⟨sie⟩ zur Hauptschule. Danach sinken ⟨ihre⟩ Leistungen in der Schule. Mit 13 Jahren muß ⟨sie⟩ die Klasse wiederholen. Im Unterricht ist ⟨sie⟩ still, macht ⟨ihre⟩ Hausaufgaben nicht immer regelmäßig und bleibt zum zweitenmal sitzen. Die Lehrer sagen, daß es ⟨ ⟩ an Fleiß, Interesse

und Begabung fehlt. ⟨C⟩ macht keine Abschlußprüfung in der Hauptschule. Nach einem halben Jahr zu Hause findet ⟨sie⟩ einen Job in einer Schuhfabrik.

⟨M⟩ dagegen wechselt nach dem 4. Schuljahr ins Gymnasium und hat durchschnittliche Noten. Mit fünfzehn Jahren bekommt ⟨er⟩ Schwierigkeiten in Mathematik und Physik. Deshalb bekommt ⟨er⟩ nach dem Unterricht Privatunterricht: 35 Mark für 45 Minuten. Mit 16 und 17 Jahren entwickelt ⟨M⟩ sehr gute Leistungen in Deutsch und Geschichte. Am Ende macht ⟨er⟩ ein befriedigendes Abitur. Nach dem Dienst in der Bundeswehr studiert ⟨er⟩ Jura und wird später Rechtsanwalt.

. . .

Vergleichen Sie jetzt ihre Lösung mit dem Text im Kursbuch. Sie muß nicht genauso aussehen. Wichtig ist aber,

– daß klar ist, für welche Nomen die Pronomen stehen, und

– daß am Anfang jedes Absatzes ein Nomen steht.

Unterstreichen Sie jetzt (mit Bleistift) die Nomen so ‚‿‿‿‘ und die Pronomen so ‚＿＿＿‘ und kontrollieren Sie, ob immer klar ist, für welche Nomen die Pronomen stehen.

b) Es gibt verschiedene Arten von Pronomen. Recht häufig sind die Pronomen, die so gebildet werden:

– ‚da + Präposition‘ (z. B. dazu, damit, danach, dadurch, dafür, dagegen, . . .)

Sie können sowohl für einzelne Dinge stehen, als auch für einen Sachverhalt.

Lektion 9

Im Sommersemester 1984 studierten 48000 junge Menschen an der Universität und 19000 an der Technischen Universität. Dazu kommen noch die verschiedenen Fachhochschulen. Zusammen sind es rund 80000 Studenten. Damit ist München die größte Studentenstadt der Bundesrepublik.

In diesem Teil eines Textes aus dem Kursbuch (S. 51) kann man klar erkennen, für welche Sache die Pronomen ‚dazu‘ und ‚damit‘ stehen:

…48 000 junge Menschen… Dazu kommen…

Zusammen…80 000 Studenten. Damit ist…

Diese Pronomen sind schon im Arbeitsbuch Lektion 2 Übung Nr. 26 geübt worden.

B1/2 GR

10. Wie war es früher? Wie ist es heute? Ergänzen Sie ‚dürfen‘ oder ‚müssen‘.

a) Früher _mußten_ die Schüler ganz still in Bänken sitzen, und wir _durften_ nur etwas sagen, wenn der Lehrer uns fragte. Heute _dürfen_ die Schüler ganz normal an Tischen sitzen. Sie _dürfen_ frei diskutieren und _dürfen_ etwas sagen, auch wenn sie der Lehrer nicht direkt etwas fragt.

b) Heute _dürfen_ die Kinder in der Schule anziehen, was sie wollen. Früher _mußten_ sie Schuluniformen tragen, und die Mädchen _mußten_ nicht mit Hosen in die Schule gehen. *[put on (clothes)]*

c) Früher _mußten_ der Lehrer die Schüler schlagen. Heute _müssen_ der Lehrer zwar mit anderen Mitteln bestrafen, aber er _dürfen_ die Schüler nicht schlagen. *[Punish]* *[Tadeln]*

d) Heute _dürfen_ die Schüler offen ihre Meinung sagen. Früher _mußten_ man in der Schule nicht frei diskutieren. *[opinion, meaning]*

e) Früher _mußten_ die Schüler aufstehen, wenn der Lehrer sie etwas fragte. Heute _dürfen_ sie sitzen bleiben, wenn sie eine Frage des Lehrers beantworten.

f) Heute _dürfen_ die Schüler auch selber Vorschläge dafür machen, was sie lernen wollen. Früher _mußten_ die Schüler immer das tun, was der Lehrer wollte. Mitbestimmen, was sie lernen wollten, _dürfen?_ sie nicht.

[Means, average. remedy.]

[strike, beat] *[vorschlag/eve suggestion, proposal]* *[vorschlagen: suggest, propose]*

B1/2 BD

11. ‚Erreichen‘ hat verschiedene Bedeutungen.

A. Detlef muß jetzt gehen, weil er den letzten Bus um 23 Uhr *erreichen* will.
(erreichen = ein Verkehrsmittel bekommen; pünktlich vor der Abfahrt da sein)

B. Bis 14 Uhr können Sie den Schulleiter in seinem Büro *erreichen*.
(erreichen = jemanden treffen; jemanden sprechen können)

C. Eine Schülervertretung hat nicht viele Rechte, aber sie kann trotzdem einiges *erreichen*.
(erreichen = an einem Ziel ankommen; bekommen, was man wollte; etwas mit Erfolg tun)

D. Damals *erreichte* die Studentenzahl bereits 2000.
(erreichen = im Lauf einer Entwicklung bei einer Zahl/Menge ankommen)

Welche Bedeutung hat ‚erreichen‘ in den folgenden Sätzen?

1. Wie hast du *erreicht*, daß die Krankenkasse dir so schnell Bescheid gegeben hat? ☐
2. Gegen 17 Uhr *erreicht* der Verkehr in München einen Höhepunkt. ☐
3. Der Briefträger kann den Empfänger des Schreibens nicht *erreichen*. ☐
4. Mit ihrer Warnung, nicht in München zu studieren, hat die Universität nichts *erreicht*. ☐
5. Jetzt kann ich länger bleiben; den Zug um 17 Uhr *erreiche* ich doch nicht mehr. ☐

6. Die Entwicklung der Studentenzahl an der Münchner Uni hat ihr Ende noch längst nicht *erreicht.* □
7. Frau Wulf ist heute nicht in der Firma, aber Sie können sie zu Hause *erreichen.* □
8. Wenn du diese U-Bahn noch *erreichen* willst, mußt du dich beeilen. □

12. ,Bekommen' hat viele Bedeutungen. Wiederholen Sie die wichtigsten.

B1/2
BD

| was 〉 bekommen |

A. Zu meinem fünften Geburtstag habe ich ein Fahrrad *bekommen.*
   ○ Von wem hast du die Blumen *bekommen*?
   □ Die habe ich nicht *bekommen*, die habe ich mir selbst gekauft.
    als Geschenk erhalten
B. Wenn ich mich beeile, *bekomme* ich noch den Zug um 19.10 Uhr.
   ein Verkehrsmittel erreichen
C. *Im Restaurant:* Ich *bekomme* den Schweinebraten und ein Bier, bitte.
   Im Lebensmittel-Laden: Ich *bekomme* ein Pfund Erdbeeren.
   bestellen oder kaufen wollen
D. Briefmarken *bekommen* Sie auf der Post.
   Ich habe die Stelle in Freiburg nicht *bekommen.*
   erhalten können
E. Beim Schwimmen *bekomme* ich immer großen Hunger.
   Ich glaube, ich *bekomme* eine Grippe.
   Es ist so dunkel. Langsam *bekomme* ich Angst.
   Veränderungen im Körper oder im Gefühl spüren
F. Wir *bekommen* einen neuen Abteilungsleiter.
   Nächstes Jahr *bekomme* ich ein größeres Büro.
   erhalten, ob man will oder nicht
G. Hoffentlich *bekommen* wir bald Schnee!
   Ich glaube, wir *bekommen* heute noch ein Gewitter.
   Bekommst du am Wochenende wieder Besuch von deinen Eltern?
   erwarten dürfen oder müssen
H. Meine Schwester *bekommt* nächste Woche ihr erstes Kind.
   Müllers haben schon drei Jungen. Hoffentlich *bekommen* sie das nächste Mal ein Mädchen.
   zur Welt bringen

| wem 〉wie 〉bekommen |

I. Obwohl das Essen sehr fett war, ist es mir gut *bekommen.*
   Alkohol *bekommt* mir gar nicht.
   gesundheitlich gut tun

Wozu passen die folgenden Sätze? (Zur weiteren Übung können Sie jeweils noch zwei Beispielsätze selbst bilden; die Stichworte sollen nur eine Anregung sein.)
1. Ich habe gehört, daß du kein Fleisch mehr ißt. Wie *bekommt* dir das? □
   (große Hitze / neues Medikament)

2. Meine Tochter *bekommt* ein Kind, aber sie will den Vater nicht heiraten! ☐
   (Kollege gestern einen Sohn / Freundin keine Kinder)

3. Dieses Jahr *bekommen* wir bestimmt einen schönen Sommer. ☐
   (heute Regen? / Winter hoffentlich kalt)

4. Ich habe von meinen Freunden ein Paket *bekommen.* ☐
   (Weihnachten Freund Bücher / Schwester Pullover)

5. Morgen *bekommen* wir zwei Praktikanten, die uns bei den Schreibarbeiten helfen. ☐
   (gestern neue Kollegin / vielleicht neuen Chef)

6. Gestern mußte ich nach Hause laufen, weil ich die letzte Straßenbahn nicht mehr
   bekommen habe. ☐
   (Sonntag Schiff Athen müssen / nächster Bus)

7. Können wir bitte für das Kind eine kleine Portion *bekommen?* ☐
   (Käse 4 Scheiben / Eis zum Nachtisch)

8. Formulare für die Anmeldung zur Prüfung *bekommen* Sie im ersten Stock. ☐
   (Stadtplan wo? / Obst am besten auf dem Markt)

9. Als der Arzt ihm eine Spritze geben wollte, hat er einen Schreck *bekommen.* ☐
   (großen Hund sehen komisches Gefühl / Spaziergang Regen hohes Fieber)

**B3
WS**

13. Was paßt wo?

> Waschlappen – Notruf – Kamm – Speisekarte – Kleingeld – Luftpost – Gebühr –
> Briefträger – Rückfahrkarte – Einschreiben – Nadel – Anmeldung – Briefkasten –
> Rezept – Antrag – Taschentuch – Notausgang – Himmel – Hammer – Formular –
> Empfänger – Drucksache – Methode – Rasierklinge

a) Geldbetrag, den man z. B. für Verwaltungsarbeit bezahlen muß: _____
b) Papier, das man für einen bestimmten Zweck ausfüllen muß: _____
c) Post, die besonders gesichert ist: _____
d) Person, die einen Brief oder ein Paket bekommen soll: _____
e) Schriftlicher Wunsch an eine Behörde oder Verwaltung: _____
f) Mit dieser Aufschrift kann man Bücher billiger mit der Post schicken: _____
g) Geld, aber nicht aus Papier: _____
h) Briefe, Karten und Päckchen, die mit dem Flugzeug geschickt werden: _____
i) Art und Weise, wie etwas geschieht oder gemacht wird: _____
j) Bekommt man vom Arzt, wenn man ein Medikament aus der Apotheke braucht:

   _____
k) Damit kann man sich in einem Restaurant informieren, was es zu essen und zu trinken gibt:

   _____
l) Braucht man zum Reinigen der Nase: _____
m) Benutzt man zusammen mit Seife unter der Dusche oder in der Badewanne: _____
n) Wird von Männern benutzt, die keinen Bart tragen wollen: _____
o) Damit näht man: _____
p) Damit kann man seine Haare in Ordnung bringen: _____

q) Erster Schritt, wenn man an einem Kurs teilnehmen möchte: _____
r) Der Mann, der die Post zu den Leuten bringt: _____
s) Telefonnummer, die man anrufen kann, wenn man dringend Hilfe braucht (z. B. bei Feuer): _____
t) Tür, die man bei Gefahr benutzt, um nach draußen zu kommen: _____
u) Hängt an Hauswänden, damit man Post hineinwerfen kann: _____
v) Werkzeug, mit dem man Nägel in die Wand schlägt: _____
w) Fahrschein für beide Richtungen: _____
x) Ist immer über uns: _____

14. Ergänzen Sie.

B3
WS

> Beginn – Ausstellung – Mißtrauen – Verhältnis – Vertreter – Pflichten – Bescheid –
> Gegenteil – Rechte – Bedingungen – Künstlerin

a) Die _____ hat ihre neuen Bilder in einer Privat_____ vorgestellt.
b) Zwischen den Lehrern und Schülern in unserer Schule gibt es kein _____. Im
   _____: Das _____ ist sehr gut.
c) Die Studenten wissen darüber _____, daß die Studien_____ in München vor
   allem beim _____ des Studiums nicht sehr gut sind. Trotzdem steigt die Zahl der
   Studienanfänger jedes Jahr.
d) Der Schulleiter hat uns über unsere _____ und _____ als Schüler_____
   informiert.

15. Was paßt wo?

B3
WS

> Krankenkasse – Verletzung – Schmerzen – Fieber – Mittel – Verband – Zahnarzt – Salbe –
> Wunde – Tropfen – Husten – Erkältung – Apotheke – Grippe – Krankheit – Medikament

a) verschreiben: _____, _____, _____, _____
b) behandeln: _____, _____, _____, _____, _____, _____,
   _____, _____
c) verbinden: _____ _____
d) (nach dem Essen) nehmen: _____, _____, _____
e) wechseln: _____, _____, _____, _____, _____,
   _____, _____
f) hingehen zum/zur: _____, _____, _____

**16. Sagen Sie es anders. Verwenden Sie die Konjunktoren ‚entweder – oder‘,
‚sowohl – als auch‘, ‚weder – noch‘, ‚zwar – aber nicht‘.**

B3
GR

a) Im Kurs wird beides unterrichtet, die Methoden der Datenverarbeitung und die wichtigsten
   Computersprachen.
   Im Kurs werden sowohl die Methoden der Datenverarbeitung ...

Lektion 9

b) Man kann an dem Kurs teilnehmen, wenn man ein bißchen über Mathematik oder Informatik Bescheid weiß. Beides zusammen wird nicht verlangt.

c) Man kann an dem Kurs teilnehmen, wenn man ein bißchen über Mathematik und Informatik Bescheid weiß. Man verlangt beides.

d) In diesem Kurs lernt man, wie man einen Computer mit fertigen Programmen bedient. Man lernt nicht, wie man Programme für einen Computer selbst schreibt.

e) In diesem Kurs wird man nicht in die Bedienung eines Computers oder in das Schreiben von Programmen eingeführt. Man bekommt nur allgemeine Informationen über den Gebrauch von Computern im Büro.

17. ‚Irgend-'.

Wenn man eine Person, eine Sache, eine Uhrzeit, einen Ort oder die Art einer Handlung nicht genau kennt, dann verwendet man folgende Wörter:

A. Starker Indefinitartikel

irgend + Indefinitartikel Sgl. alle Formen   (irgendein, -eine, -einen, -einer, ...)
irgend + welche Pl. alle Formen   (irgendwelche, -welche-, -welche, ...)
Zum Beispiel:
– Braucht man für den Informatikkurs *irgendwelche* Voraussetzungen?
– Wird für den Informatikkurs irgendeine Voraussetzung verlangt?

B. Starkes Indefinitpronomen

irgend + Indefinitpronomen Sgl. + Pl. alle Formen   (irgendeiner, -eine, -eins, -welche, ...; bedeutet eine unbekannte Person/Sache)

irgendetwas (irgendwas)   (bedeutet eine allgemeine, unbekannte Sache)

irgendjemand (-jemanden, -jemandem)   (bedeutet eine unbekannte Person)
Zum Beispiel:
– O Mit welchem Buch werdet ihr Deutsch lernen?
  □ Mit *irgendeinem*, das ich nicht kenne. Das ist mir auch egal.

C. Indefinitadverbien

irgend + Fragewort (irgendwann, irgendwo, irgendwohin, irgendwie, ...)   bedeutet einen unbekannten Ort, eine unbekannte Zeit oder eine unbekannte Art einer Handlung

Zum Beispiel:
– O Wann bekommst du Urlaub?
  □ *Irgendwann* im August, ich weiß das auch noch nicht genau.
Was paßt wo? Ergänzen Sie.

---

irgendwo – irgendetwas/irgendwas – irgendwelche – irgendeinen – irgendwelche
irgendwie – irgendeinen – irgendjemandem – irgendeine – irgendwann

---

1. Wenn man an dem Computerkurs teilnehmen möchte, muß man da nicht _____ Voraussetzungen erfüllen?

2. Fragen Sie _____ Mann oder _____ Frau am Anmeldungsschalter. Die können Ihnen Auskunft über den Kurs geben.

3. ○ Was lernt man eigentlich in dem Informatikkurs?

   □ Ich weiß das auch nicht genau; ＿＿＿＿＿ Methoden der Datenverarbeitung, glaube ich.

4. ○ Gibst du mir mal einen Kugelschreiber?

   □ Welchen denn?

   ○ ＿＿＿＿＿, das ist mir egal.

5. ○ Hast du ＿＿＿＿＿ für die Prüfung getan?

   □ Nein, ich hatte keine Zeit.

6. ○ Was machst du mit deiner alten Kleidung? Brauchst du die nicht mehr?

   □ Nein, du kannst sie mitnehmen oder ＿＿＿＿＿ schenken.

7. ○ Wann kümmerst du dich mal um die Anmeldung zur Prüfung?

   □ ＿＿＿＿＿ im Februar, noch habe ich Zeit.

8. ○ Wo kann ich bitte Frau Anders erreichen?

   □ Ich glaube, sie sitzt ＿＿＿＿＿ in der Kantine.

9. ○ Wenn du weiter so wenig arbeitest, dann schaffst du die Prüfung bestimmt nicht.

   □ Keine Angst, das schaffe ich schon ＿＿＿＿＿.

Welche der ergänzten Wörter sind starke Indefinitartikel (A), welche sind starke Indefinitpronomen (B) und welche sind Indefinitadverbien (C)?

18. Schreiben Sie einen Dialog

B3
BD

Und dann sollen alle entlassen werden, die nicht mit Computern arbeiten können?

Bestimmt hast du recht. Außerdem ist es nie ein Fehler, wenn man etwas Neues lernt.

Ich nehme ab nächstem Monat an einem Computerkurs teil. Wie findest du das?

Warum das denn?

Das wurde zwar nicht gesagt, aber ich könnte es mir gut vorstellen.

Ganz einfach: Ab nächstem Jahr wird in unserer Firma alles mit Computer gemacht; das hat uns die Geschäftsleitung letzte Woche gesagt.

Das stimmt auch, aber jetzt muß sich das ändern, sonst verliere ich meinen Arbeitsplatz.

Ganz gut, aber ich dachte immer, daß du dich für Technik nicht interessierst.

○ Ich nehme ab nächstem Monat ...＿＿＿＿＿＿＿＿＿＿＿＿＿＿＿

□ ＿＿＿＿＿＿＿＿＿＿＿＿＿＿＿＿＿＿＿＿＿＿＿＿＿＿

○ ... ＿＿＿＿＿＿＿＿＿＿＿＿＿＿＿＿＿＿＿＿＿＿＿＿＿＿

Lektion 9

B3
BD

19. ‚Hoch/hohe-' hat verschiedene Bedeutungen.

A. Die Gebühren für den Computerkurs sind ziemlich *hoch*.
Die Studenten in den *höheren* Semestern wissen, wie man in München einen Job bekommt.
Die Zahl der Studenten in München wird immer *höher*.
(hoch = groß an Zahl oder Menge)

B. Studenten wohnen oft in kleinen Zimmern *hoch* oben unter dem Dach.
Der Briefkasten hängt sehr *hoch* an der Wand, man kann die Post kaum hineinwerfen.
(hoch = weit oben; in großer Höhe)

C. Die Lebensgeschichte der beiden Kinder ist *hochinteressant/höchst* interessant.
(hoch/höchst vor Adjektiven = sehr, besonders. Es sind allerdings nur bestimmte Adjektive, vor denen ‚hoch/höchst' stehen kann!)

Welche Bedeutung hat ‚hoch/hohe-' in den folgenden Sätzen?
1. Das Gebäude der Bibliothek ist ziemlich *hoch*. □
2. Die finanziellen Hilfen des Staates für Studenten sind nicht sehr *hoch*. □
3. Wegen der *hohen* Mietpreise wohnen viele Studenten in Wohngemeinschaften. □
4. Die Jobs, die den Studenten angeboten werden, sind *höchst* unterschiedlich. □
5. In den bayrischen Alpen gibt es recht *hohe* Berge. □
6. Informatik ist eine *hoch*komplizierte Sache. □

B3
BD

20. ‚Bis' hat verschiedene Bedeutungen.

A. 70 *bis* 80 Prozent der Studenten an der Münchner Universität kommen aus Bayern.
(bis = zwischen ... und ...; ‚bis' steht zwischen zwei Angaben zu Menge, Zeit oder Zahl)

B. Dieser Zug fährt *bis* Rom.
(bis + Angabe eines Zielorts = nicht weiter als)

C. Die Semesterferien dauern noch *bis* Dienstag nächste Woche.
(bis + Angabe eines Zielzeitpunktes = nicht über ... hinaus)

D. Früher waren *bis* zu 60 Schüler in einer Klasse.
(bis (+ zu) + Angabe einer Höchstmenge oder Höchstzahl)

E. Viele Studenten wohnen in einer Wohngemeinschaft, *bis* sie mit dem Studium fertig sind.
(Hauptsatz + bis + Nebensatz; der Nebensatz gibt das Ende oder Ergebnis einer Handlung oder eines Zustandes an)

Welche Bedeutung hat ‚bis' in den folgenden Sätzen?
1. Wie lange mußt du noch studieren, *bis* du die Vorprüfung machen kannst? □
2. Von Juni *bis* Oktober finden keine Kurse statt. □
3. *Bis* zu sieben Studenten ziehen in eine Wohnung, damit sie die Miete bezahlen können. □
4. Wer sich *bis* zum 15. September nicht angemeldet hat, kann keine Prüfung machen. □
5. Ein Mittagessen in der Universität kostet für Studenten 2.50 *bis* 5.00 DM. □
6. Claudia war keine schlechte Schülerin, *bis* sie in die fünfte Klasse kam. □
7. Von hier sind es nur 5 Minuten *bis* zur Universität. □
8. Wer unbedingt Medizin studieren will, muß mit Wartezeiten *bis* zu 5 Jahren rechnen. □
9. *Bis* 9 Uhr findet man in der Nähe der Universität einen Parkplatz. □
10. Mit dieser U-Bahn können Sie *bis* zur Volkshochschule fahren, ohne umzusteigen. □

21. Was können Sie auch sagen?

a) *Im Kurs werden wir von einem Compu-
terfachmann unterrichtet.*
- Ⓐ An unserem Kurs nimmt auch ein
Computerfachmann teil.
- Ⓑ Unser Lehrer ist Computerfachmann.
- Ⓒ Der Kurs wird von einem Computer-
fachmann gehalten.

b) *Ist doch klar, daß wir uns zusammen
auf die Prüfung vorbereiten.*
- Ⓐ Natürlich bereiten wir uns zusammen
auf die Prüfung vor.
- Ⓑ Vielleicht bereiten wir uns zusammen
auf die Prüfung vor.
- Ⓒ Selbstverständlich lernen wir zusammen für die Prüfung.

c) *Wenn sich zu wenig Teilnehmer anmelden,
kann der Kurs nicht stattfinden. Dann
bekommen Sie aber von uns Bescheid.*
- Ⓐ ... Dann bekommen Sie Ihr Geld zurück.
- Ⓑ ... Dann tut es uns sehr leid.
- Ⓒ ... Dann schreiben wir Ihnen oder wir
rufen Sie an.

d) *Ich wollte Antonio erklären, wie man
sich zur Prüfung anmeldet, aber er
wußte schon Bescheid.*
- Ⓐ ..., aber er hatte sich schon informiert.
- Ⓑ ..., aber er wollte nichts wissen.
- Ⓒ ..., aber er hatte keine Zeit.

e) *Er lernt sowohl Englisch als auch
Deutsch.*
- Ⓐ Er lernt weder Englisch noch Deutsch.
- Ⓑ Wenn er Englisch lernt, lernt er auch
Deutsch.
- Ⓒ Er lernt Englisch und Deutsch.

f) *Wörter kann ich besser behalten als
Zahlen.*
- Ⓐ Wörter mag ich lieber als Zahlen.
- Ⓑ Wörter kann ich mir besser merken als
Zahlen.
- Ⓒ Wörter vergesse ich nicht so schnell
wie Zahlen.

a)	b)	c)	d)	e)	f)

22. Ordnen und ergänzen Sie.

stattfinden	merken	ausfüllen	halten	begründen

1. Hast du das Formular schon bekommen?
2. Willst du dir die Anfangszeiten für den
Kurs aufschreiben?
3. Weißt du schon den Tag?
4. Und warum kommt Alfonso nicht mit?
5. Heute abend kann ich nicht kommen,
weil es an der Uni eine Veranstaltung
zum Thema Lernmethoden gibt.

a) Wird auch ein Vortrag _____?
b) Er hat es damit _____, daß ihm der
Weg zu weit ist.
c) Ja, aber ich weiß nicht, wie man es
_____.
d) Ja, ich kann mir so schlecht Termine
_____.
e) Ja, der Kurs _____ jeden Montag
_____.

1.	2.	3.	4.	5.

Der Kampf um Sein oder Nichtsein

Mit ungewöhnlichen Methoden werben viele Schulen um den Nachwuchs. Denn nach dem Lehrermangel der siebziger Jahre gibt es jetzt zuwenig Schüler – Folge des »Pillenknicks«

Schach, Töpfern, Gitarre und Tennis – was wie ein Urlaubs-Programm klingt, ist in Wirklichkeit Werbung um Schüler. Quer durch die Bundesrepublik kämpfen die weiterführenden Schulen mit »Lockangeboten« um den Nachwuchs. Fehlten den Schulen in den sechziger Jahren Lehrer und in den siebzigern Schulräume, so fehlen ihnen in den achtziger Jahren Schüler. Nur die Oberstufen der Gymnasien und die Berufsschulen können noch von einem Schülerberg reden. In den Klassen fünf bis zehn geht es dagegen mit den Schülerzahlen steil bergab.

Allein mit Computerkursen auf dem Stundenplan läßt sich noch kein Schüler für eine bestimmte Schule gewinnen. Eher schon mit einem Bauernhof auf der Schwäbischen Alb, wie ihn der Förderverein einer Tübinger Schule erworben hat. Wer erst einmal seine künftigen Lehrer testen will, der kann in Köln und auch an anderen Orten »Probeunterricht« nehmen.

Aus Angst vor der Schließung der Schule wurden an der Hamburger Gesamtschule Farmsen-Berne sogar schon »Phantomschüler« registriert: In Anmeldelisten tauchten Hauptschüler auf, die es gar nicht gab. Für diese Schule ging es um »Sein oder Nichtsein«, weil die Schulbehörde sie schließen wollte, wenn nicht mindestens 70 neue Schüler angemeldet wurden. »Vor dem Beginn eines neuen Schuljahres kommt das große Zittern. Jeden Tag fragt man sich: Wie viele Anmeldungen sind es heute gewesen?« berichtet ein Lehrer der Hamburger Gesamtschule Meerweinstraße.

Im Bundesland Niedersachsen ist die Schülerzahl in den letzten zehn Jahren um 27 Prozent zurückgegangen. So wurde es möglich, daß dort seit 1980 der Typ der alten Dorfschule wieder auflebte, in der eine Lehrerin oder ein Lehrer Schüler aus mehreren Jahrgängen gleichzeitig in einem Klassenraum unterrichtet.

»Bis 1990 nimmt die Schülerzahl so stark ab, daß 3000 Lehrer überflüssig sind«, sagt Egon Mayer, Sprecher des Berliner Schulsenats. Die Kultusminister stehen vor dem Problem, einen Lehrerberg abbauen zu müssen. In Schleswig-Holstein etwa rät die Schulbehörde den Lehrern, durch Teilzeitarbeit neue Beschäftigungsmöglichkeiten für junge Kollegen zu schaffen. In Bayern waren ähnliche Bitten erfolgreich: Die Zahl der Lehrer, die Teilzeitbeschäftigung beantragten, verdoppelte sich beinahe. Berlin sucht einen anderen Weg: Hier sollen sich die Lehrer weiterbilden und so, durch den Besuch von Kursen, zeitweise dem Schulunterricht fernbleiben.

Das einzige, was die Kultusminister zur Zeit ein bißchen trösten kann: Immer weniger Abiturienten wollen Lehrer werden.

Anne-Katrin Einfeldt

Erwartete Schülerzahlen 1985–2012

	Primarbereich	Sekundarbereich 1	Sekundarbereich 2
1985	2,3	3,9	3,3
1990	2,3	3,2	2,4
1995	2,4	3,3	2,1
2000	2,4	3,4	2,1
2005	2,1	3,3	2,1
2010	1,8	2,9	2,1

Schülerzahlen in Millionen
**Primarbereich: 7–10 Jahre
Sekundarbereich 1: 11–14 Jahre
Sekundarbereich 2: 15–19 Jahre**

Quelle: Statistische Veröffentlichung der Kultusministerkonferenz Nr. 99, Dezember 1986

ILLUSTRATION: MARIE MARCKS

M. Marcks

123 abhängig	120 lassen	125 r Verlust, -e
125 achten	120 lose	123 s Vertrauen
118 alle	121 man (einem)	126 r Vertreter, -
120 anbieten	120 e Margarine	121 e Werbung
121 annehmen	120 e Marke, -n	120 e Zeitschrift,
120 aufmerksam	120 s Mehl	-en
125 ausschließen	123 menschlich	125 e Zinsen
125 ausstellen	121 müssen	125 zusein
125 s Bargeld	118 e Nadel, -n	
120 bemerken	124 e Not	
123 berücksichtigen	120 öfter	
120 beruhigen	120 ordentlich	
125 e Beschreibung,	119 r Parkplatz, -̈e	
-en	118 e Pille, -n	
125 r Betrieb	126 e Polizei	
120 e Birne, -n	123 e Regel, -n	
120 daher	120 e Reihe, -n	
123 denken	120 e Sahne	
120 drehen	125 r Schalter, -	
126 e Eile	125 e Scheckkarte,-n	
120 r Eindruck, -̈e	124 sich scheiden	
120 entsprechend	(geschieden)	
125 eröffnen	118 e Schere, -n	
121 r Fall, -̈e	120 s Schild, -er	
125 falls	125 e Schulden	
122 feststellen	120 e Selbstbedie-	
122 e Fläche, -n	nung	
120 e Garderobe, -n	118 r Stecker, -	
120 geben	118 r Stoff, -e	
124 r Gegenstand, -̈e	123 e Summe, -n	
125 gültig	120 e Tafel, -n	
120 haltbar	118 s Tonband, -̈er	
122 hintere	120 überreden	
122 e Höhe	124 überweisen	
121 holen	125 e Überweisung,	
122 je	-en	
120 r Kalender, -	120 untere	
122 e Kasse, -n	126 e Unterschrift,	
126 klingeln	-en	
122 klug	120 untersuchen	
126 r Knopf, -̈e	121 e Unterwäsche	
125 kriegen	120 r Verbraucher, -	
123 e Kritik	126 sich verhalten	

Lektion 10

1. Was paßt wo? Ergänzen Sie.

Schild Stecker Selbstbedienungsladen Stoff Marke Kasse Parkplatz Zeitschrift
Werbung Nadel Garderobe Verbraucher Tonband

a) Texte, Plakate, kurze Fernseh- und Radiosendungen, die dazu dienen, bestimmte Waren besser zu verkaufen: _____
b) Kann man kaufen, wo es auch Illustrierte und Zeitungen gibt: _____
c) Kommt in die Steckdose, wenn man ein elektrisches Gerät einschalten will: _____
d) Geschäft, in dem man sich die Waren selbst aus den Regalen nimmt: _____
e) Fachwort aus der Wirtschaft für ‚Käufer von Waren‘. Das Wort ‚Kunde‘ bedeutet ungefähr das gleiche: _____
f) Darauf kann man Musik festhalten und dann immer wieder anhören: _____
g) Material, aus dem Kleidungsstücke genäht werden: _____
h) Gibt es z. B. für Namen an Wohnungstüren, für Warenpreise und für Hinweise im Straßenverkehr: _____
i) Ort, an dem man sein Auto abstellen kann: _____
j) Braucht man zum Nähen und (in etwas anderer Form) als Teil eines Plattenspielers: _____
k) Der Name, den ein Hersteller seinen Waren gibt: _____
l) Dort bezahlt man die Waren, die man haben möchte: _____
m) Dort kann man Jacken und Mäntel aufhängen: _____

2. Was paßt wo? Ergänzen Sie nur, was auch in der Bedeutung sinnvoll ist.

Brötchen vom Bäcker – ein weinendes Kind mit Eis – einen Fehler in der Rechnung –
neue Möbel in der Wohnung von Freunden – bestimmte Flächen im Regal offen –
ein Fenster geschlossen – dem Kunden frisches Obst und Gemüse –
ein Loch im Teppich – schnell den Arzt zum Unfallort – den Kunden zum Kauf einer
Waschmaschine – die Freundin zum Urlaub am Meer – die Einkaufstasche im Auto –
einen Kunden, der sich beschweren will, – dem Gast eine Tasse Kaffee –
das Kind zum Lernen – morgens eine Zeitschrift vom Kiosk –
beim Friseur seine Haare waschen – der Nachbarin Hilfe bei der Gartenarbeit –
den Freund zum Besuch eines Museums – dem neuen Kollegen das ‚Du‘ –
eine plötzliche Änderung des Wetters – einen ärgerlichen Freund durch ein Gespräch –
seinen Mantel aus der Garderobe – eine aufgeregte Kollegin mit einer Tasse Tee –

a) [_____ ⟩ anbieten]   d) [_____ ⟩überreden]
   ... ⟩   ... ⟩

b) [_____ ⟩ bemerken]   e) [_____ ⟩ holen]
   ... ⟩   ... ⟩

   [_____ ⟩ beruhigen]   f) [_____ ⟩ lassen]
   ... ⟩   ... ⟩

130

3. Wiederholen Sie Wortschatz zum Thema ‚Essen und Trinken'. Was paßt wo?

> Brötchen – Käse – Apfel – Eis – Nudeln – Öl – Birne – Wurst – Zucker – Salz –
> Tomate – Paprika – Margarine – Kuchen – Tee – Wein – Mehl – Zwiebel – Kaffee –
> Brot – Fleisch – Sahne – Bier – Reis – Kartoffel – Butter – Zitrone

a) Obst   b) Gemüse   c) Fette   d) Getränke
_____   _____   _____   _____
...   .

e) Milchprodukte   f) aus der Metzgerei   g) haltbare Lebensmittel   h) aus der Bäckerei
_____   _____   _____   _____
...   .

4. Ergänzen Sie.

> ober-　　recht-　　mittler-　　unter-　　hinter-　　vorder-　　link-

a) Im **unteren rechten** Fach sind Nadeln für Plattenspieler.
b) Im ____ ____ Fach sind Schalter.
c) Im ____ ____ Fach sind Stecker.
d) Im ____ ____ Fach sind Birnen.
e) Das ____ ____ Radio kostet 520,– DM.
f) Das ____ ____ Radio kostet 600,– DM.
g) Das ____ ____ Radio kostet 710,– DM.
h) Das ____ ____ Radio kostet 440,– DM.
i) Das ____ ____ Radio kostet 890,– DM.
j) Das ____ ____ Radio kostet 930,– DM.

5. Ergänzen Sie ‚zurück + Verb'.

Genauso wie ‚mit' und ‚weiter' kann man auch ‚zurück' mit einem Verb verbinden.

> zurück + schwimmen gehen schreiben grüßen kommen zahlen geben gewinnen

a) Für meinen Kredit muß ich jeden Monat 400,– DM _____ .
b) Kannst du mir bitte das Tonband _____ , das ich dir geliehen habe.
c) Nächste Woche fahren wir in Urlaub. In vier Wochen _____ wir _____ .
d) Kurt hat beim Kartenspiel 200,– DM verloren, aber letzte Woche hat er das Geld _____ .
e) Es fängt gleich an zu regnen; am besten _____ wir sofort _____ nach Hause.
f) Ich habe vor drei Wochen geschrieben, aber meine Freundin hat noch nicht _____ .
g) Ich habe ‚Guten Morgen' gesagt, aber er hat nicht _____ .
h) Wir sind jetzt ziemlich weit vom Strand entfernt; laß uns bitte _____ .

Lektion 10

B1
GR

6. Meine Regeln für den Einkauf.

a) Ich kaufe nur (das), (ich habe mich vorher informiert)
worüber ich mich vorher informiert habe.

Ebenso:

b) (es steht auf meinem Einkaufszettel)
Ich kaufe nur (das), *was ...*

c) (ich brauche es wirklich)
d) (es gefällt mir wirklich)
e) (ich brauche keinen Kredit)
f) (ich habe lange Spaß)
g) (ich habe gute Erfahrungen gemacht)
h) (ich bekomme eine Garantie)
i) (es fehlt mir wirklich)
j) (ich habe mich vorher erkundigt)
k) (es ist in einem Test geprüft worden)

B1
GR

7. ,Man', ,einen', ,einem'.

Vergleichen Sie die Beispiele:

– Ich kaufe in einem Versandhaus, weil

ich	zurückschicken kann, was	mir	nicht gefällt.
man		*einem*	

– Ich kaufe in einem Fachgeschäft, zu dem

ich	Vertrauen	habe und das	mich	gut berät.
man		hat	*einen*	

,Einen' und ,einem' sind die Akkusativ- und Dativformen des Pronomens ,man'.

Ergänzen Sie ,man', ,einem' oder ,einen'.

a) Ich kaufe in einem Supermarkt, weil es _____ nicht so viel Zeit kostet.
b) Ich kaufe im Kaufhaus, weil _____ dort alles unter einem Dach findet.
c) Ich kaufe nicht bei Vertretern an der Haustür, weil sie _____ meistens betrügen wollen.
d) Ich kaufe meine Werkzeuge in Fachgeschäften, weil die _____ auch schnell Ersatzteile besorgen können.
e) Ich kaufe im Kaufhaus, weil nicht sofort ein Verkäufer kommt und sie _____ in Ruhe aussuchen lassen.

B1
GR

8. ,Jede-' oder ,alle'? Was paßt?

a) Was kaufen Sie _____ Woche?
b) Gehen Sie _____ Tag einkaufen?
c) Was kaufen Sie _____ fünf oder sechs Tage?
d) Kaufen Sie _____ paar Monate neue Kleider?
e) Sie kriegt _____ drei Monate einen Scheck über 2400 DM.
f) Sie kriegt _____ Monat eine Überweisung von 800 DM.

132

9. Vor dem Einkauf und beim Einkauf. Ordnen Sie die Dialogteile und ergänzen Sie die Nomen.

Scheibe Tafel Tube Schachtel Stück

A	B	C	D	E

A	Bitte probieren Sie ein _____ Schokolade. Die ist heute im Sonderangebot.
B	Dann hätte ich gern noch ein halbes Pfund Wurst. Bitte nicht zu fein schneiden!
C	Wir brauchen neue Zahnpasta: die _____ ist fast leer.
D	Geben Sie mir bitte einen Taschen-kalender und 2 _____ Streich-hölzer.
E	Was für Brot soll ich mitbringen?

1	Das bekommen Sie nebenan im Kiosk. Wir verkaufen nur Zeitschriften.
2	Schwarzbrot bitte, am besten schon ge-schnitten. Wenn ich es selbst mit der Hand schneide, werden die _____ immer so dick.
3	Ja, die schmeckt gut. Was kostet eine _____?
4	Und Seife zum Händewaschen brauchen wir auch. Wieviel _____ soll ich mitbringen?
5	Das sind jetzt 240 Gramm. Ist das genug oder soll ich noch eine _____ dazu tun?

10. Was paßt wo?

in der Zeitung auf Sonderangebote – an einer Haustür – ein Konto bei einer Bank –
dem Lehrling ein gutes Zeugnis – eine Möglichkeit wegen zu hoher Kosten –
dem Bankkunden eine Scheckkarte – beim Essen auf sein Gewicht – die Monatsmiete –
im vierten Stock – dem Studenten einen Benutzerausweis für die Bibliothek –
in der Lerngruppe die Ideen aller Teilnehmer – Fehler durch genaue Kontrolle –
beim Einkauf auf Qualität und Frische der Waren – eine Änderung aus Zeitgründen –
bei der Wahl der Vorhänge die Farbe der Wände – jemandem einen neuen Reisepaß –
im Badezimmer auf Sauberkeit – ein Institut für Fremdsprachen an der Universität –
beim Möbelkauf die Größe der Wohnung – eine regelmäßige Zahlung – am Eingang –
ein Lebensmittelgeschäft in der Innenstadt – den Monatslohn –
in der Politik menschliche Bedürfnisse – einen Mißerfolg durch gute Planung –
eine neue Schule – einen Geldbetrag – beim Nachbarn –

a) _____ berücksichtigen
...

b) _____ eröffnen
...

c) _____ ausstellen
...

d) _____ klingeln
...

e) _____ ausschließen
...

f) _____ überweisen
...

g) _____ achten
...

Lektion 10

11. Ergänzen Sie.

Scheck Vertrauen Verlust Polizei Bargeld Summe Scheckkarte Not Eindruck Fall
Knöpfe Beschreibung Unterschrift Pillen Zinsen Überweisung Schere Regel Vertreter Schulden

a) Bevor ich die _____ nicht verstanden habe, kann ich das Gerät nicht bedienen.

b) Das Formular ist richtig ausgefüllt, aber hier fehlt noch Ihre _____.

c) Diesen Vertrag werde ich auf keinen _____ unterschreiben!

d) An meiner Wolljacke fehlen zwei _____.

e) Hast du eine _____, damit ich mir den Bart schneiden kann?

f) Wenn man in _____ ist, ist selten ein Polizist in der Nähe.

g) Wenn er den _____ der Tasche sofort gemerkt hätte, hätte er sie wiederbekommen.

h) Bei ganz kleinen Unfällen muß man nicht die _____ rufen.

i) Heute war ein _____ da, der mir unbedingt eine Versicherung verkaufen wollte.

j) In der _____ gehe ich früh schlafen, aber manchmal wird es auch später.

k) Meinem Kollegen erzähle ich keine persönlichen Dinge; ich habe kein _____ zu ihm.

l) Ich brauche einen Kredit; welche _____ genau, weiß ich allerdings noch nicht.

m) Ein Scheck ist nur zusammen mit einer _____ gültig.

n) Hier können Sie nur mit _____ bezahlen; Schecks nehmen wir nicht.

o) Mein Freund hat zwei Nebenjobs, damit er seine _____ bezahlen kann.

p) Wieviel _____ bezahlst du jeden Monat für den Bankkredit?

q) Mit einem _____ oder einer _____ kann man bargeldlos bezahlen.

r) _____ und andere Medikamente kann man in der Bundesrepublik nicht in Supermärkten kaufen, sondern nur in Apotheken.

s) In den Supermärkten soll man durch große Preisschilder den _____ bekommen, daß alles billig ist.

12. ‚Geben + Nomen'. Ergänzen Sie.

einen Rat geben Auskunft geben die Hand geben Bescheid geben
einen Auftrag geben ein Zeichen geben eine Antwort geben die Möglichkeit geben

a) ○ Durch das Gewitter sind zwei Fenster in meiner Wohnung kaputtgegangen; morgen werden sie repariert.
   □ Welcher Firma hast du den _____?

b) ○ Hast du den Meister gefragt, ob du zwei Tage Urlaub bekommen kannst?
   □ Ja, aber er hat mir noch keine endgültige _____.

c) ○ Besuchen Sie das Schwimmbad heute zum ersten Mal?
   □ Ja. Können Sie mir bitte _____, wo die Duschen und die Toiletten sind?

d) ○ Schau mal, da vorne winkt ein Polizist.
   □ Glaubst du, daß er uns _____ will?

e) ○ Seit ein paar Wochen schlafe ich sehr schlecht.
   □ Da kann ich dir einen guten _____: Eine halbe Stunde bevor du ins Bett gehst, trinkst du noch ein Glas warme Milch.

f) ○ Wann wird der Kühlschrank geliefert?

□ In den nächsten Tagen. Wir _____ Ihnen vorher telefonisch _____.

g) ○ Wie haben dich die Eltern deiner neuen Freundin begrüßt?

□ Sehr herzlich! Ich wollte ihnen _____, aber sie haben mich gleich geküßt.

h) ○ Es tut mir leid, daß du die Prüfung nicht bestanden hast!

□ Ich habe noch eine Chance. Mein Chef hat mir _____, die Prüfung in drei Wochen zu wiederholen.

13. ‚Sein + Nomen‘. Ergänzen Sie.

B2/3
WS

> in Aufregung sein   in der Ausbildung sein   im Bau sein   in Betrieb sein
> in Bewegung sein   in der Diskussion sein   in Eile sein   in Freiheit sein   in Not sein
> im Interesse sein   im Kontakt sein   in Lebensgefahr sein   in der Lage sein
> in Schwierigkeiten sein   in Sicherheit sein   in Sorge sein   im Zweifel sein

a) Die Firma _ist in_ wirtschaftlichen Schwierigkeiten Hoffentlich muß niemand entlassen werden.

b) Meine Eltern und ich _____ immer _____. Wir schreiben uns Briefe und telefonieren mindestens einmal pro Woche.

c) Die U-Bahn _____ noch _____. Nächstes Jahr im Herbst soll sie fertig sein.

d) Die Feuerwehr hat die Kinder aus dem brennenden Haus geholt. Jetzt _____ zum Glück alle _____.

e) Ich _____ _____, ob ich den Bankkredit brauche. Vielleicht genügt es, wenn ich einen kleinen Nebenjob annehme.

f) Der Kopierapparat _____ wieder _____. Heute früh ist er repariert worden.

g) Unsere Nachbarn _____ immer _____ um ihr neues Auto. Meistens steht es in der Garage, damit es nicht gestohlen werden kann.

h) Können wir uns später weiter unterhalten? Ich _____ gerade sehr _____, weil ich noch zu meiner Bank gehen muß, und die schließt gleich.

i) Viele junge Leute, die noch _____ _____, wohnen zu Hause. Sie suchen sich erst dann eine eigene Wohnung, wenn sie Geld verdienen.

j) Sicher hat dein Vermieter nichts dagegen, wenn du einen Ofen aufstellst. Das _____ doch auch _____ seinem _____, wenn die Wohnung besser geheizt wird.

k) Nach dem Unfall _____ der Fahrer des Wagens drei Tage _____. Jetzt geht es ihm schon viel besser.

l) Das ganze Dorf _____ _____, weil der Staatspräsident zu Besuch kommt. Seit Tagen wird jedes Haus geputzt, und sogar die Kinder haben schulfrei.

m) Kinder _____ den ganzen Tag _____. Erst wenn man älter wird, wird man faul, sitzt zu viel und fährt mit dem Auto, anstatt zu laufen.

n) Auch in den reichen Ländern gibt es noch viele Leute, die _____ _____. Manchmal wissen sie allerdings auch nicht, daß sie staatliche Hilfe bekommen könnten.

o) Die Gewerkschaft hat sich noch nicht entschieden. Ob gestreikt werden soll oder nicht, _____ noch _____.

p) Hat die Polizei den Mörder gefunden oder _____ er noch _____?

Lektion 10

B2/3
GR

14. Sagen Sie es anders. Partizip I oder Partizip II?

a) Das Brot, das ich gestern gekauft habe, ist heute schon trocken.

   Das gestern gekaufte Brot ist heute schon trocken.

   Ebenso:

b) Die Preise, die auf große Schilder geschrieben sind, sollte man genau prüfen.

c) Das Fleisch, das der Supermarkt heute billig anbietet, hat eine gute Qualität.

d) Die Arbeitslosigkeit nimmt schnell zu und verursacht viele soziale Probleme.

e) Die Arbeitslosigkeit hat im letzten Monat zugenommen, jetzt geht sie zurück.

f) Die Waren, die in Augenhöhe stehen, sind meistens nicht billig.

g) Die Lebensmittel, die nicht mit künstlichen Stoffen hergestellt werden, können gut verkauft werden.

h) Die Supermärkte, die nach einem genauen Plan eingerichtet sind, haben gute Verkaufsergebnisse.

i) An der Kasse in Supermärkten gibt es oft Eis zu kaufen, mit dem die Eltern ihre Kinder, die weinen, beruhigen können.

B2/3
GR

15. Sagen Sie es anders.

a) Ich *vermute*, daß das eine Heiratsanzeige ist.

   Das dürfte (muß) eine Heiratsanzeige sein.

b) Ich *bin ziemlich sicher*, daß das eine Heiratsanzeige ist.

   Das muß (dürfte) eine Heiratsanzeige sein.

c) *Man behauptet*, daß Marianne und Jörg sich durch eine Heiratsanzeige kennengelernt haben.

   Marianne und Jörg sollen sich durch eine Heiratsanzeige kennengelernt haben.

   Ebenso:

d) Ich bin sicher, daß es in der Bundesrepublik mehr arme Menschen gibt, als die Statistik zeigt.

e) Es wird gesagt, daß 1958 nur 45% der Leute mit ihrem Leben zufrieden waren.

f) Ich habe von mehreren Freunden gehört, daß Christian sich ein neues Auto gekauft hat.

g) Es wird erzählt, daß der Supermarkt in der Hansastraße geschlossen wird.

h) Ich glaube, daß Helga morgen zum Abendessen kommt.

i) Bernd hat wahrscheinlich keinen Parkplatz gefunden, sonst wäre er nicht unpünktlich.

j) Bestimmt hat Christine einen Kredit von der Bank bekommen, sonst könnte sie sich das neue Auto nicht leisten.

   Der Bedeutungsunterschied von ‚muß' und ‚dürfte' ist nicht sehr groß. ‚Muß' verwendet man, wenn man sehr oder ziemlich sicher ist.

16. ,Sein + zu + Infinitiv'. Sagen Sie es anders.

a) Für Leute mit regelmäßigem Gehalt ist ein Kredit leicht zu bekommen.

Leute mit regelmäßigem Gehalt können leicht einen Kredit bekommen.

Beachten Sie: ,sein + zu + Infinitiv' kann ,müssen' oder ,können' bedeuten.

Ebenso:

b) Dieser Kredit ist langsam zurückzuzahlen. Sie können aber auch schneller zurückzahlen, wenn Sie wollen.

c) Dieser Kredit ist bis 1990 zurückzuzahlen. Er kann nicht verlängert werden.

d) Wenn man Geld von seinem Konto holen möchte, hat man den Bankangestellten seine Kontokarte zu zeigen.

e) Für einen Kredit ist der Bank eine Sicherheit zu geben.

f) Für Frau Berthold ist das Auto ohne Kredit nicht zu bezahlen.

g) Ein Kleinkredit ist ohne Schwierigkeiten zu bekommen.

17. Konjunktiv II/,würde + Infinitiv' oder Konjunktiv II? Ergänzen Sie.

a) Wenn das Finanzamt genauer *(prüfen)* __prüfen__ __würde__ *(aber das tut es nicht)*, dann *(zahlen müssen)* __müßten__ die reichen Leute mehr Steuern __zahlen__.

b) Wenn das Finanzamt genauer *(prüfen)* _____ *(aber das hat es nicht getan)*, dann *(zahlen müssen)* _____ Frau Berthold mehr Steuern _____.

c) Eigentlich *(vermuten)* _____ ich _____, daß der durchschnittliche Monatslohn eines Arbeiters in der Bundesrepublik höher ist. *(Aber er ist niedriger, als ich dachte.)*

d) Wenn Frau Reichert keine Sozialhilfe *(bekommen)* _____ _____, *(bezahlen können)* _____ sie ihre Miete nicht _____. *(Aber sie hat sie bekommen und konnte die Miete bezahlen.)*

e) Wenn man die Bundesbürger vor 10 Jahren *(fragen)* _____ _____, ob sie an einen Fortschritt in der Entwicklung der Gesellschaft glaubten, dann *(antworten)* _____ 60% ,ja' _____. *(Fragen)* _____ man sie heute dasselbe _____, *(antworten)* _____ nur noch 27% mit ,ja' _____.

f) Bei der Untersuchung, womit die Bundesbürger zufrieden sind, *(sagen)* _____ ich _____, daß ich mit meinem Beruf sehr zufrieden bin. *(Aber man hat mich nicht gefragt.)*

g) Wenn man im Supermarkt nur das *(kaufen)* _____ _____, was man wirklich braucht, dann *(sparen)* _____ man beim Einkauf viel Geld _____. *(Aber man tut es normalerweise nicht.)*

Lesen Sie bei dieser Übung die Sätze, die in Klammern stehen, besonders genau.
Lesen Sie eventuell noch einmal den Punkt 4 (Konjunktiv) in der Grammatik.

Lektion 10

18. Verben als Nomen.

Im Deutschen kann man ein Verb einfach als Nomen verwenden. Zum Beispiel:
– *Das Rauchen* ist ungesund.

Oft wird das Verb als Nomen zusammen mit einem Attribut verwendet:
– *DasRauchen von Zigaretten* │ ist ungesund.
  Häufiges Rauchen │ schadet der Gesundheit.

Außerdem ist es hier möglich, einen Infinitivsatz (als Subjekt) zu verwenden:
– *Zigaretten zu rauchen* │ ist ungesund.
  Zigaretten mit schwarzem Tabak zu rauchen │ schadet der Gesundheit.

Eigentlich kann man alle Verben als Nomen gebrauchen. Doch man macht das nicht immer, weil es Nomen gibt, die den Verben ähnlich sind, aber eigene Formen haben (s. Grammatik). Zum Beispiel:
– wünschen   → der Wunsch
  prüfen   → die Prüfung
  informieren → die Information.

Es gibt keine Regeln, wie man diese Nomen bildet. Man muß sie deshalb alle einzeln lernen. Verwenden Sie im Zweifel lieber einen Infinitivsatz.

Sagen Sie es anders.
a) Einen Geldautomaten zu bedienen ist nicht ganz einfach.
   Das Bedienen eines Geldautomaten ist nicht ganz einfach.
b) Das Bezahlen mit Euroschecks ist teurer als mit Bargeld.
   Mit Euroschecks zu ...
   Ebenso:
c) Die Bezahlung des Kredits macht ihr keine Schwierigkeiten.
d) Das Einkaufen im Supermarkt ist sehr bequem.
e) Mit Öl zu heizen war früher billiger.
f) Es macht mich nervös, an der Kasse lange zu warten.
g) Das Vergleichen der Preise ist wichtiger als früher.
h) Werbung im Fernsehen verbessert den Erfolg.
i) Es kostet viel Zeit, Kreditformulare auszufüllen.
j) Den Einkauf genau zu planen lohnt sich.

19. Adjektive.

In der Grammatik dieser Lektion wird gezeigt, welcher Zusammenhang zwischen Nomen, Verben und Adjektiven besteht. Zum Beispiel:

Ruhe	→ ruhig	nützen	→ nützlich
Freund	→ freundlich	erkennen	→ erkennbar

Wenn Sie die Bedeutung des Nomens oder Verbs verstehen, verstehen Sie dadurch gleichzeitig auch die Bedeutung des Adjektivs. Sie sollten jedoch nicht versuchen, selbst solche Adjektive mit ‚-ig, -lich, -isch, -voll, -los, -bar, -wert' zu bilden. Es gibt nämlich keine genauen Regeln, die Ihnen bei der Wahl der richtigen Endung helfen würden.

20. ,Glauben' hat verschiedene Bedeutungen

A. | wem ⟩ was ⟩ glauben |

Ich glaube dem Verkäufer, daß die Qualität des Radios gut ist.
(glauben = für wahr halten; denken, daß jemand die Wahrheit sagt)

B. | was ⟩ glauben |

Ich *glaube,* daß die Leute heute besser leben als früher.
(glauben = der Meinung sein, daß…)

C. | woran ⟩ glauben |

Die Geschäftsleitung *glaubt* an den Erfolg der neuen Werbung, obwohl die Ergebnisse bisher nicht sehr gut waren.
(glauben = man weiß über eine Sache (oder eine Person oder Handlung) nicht alles, aber man denkt trotzdem, daß sie wahr oder richtig ist.)

Welche Bedeutung hat ,glauben' in den folgenden Sätzen?
1. *Glaubst* du, was die Werbung verspricht? □
2. Ich *glaube,* daß die Werbung oft lügt. □
3. Ich *glaube* nicht, was die Vertreter versprechen. □
4. Katrin *glaubt* an eine bessere Zukunft. □
5. Volker *glaubt,* daß die Lebensqualität in den letzten Jahren nicht besser geworden ist. □
6. Vera *glaubt* an die Macht des Geldes. □

21. Was können Sie auch sagen?

a) *Das könnte eine Werbung für Bier sein.*
　Ⓐ Das ist wahrscheinlich eine Werbung für Bier.
　Ⓑ Das ist ohne Zweifel eine Werbung für Bier.
　Ⓒ Das ist wirklich eine Werbung für Bier.

b) *Das muß eine Heiratsanzeige sein.*
　Ⓐ Das ist anscheinend eine Heiratsanzeige.
　Ⓑ Das ist vielleicht eine Heiratsanzeige.
　Ⓒ Das ist bestimmt eine Heiratsanzeige.

c) *Das dürfte eine Anzeige einer Bank sein.*
　Ⓐ Das ist auf jeden Fall eine Anzeige einer Bank.
　Ⓑ Das ist anscheinend eine Anzeige einer Bank.
　Ⓒ Das ist tatsächlich eine Anzeige einer Bank.

d) *Ich vermute, das ist eine Motorradanzeige.*
　Ⓐ Das ist wohl eine Motorradanzeige.
　Ⓑ Das ist mit Sicherheit eine Motorradanzeige.
　Ⓒ Das ist ganz bestimmt eine Motorradanzeige.

e) *Das soll eine Autowerbung sein.*
　Ⓐ Das ist anscheinend eine Autowerbung.
　Ⓑ Das ist sicher eine Autowerbung.
　Ⓒ Das ist angeblich eine Autowerbung.

f) *Herr Fitzpatrick soll zum Schalter Nr. 6 gehen.*
　Ⓐ Man empfiehlt Herrn Fitzpatrick, zum Schalter Nr. 6 zu gehen.
　Ⓑ Man fordert Herrn Fitzpatrick auf, zum Schalter Nr. 6 zu gehen.
　Ⓒ Man zwingt Herrn Fitzpatrick, zum Schalter Nr. 6 zu gehen.

Lektion 10

g) *Das ist wirklich/tatsächlich eine*
Werbung für Margarine.
- Ⓐ Das ist ohne Zweifel/auf jeden Fall
eine Werbung für Margarine.
- Ⓑ Das ist wahrscheinlich/vielleicht eine
Werbung für Margarine.
- Ⓒ Das dürfte eine Werbung für
Margarine sein.

h) *Ich nehme an, daß das eine Werbung für*
Spielzeug ist.
- Ⓐ Ich weiß, daß das eine Werbung für
Spielzeug ist.
- Ⓑ Ich zweifle, daß das eine Werbung für
Spielzeug ist.
- Ⓒ Ich vermute, daß das eine Werbung für
Spielzeug ist.

22. ‚Einfach' hat verschiedene Bedeutungen.

A. Werbetexte sind meistens sehr *einfach.*
Die Prüfung war *einfach.*
(einfach = nicht schwierig/nicht kompliziert)

B. Die Möbel in meiner Wohnung sind *einfach,* aber bequem.
(einfach = ohne Luxus/ganz normal)

C. Egal was ich mache, ich kann abends *einfach* nicht einschlafen!
Ich habe *einfach* keine Lust, ins Kino zu gehen.
(‚Einfach' in dieser Bedeutung ist ‚einfach' schwer zu erklären. Es heißt ungefähr ‚es ist so,
wie es ist', ‚es ist eine Tatsache, gegen die man nichts tun kann'.)

Welche Bedeutung hat ‚einfach' in den folgenden Sätzen?
1. Eva kauft immer sehr *einfache* Kleider. □
2. Eine Waschmaschine kann ich mir *einfach* nicht leisten; dafür fehlt mir das Geld. □
3. Deutsch ist *einfach* zu lernen, oder nicht? □
4. Viele Rentner müssen sehr *einfach* leben, weil ihre Rente nicht hoch ist. □
5. Ein Konto zu eröffnen ist sehr *einfach.* □
6. Meine Kollegin ist *einfach* faul; die Hälfte ihrer Arbeit muß ich machen! □

23. Schreiben Sie einen Brief.

Sie haben vor vier Monaten eine neue Bohrmaschine gekauft. Am Anfang funktionierte sie
sehr gut, aber jetzt ist sie kaputt, obwohl Sie die Maschine nicht falsch bedient haben. Sie
brauchen die Reparatur nicht selbst zu bezahlen, denn Sie haben 12 Monate Garantie. Aber
Sie müssen die Maschine an das Werk schicken und beschreiben, was an der Maschine
kaputt ist.

Schreiben Sie jetzt einen solchen Brief. Hier sind einige Hilfen:
– Maschine vor vier Monaten gekauft, bei der Firma Stephens in Münster
– funktionierte sehr gut
– jetzt kaputt: läuft unregelmäßig, nicht schnell genug
– nichts falsch gemacht, Bedienungsvorschriften genau beachtet
– brauche die Maschine dringend, schnell zurückschicken
– bitte um kostenlose Reparatur
– Garantiekarte und Kassenzettel liegen im Brief bei

ICH
bin kaufsüchtig

Ein Mann steht vor einem Schaufenster. Er spürt den Drang, alles zu kaufen, was ihm gerade gefällt. Diese Krankheit, Kaufsucht genannt, hat den Mann schon ruiniert.

»Jedesmal, wenn irgendwas Unangenehmes passierte, wenn ich frustriert war oder Probleme hatte, dann kaufte ich mir etwas Schönes«, sagt Wolfgang Eisner*, 40, und lächelt entschuldigend dabei. Diese Angewohnheit hat ihn krank gemacht: Wolfgang Eisner leidet unter Kaufsucht.

»Die Abstände zwischen meinen Kauf-Orgien wurden mit der Zeit immer kürzer. Ich verlor allmählich völlig die Kontrolle über mich und mein Kaufverhalten. Mein ganzes Leben, auch meine berufliche Existenz haben darunter gelitten. Ständig überlegte ich, was ich neu besitzen könnte«, erinnert er sich.

Heute geht er nur noch in Begleitung von Freunden in die Stadt, um einen Blick in die Schaufenster zu riskieren. Seit einem Jahr ist er in psychotherapeutischer Behandlung und hofft, in einer der wenigen Kliniken in der Bundesrepublik, die sich mit dieser Alltagssucht auskennen, einen Platz zu bekommen.

Viele können nicht verstehen, daß es so etwas gibt. Tabletten, Drogen und Alkohol, das sind bekannte und akzeptierte Süchte – aber Kaufen...? Doch in Amerika ist das eine längst bekannte Sucht, und auch bei uns werden immer mehr Ärzte und Kliniken darauf aufmerksam.

»Wie viele davon betroffen sind«, so Berthold Kilian vom Diakonischen Werk Frankfurt, »das läßt sich kaum feststellen. Darüber gibt es noch keine Untersuchungen. Denn diese Süchte erscheinen nur selten als Störung, weil diese Leute in unserer Gesellschaft kaum auffallen.« Dennoch: Hunderte sind schon in Behandlung. Aber Tausende leiden darunter.

So war es auch bei Wolfgang Eisner. Niemand hätte vermutet, daß mit diesem eher bescheiden wirkenden Mann etwas nicht stimmt. Erst als er 600000 Mark aus der Firmenkasse seines Arbeitgebers unterschlagen hatte, wurden Freunde und Kollegen aufmerksam. In seinem Haus hatte er so viele Bücher, Vasen und ähnliches, daß kaum noch Platz zum Leben blieb. Er besaß zehn Pelzmäntel, über 100 wertvolle Gemälde, 60 Papageien und unglaubliche Mengen von Porzellan. Jeden Monat brachte ihm die Post 40 Zeitschriften, die er abonniert hatte, ins Haus. Zum Lesen hatte er nie Zeit, er war immer mit Ordnen und Aufräumen beschäftigt.

Jetzt gehört ihm nichts mehr. Er lebt von dem Teil seiner Arbeitslosenhilfe, die ihm das Gericht nicht zum Bezahlen von Schulden pfänden kann. Seine kleine Wohnung ist schon wieder total überfüllt, »denn ich kann leere Räume nicht ertragen. Um mich herum muß immer alles vollgestellt sein. Da haben mir meine Eltern einiges geliehen. Wenn ich ein paar Mark übrig habe, kaufe ich Lebensmittel – nur damit die Schränke auch voll sind.«

Wann die Kauflust zur Kaufsucht wird – diese Grenze ist nur schwer zu bestimmen. Die wenigen Ärzte, die sich mit dieser Alltagssucht auskennen, bekämpfen sie meist damit, daß sie ihre Patienten von Geschäften fernhalten, was allerdings nur in einer Klinik möglich ist. Auf einen solchen Klinikplatz wartet jetzt auch Wolfgang Eisner. Vorher wird er aber noch einmal vor dem Richter stehen. Er hofft, daß sein erstes Urteil – drei Jahre Gefängnis – durch eine weniger strenge Strafe ersetzt wird.

---

*Name von der Redaktion geändert

Lektion 11

138 ablehnen
132 abtrocknen
131 alt
130 anzünden
134 r Appetit
138 e Aufmerksam-
keit
136 r Ausdruck
137 r Ausdruck, ̈e
133 aussprechen
138 bedanken
137 beleidigen
134 bestehen
130 bleiben
139 blind
132 e Brieftasche, -n
137 drücken
134 ebenfalls
131 ehe
138 eilig
130 e Erde
132 erfahren
130 erscheinen
134 erwarten
131 e Erzählung, -en
130 s Fach, ̈er
134 fair
130 fein
130 fest
132 frisch
130 e Geburt, -en
132 s Gefühl, -e
136 e Gemeinschaft
135 gering
138 geschäftlich
132 s Geschirr
134 glücklich
134 gratulieren
132 e Größe
132 r Handschuh, -e
132 e Handtasche, -n
138 her
137 e Hoffnung, -en

138 e Jahreszeit, -en
131 e Kälte
132 kämmen
138 klagen
131 kommend
138 r Kuß, Küsse
132 langsam
135 längst
131 lebendig
132 r Lehrling, -e
135 leisten
138 e Lüge, -n
134 merkwürdig
135 nördlich
135 e Öffentlichkeit
132 e Pfeife, -n
134 r Punkt, -e
132 riechen
132 e Schachtel, -n
134 schließen
132 s Schloß,
Schlösser
134 schuldig
132 spät
132 spülen
132 stehen
132 stellen
131 r Stern, -e
130 e Tat, -en
131 teilweise
132 s Tonband-
gerät, -e
132 das Tuch, ̈er
137 e Überzeugung,
-en
138 üblich
132 um
134 unterbrechen
135 unterstützen
134 s Vergnügen, -
138 r Verkauf, ̈e
136 e Versammlung,
-en

137 s Vertrauen
132 e Viertelstunde,
-n
139 e Vorsicht
132 wach
139 e Wahl
138 wahr
137 e Wahrheit
132 r Wecker, -
134 willkommen
139 e Wirkung, -en
137 r Zweifel, -

1. Wiederholen Sie.

Kaufen und Schenken ist für viele Leute das Wichtigste am Weihnachtsfest. In dieser Übung finden Sie 61 mögliche Geschenke, die Sie ordnen sollen. Damit können Sie sehr viel Wortschatz wiederholen (auch wenn Sie vielleicht Weihnachten ganz anders oder gar nicht feiern). Ergänzen Sie auch den unbestimmten Artikel und die Endungen des attributiven Adjektivs (siehe Arbeitsbuch Themen 2, Seite 7 ff., Übung 11–22).

_____ schwer_____ Motorrad _____ Badeöl, das nach Blumen riecht _____
Tonbandgerät _____ rot_____ Krawatte _____ weiß_____ Damenhandtasche
_____ einfach_____ Kartenspiel _____ Paar Handschuhe aus Wolle _____
neu_____ Geschirrspülmaschine _____ neu _____ Radio _____ schnell_____
Herrenfahrrad _____ Schachtel Zigarren _____ Scheck über 5000 DM _____
Tafel Schokolade _____ Pfund Kaffee _____ klein_____ Handspiegel _____ Paar
Herrenschuhe _____ warm_____ Wolldecke _____ elektrisch_____ Rasier-
apparat Farbstifte zum Malen _____ Kunststofffisch für die Badewanne _____
Konzertkarte _____ Kochbuch mit vielen Bildern Taschentücher mit Tierbildern
_____ gut_____ Seife _____ golden_____ Uhr _____ groß_____ Teppich aus
Persien _____ Flasche Wein _____ schwarz_____ Luxusauto _____ laut_____
Wecker _____ modisch_____ Kopftuch _____ Fernsehapparat mit Videogerät
_____ Kuchen mit Zuckerherzen _____ weich_____ Stofftier _____ gelb_____
Schultasche _____ elektrisch_____ Eierkocher _____ Flugticket für eine Weltreise
_____ Schachtel mit Sahnebonbons fein_____ Gewürze weiß_____ Herren-
unterwäsche _____ dünn_____ Damenpullover _____ lang_____ Nachthemd ohne
Arm _____ Musikkassette _____ Päckchen Rasierklingen _____ klein_____
Plattenspieler _____ Schallplatte von den ‚Rolling Stones‘ _____ gut_____ Pfeife
_____ klein_____ Spielzeugauto _____ neu_____ Fußball _____ Holzeisen-
bahn _____ Fahrrad mit drei Rädern (Dreirad) _____ elektrisch_____ Ofen fürs
Bad _____ Waschmaschine _____ scharf_____ Wurst _____ weiß_____ Reit-
pferd trocken_____ Feuerholz _____ elektrisch_____ Dosenöffner dick_____
Wollstrümpfe _____ Kilo rot_____ Äpfel _____ Schiffsreise _____ dick_____
Mantel _____ Brieftasche mit viel Geld

a) Welche Geschenke kann man essen oder trinken?

eine Tafel Schokolade

...

b) Welche Geschenke sind wahrscheinlich für einen Mann?

eine rote Krawatte

...

Lektion 11

c) Welche Geschenke sind wahrscheinlich
für eine Frau?
ein Badeöl, das nach Blumen riecht
...

d) Welche Geschenke sind wahrscheinlich
für ein Kind?
Farbstifte zum Malen
...

e) Welche Geschenke sind besonders praktisch, weil sie bestimmte Arbeiten leichter
machen?
ein elektrischer Rasierapparat
...

f) Welche Geschenke sind gut gegen Kälte
und deshalb im Winter gut zu gebrauchen?
ein Paar Handschuhe aus Wolle
...

g) Welche Geschenke haben speziell etwas
mit Hören zu tun?
eine Konzertkarte
...

h) Was können nur sehr reiche Leute
schenken?
ein schwarzes Luxusauto
...

B1
WS

2. Was paßt nicht?

a) spülen: mit einer Spülbürste – mit Spülmittel – mit heißem Wasser – mit Spielzeug
– in der Küche – mit dem Kamm

b) anzünden: Kerze – Ofen – Schokolade – Streichholz – Zigarette – Öllampe

c) erfahren: ein Auto – etwas Neues – etwas Interessantes – eine Reise – einen Termin –
vom Tod einer Nachbarin

d) gratulieren: zum Geburtstag – zur Hochzeit – zur Party – zum Urlaub

e) abtrocknen: Geschirr – Teller – Tasse – den Teppich – mit einem Geschirrtuch – den
Boden – sich selbst nach dem Bad

f) kämmen: sich die Haare – einem Kind das Haar – mit einer Schere – die Zähne – den
Bart

g) unterbrechen: ein Gespräch – eine Reise – einen Kuchen – seinen Gesprächspartner – ein
Stück Brot – eine Fahrt

h) sich stellen: um den Weihnachtsbaum – zu den Gästen – neben die Mutter – zwischen
zwei Kinder – auf die Hände – auf die Nase

B1
WS

3. Was paßt wo? Ordnen Sie.

> Nacht – Hitze – im Schreibtisch – Bericht – Tür – Schlüssel – im Schrank – Schnee –
> Betrieb – Ausbildung – Sonne – Darstellung – im Regal – Text – Meister – Eis – Lehre –
> Mond – Himmel – Sicherheit – Geschichte – im Adventskalender – Wärme

a) Fach: *im Schreibtisch,* _____, _____, _____
b) Erzählung: _____, _____, _____, _____
c) Kälte: _____, _____, _____, _____
d) Lehrling: _____, _____, _____, _____
e) Schloß: _____, _____, _____, _____
f) Stern: _____, _____, _____, _____

144

4. 23.00 Uhr auf einer Neujahrsparty. Ordnen Sie die Dialogteile; was paßt zusammen? (Beachten Sie die verschiedenen Bedeutungen von ‚bleiben')

B1
BD

A	Ich muß leider jetzt schon gehen.
B	Ich möchte dir meine Großmutter vorstellen. Sie wird nächste Woche 83.
C	Wir haben kein Brot mehr! Was machen wir nur?
D	Schau mal, wie müde die Kinder sind!
E	Deine selbstgemachten Salate sind phantastisch. Schade, daß ich schon so satt bin.
F	Die neue Tapete gefällt mir gut. Wollt ihr die anderen Zimmer auch renovieren?
G	Hallo, hier spricht Anke Jakobs! Ist Jens da? Könnte ich bitte mit ihm sprechen?
H	Warum bist du alleine gekommen?

1	Nein, die bleiben so.
2	Moment, bleiben Sie am Apparat. Ich schau mal nach.
3	Bleib doch bitte noch!
4	Hoffentlich bleibt sie noch lange so gesund!
5	Meine Frau muß beim Baby bleiben.
6	Bleib ganz ruhig! Ich weiß, wo ich jetzt noch welches kriege.
7	Ich weiß. Aber sie wollten unbedingt bis 24.00 Uhr wach bleiben.
8	Davon bleibt bestimmt viel übrig. Du kannst mitnehmen, was du möchtest.

A	B	C	D	E	F	G	H

5. ‚Erscheinen' hat verschiedene Bedeutungen.

B1
BD

> wo
> wann 〉 erscheinen
> wie oft

A. Diese Kirchenzeitung kostet 1,20 DM und *erscheint* monatlich.
   (*erscheinen = eine Zeitung/ein Buch/ein Heft/ ... wird gedruckt und auf den Markt gebracht.*)

B. Der Pfarrer ist zur Weihnachtsfeier im Altersheim nicht *erschienen*, obwohl er es versprochen hatte.
   (*erscheinen = an einen Ort kommen; sich sehen lassen*)

> wem 〉 wie 〉 erscheinen

C. Eine Ehe ohne Kinder *erscheint* vielen Leuten sinnlos.
   (*erscheinen = den Eindruck machen*)

Lektion 11

Welche Bedeutung hat ‚erscheinen' in den folgenden Sätzen?

1. Als Kind *erschien* mir die Zeit vor Weihnachten endlos. □
2. In diesem Buch fehlt die erste Seite, deshalb weiß ich nicht, wann und wo es *erschienen* ist. □
3. Viele Katholiken glauben, daß Maria, die Mutter von Jesus Christus, in Lourdes und noch einigen anderen Orten *erschienen* ist. □
4. Im Dezember *erscheinen* viele Illustrierte mit Rezepten für das Weihnachtsessen. □
5. Bei einem Fest *erscheinen* die wichtigsten Gäste immer zuletzt. □
6. Es *erscheint* mir falsch und unchristlich, daß an Weihnachten so viele Geschenke gemacht werden. □

B1
BD

6. Ordnen Sie. Was können Sie sagen, wenn Sie sich entschuldigen wollen? Was können Sie antworten, wenn sich jemand bei Ihnen entschuldigt?

> Verzeihung! – Das macht doch nichts! – Das ist nicht so schlimm! – Entschuldigen Sie bitte, das habe ich nicht so gemeint! – Es tut mir leid! – Schon gut! – Reden wir nicht mehr davon/darüber! – Entschuldigung! – Wie kann ich das wiedergutmachen? – Das kann doch jedem mal passieren! – Verzeihung, das war meine Schuld! – Es ist nichts passiert! – Bitte, bitte! – Das ist mir furchtbar unangenehm! – Ich werde den Schaden natürlich bezahlen! – Es tut mir schrecklich leid! – Entschuldige, es war nicht so gemeint!

A	B
Entschuldigung ! …	Das macht doch nichts ! …

Was können Sie in den folgenden Situationen sagen (a–g) und antworten (h–k)?

a) In der U-Bahn ist es voll. Beim Einsteigen sind Sie einer Frau auf den Fuß getreten.
b) Sie waren mit einem Bekannten verabredet und haben den Termin ganz vergessen. Jetzt sagt er Ihnen, daß er eine Stunde auf Sie gewartet hat.
c) Sie haben von einem Bekannten ein Buch geliehen. Beim Lesen ist Ihnen eine Tasse Kaffee umgefallen und hat einige Seiten dunkel gefärbt. Jetzt bringen Sie das Buch zurück.
d) Sie sind zum Einkaufen in der Stadt, haben es eilig und stoßen mit Ihrer großen Einkaufstasche einen fremden Mann an.
e) Sie hatten Streit mit einem Freund und haben dabei Dinge gesagt, die Ihnen jetzt leid tun.
f) Im Restaurant stoßen Sie ein Glas um und machen damit den Anzug Ihres Tischnachbarn schmutzig.
g) Sie waren bei der Arbeit nervös und deshalb unfreundlich zu einem Kollegen; Sie merken, daß der Kollege auf eine Entschuldigung wartet.
h) Ein Freund hat Ihren Geburtstag vergessen und entschuldigt sich deshalb bei Ihnen.
i) Sie haben Besuch und einer Ihrer Gäste macht ein schönes Trinkglas kaputt. Er entschuldigt sich bei Ihnen.
j) Ein Freund entschuldigt sich bei Ihnen, weil er 10 Minuten zu spät zu einer Verabredung gekommen ist.
k) Jemand ist Ihnen auf den Fuß getreten und entschuldigt sich.

146

7. Was können Sie sagen, wenn jemandem etwas Schlimmes passiert ist/wenn jemand traurig ist/wenn jemand Sorgen hat? Ordnen Sie die Dialogteile; was paßt zusammen?

A	Meine Frau hatte einen Autounfall. Sie ist schwer verletzt.
B	Gestern ist meine Großmutter gestorben.
C	Unser Picknick am Wochenende ist ausgefallen. Es hat den ganzen Tag geregnet.
D	Jetzt bin ich schon ein halbes Jahr arbeitslos und habe immer noch keine neue Stelle gefunden.
E	Mein Nachbar ist immer so unfreundlich zu mir. Er begrüßt mich noch nicht einmal!
F	Stell dir vor, ich habe die Prüfung nicht bestanden! Nächste Woche kann ich sie wiederholen, aber da klappt es bestimmt auch nicht.
G	Ich habe meinen teuren, neuen Pullover zu heiß gewaschen, und jetzt kann ich ihn nicht mehr anziehen, weil er zu klein geworden ist.
H	Gestern habe ich mich im Betrieb über den Meister geärgert und dann bei den Kollegen laut über ihn geschimpft. Erst später habe ich gemerkt, daß der Meister alles gehört hat. Das Ganze ist mir furchtbar unangenehm!
I	Ich bekomme am Wochenende Besuch, und mein Fernsehapparat ist kaputt! Was mache ich nur, wenn jemand das Fußballspiel sehen will? Die glauben doch bestimmt, daß sie bei mir fernsehen können!
J	Ich muß zum Zahnarzt! Sicher wird er mir wieder schrecklich weh tun!
K	Stell dir vor, unser kleiner Vogel ist weggeflogen. Die Kinder sind so traurig.
L	Mein Zug ist weg, und heute fährt keiner mehr! Was mache ich jetzt nur?
M	Ich bin so enttäuscht von Antonio! Ich habe ihn gefragt, ob er mir beim Umziehen hilft, und er hat einfach ,nein' gesagt. Er hat zwar gesagt, daß er keine Zeit hätte, aber ich weiß, daß er nur keine Lust hat.

1	Keine Angst, es wird schon nicht so schlimm werden!
2	Keine Aufregung, wir werden schon eine Lösung finden.
3	Das ist ja furchtbar! Kann ich irgendetwas für dich tun?
4	Das ist aber schade!
5	Mach dir nichts daraus! Nimm es nicht so wichtig.
6	Du darfst nicht den Mut verlieren! Gib nicht auf, irgendwann wird es schon klappen.
7	Herzliches Beileid!
8	Ach was, das ist doch nicht so schlimm! Mach dir keine Sorgen.
9	Das ist mir auch schon passiert. Da kann man nichts machen.
10	Ach, das tut mir aber leid.
11	Das finde ich auch nicht gut; aber ärger dich nicht.
12	Ich kann dich gut verstehen. Das ist wirklich eine dumme Sache.
13	Kopf hoch, du schaffst es schon!

A	B	C	D	E	F	G	H	I	J	K	L	M

Lektion 11

B1
BD

8. Was können Sie sagen, wenn Sie höflich/freundlich sein wollen? (Oft gibt es mehrere Möglichkeiten.)

> Herzlichen Glückwunsch zum Geburtstag! – Viel Glück! – Alles Gute! – Viel Spaß! – Viel Erfolg! – Viel Vergnügen! – Gute Unterhaltung! – Gute Nacht! – Gute Besserung! – Schöne Reise! – Schönen Aufenthalt! – Werden Sie bald gesund! – Schlafen Sie gut/ Schlaf gut! – Schöne Ferien! – Schönen Urlaub!

Jemand sagt zu Ihnen: Was sagen Sie?

a) Ich fahre für drei Tage nach Hamburg.   _Viel Spaß / Viel ..._ _____

b) Morgen mache ich meine Führerschein-prüfung.   _____

c) Ich bin sehr müde; ich gehe jetzt ins Bett.   _____

d) Ich bin gestern 26 geworden.   _____

e) Morgen fahre ich mit meiner ganzen Familie für drei Wochen in Urlaub.   _____

f) Meine Kopfschmerzen sind heute so stark, daß ich mich ins Bett legen muß.   _____

g) Ich gehe heute abend mit meiner Schwester ins Theater.   _____

h) Ich kann noch nicht zur Arbeit kommen. Ich habe immer noch Fieber.   _____

B1
BD

9. Was paßt wo?

> Hilfe   Halt   Vorsicht   Achtung   Los   Ruhe   Feuer

a) _____! Diese Lampe war sehr teuer. Stell sie nicht auf den Boden, sonst geht sie vielleicht kaputt.

b) _____, was machen Sie denn da? Lassen Sie meine Freundin in Ruhe!

c) _____! Es brennt! Schnell zu den Notausgängen!

d) _____! Da ist ein Kind ins Wasser gefallen

e) _____, beeilt euch! Der Zug fährt in fünf Minuten.

f) _____ bitte! Sie stören die anderen Besucher der Bibliothek! Wenn Sie sich unterhalten wollen, gehen Sie bitte in die Cafeteria.

g) _____! Meine Handtasche ist weg!

h) _____! Trinken Sie das Wasser nicht! Das ist kein Trinkwasser.

i) _____ liebe Kunden! Beachten Sie unsere Sonderangebote! Bananen heute besonders billig!

j) _____! Der Hund ist gefährlich!

k) _____, ich will schlafen! Macht doch die Musik leiser!

l) _____, der Zug nach Madrid hat 40 Minuten Verspätung!

148

10. Noch ein paar Redewendungen, die Sie vielleicht gut gebrauchen können.

> Nehmen Sie doch bitte Platz! – Grüßen Sie bitte Ihre Frau von mir! – Komm/Kommen Sie
> gut nach Hause! – Bitte setzen Sie sich doch! – Kommen Sie gesund zurück/wieder! –
> Gute Heimfahrt! – Schreib mal! – Schreiben Sie mal! – Fahr/Fahren Sie vorsichtig! – Paß
> gut auf dich auf! – Passen Sie gut auf sich auf! – Fühlen Sie sich wie zu Hause! – Fühl dich
> wie zu Hause! – Bestellen Sie bitte Grüße an Ihre Frau! – Mach es dir bequem! – Machen
> Sie es sich bequem! – Komm bald wieder! – Kommen Sie bald wieder!

Entscheiden Sie selbst, ob Sie die Du-Form oder die Sie-Form benutzen wollen.

A. Einer Ihrer Arbeitskollegen wird von der
Firma für ein Jahr ins Ausland geschickt.
Was können Sie ihm zum Abschied
sagen?

_____

_____

_____

_____

C. Sie treffen auf der Straße einen Bekannten und unterhalten sich kurz. Sie kennen
auch seine Frau, aber sie ist nicht dabei.
Was können Sie beim Abschied sagen?

_____

_____

_____

_____

B. Sie hatten Besuch von einem Freund. Er
ist mit dem Motorrad gekommen.
Was können Sie ihm nachts zum Abschied sagen?

_____

_____

_____

_____

D. Jemand besucht Sie in Ihrem Zimmer/
Ihrer Wohnung.
Was können Sie am Anfang zu Ihrem Be-
such sagen?

_____

_____

_____

_____

Lektion 11

11. **Was wissen Sie über Heirat, Kinder und Kirche in der Bundesrepublik Deutschland?**

Für diese Übung brauchen Sie auch das Kursbuch: Aufgabe 6 in Lernschritt B 1–3. Lesen Sie dort noch einmal die Sätze a–l. Vielleicht möchten Sie Ihre Lösungen überprüfen oder hätten gern noch ein paar Informationen dazu. Die folgenden Kurztexte 1–12 passen zu den Sätzen a–l. Ordnen Sie zu.

1. Falsch. Jeder Bundesbürger kann über seinen Glauben selbst bestimmen. Dieses Recht steht sogar im Grundgesetz.

2. Richtig. Das Fach Religion wird an allen Schulen unterrichtet und muß bis zum 14. Lebensjahr von den christlichen Schülern besucht werden. Die Lehrer haben entweder das Fach Religion an der Universität studiert, oder es sind Pfarrer der beiden Kirchen.

3. Richtig. Ein Paar kann bei der Hochzeit wählen, ob der Name des Mannes oder der Name der Frau der gemeinsame Familienname werden soll. Allerdings ist dieses ‚Namensrecht‘ noch nicht alt, und bisher haben nur sehr wenige Männer den Mut, ihren Namen zu ändern und sich damit gegen die alte Namenstradition zu entscheiden.

4. Richtig. Das gleiche gilt für katholische Kinder vor der Erstkommunion, die allerdings früher stattfindet. Die evangelischen Kinder sind bei der Konfirmation etwa 14 Jahre alt und die katholischen Kinder bei der Erstkommunion ca. 9 Jahre.

5. Falsch. Bei beiden Kirchen findet die Taufe in der Regel wenige Wochen nach der Geburt des Kindes statt. Einen festen Termin gibt es allerdings nicht.

6. Falsch. Eine Ehe wird durch Heirat ‚auf dem Standesamt‘ gültig (das ist die ‚staatliche‘ Heirat). Ob ein Paar zusätzlich noch kirchlich heiraten möchte, ist eine private Entscheidung. Paare, die nur kirchlich geheiratet haben, gelten in der Bundesrepublik als nicht verheiratet.

7. Falsch. Alle Bundesbürger sind mit 18 Jahren ‚volljährig‘, d. h. vor dem Gesetz Erwachsene. Mit diesem Alter können junge Leute auch heiraten. Ab sechzehn Jahren ist eine Eheschließung mit Erlaubnis der Eltern möglich.

8. Richtig. Allerdings schreibt das Gesetz ein bestimmtes Verfahren vor, d. h. eine Frau kann die Unterbrechung der Schwangerschaft nicht einfach verlangen. Wie in vielen anderen Ländern gibt es seit Jahren eine öffentliche Diskussion zum Thema Schwangerschaftsunterbrechung. Die katholische Kirche verlangt ein Verbot, viele Frauengruppen wollen dagegen eine Liberalisierung.

9. Richtig. Eine Verlobung ist eine persönliche Sache zwischen den Partnern; keiner kann den anderen damit zur Heirat zwingen. Die Tradition, sich vor der Eheschließung zu verloben, geht immer mehr zurück.

10. Falsch. Bei der standesamtlichen Eheschließung spielt die Religion der Partner keine Rolle. Aber auch die Kirchen ‚verbieten‘ die Mischehen nicht.

11. Falsch. Es ist zwar richtig, daß ein Arbeitgeber in diesem Fall Urlaub geben muß, aber der beträgt nicht zehn Wochen, sondern im Normalfall vierzehn, nämlich sechs Wochen vor der Geburt und acht Wochen nachher. Seit 1987 gibt es zusätzlich einen „Erziehungsurlaub" von bis zu zwölf Monaten. Interessant ist, daß die Eltern wählen können, ob die Mutter oder der Vater diesen Urlaub haben möchte.

12. Falsch. Wenn eine Ehe geschieden worden ist, darf jeder der beiden Ehepartner wieder heiraten. Katholiken können nach einer Scheidung allerdings nicht mehr kirchlich heiraten.

12. Welches Wort paßt wo?

> Aufmerksamkeit – Öffentlichkeit – Wirkung – Ausdruck – Vorsicht – Werbung – Lüge – Wahrheit – Wahl

a) Das Thema ‚Frieden' ist nicht nur in den Kirchen, sondern in der ganzen _____ aktuell.

b) Die Kirchen kümmern sich auch um solche soziale Gruppen, die in der Öffentlichkeit meistens wenig _____ finden.

c) Die Diskussionen auf den Kirchentagen bringen zum _____, daß auch die Kirchen politisch aktiv sind.

d) Auf dem Weihnachtspaket stand „_____ Glas! Nicht werfen!"

e) Vor einer _____ hört man von den Politikern viele _____. Die _____ erfährt man meistens erst später.

f) Die Kritik in der Öffentlichkeit hatte wenig _____. Auch dieses Jahr machen viele Geschäfte schon zwei Monate vor dem Weihnachtsfest _____ für Weihnachtsgeschenke.

13. Welches Wort paßt wo?

> ablehnen   bedanken   beleidigen   leisten   unterstützen

a) Obwohl es möglich ist, _____ es die meisten deutschen Männer _____, den Namen ihrer Ehefrau anzunehmen.

b) Katja hat einen Brief an ihre schwedische Freundin geschrieben und sich für das Weihnachtsgeschenk _____.

c) Edda hat ihren besten Freund _____. Er kommt deshalb nicht zu ihrer Hochzeit.

d) Ursula und Volker können sich eine große Hochzeitsfeier nicht _____. Dafür fehlt ihnen das Geld.

e) Die evangelischen Kirchen in der DDR und der BRD _____ die Friedensbewegung.

14. ‚Einander' und ‚Präposition + einander'. Ergänzen Sie.

> | einander | für   von   an   auf | | |
> |----------|------------------------| | |
> | einander | gegen   um   über   mit | + | einander |
> | einander | | | |

a) Wir haben oft _aneinander_ gedacht, auch wenn wir uns seit Jahren nicht gesehen haben.

b) Am Neujahrstag, also am 1. Januar wünschen die Leute _____ ‚ein gutes neues Jahr'.

c) Daß die Menschen sich _____ kümmern und _____ sorgen sollen, ist ein christliches Gebot.

d) Früher haben die beiden großen christlichen Kirchen _____ gekämpft, heute ist ihr Verhältnis ganz normal, und sie sprechen manchmal sogar _____ über Glaubensfragen.

e) Edda und Johannes haben oft _____ geschimpft, trotzdem haben sie später geheiratet.

Lektion 11

f) Auf Faschingsfesten tragen die Leute manchmal Masken, damit sie _____ nicht erkennen können.

g) Jens und Karin haben am Flughafen zwei Stunden _____ gewartet, aber sie haben _____ nicht getroffen.

h) Wir haben lange nichts _____ gehört, wir sollten uns deshalb bald mal wiedersehen.

B2/3 GR

15. Sagen Sie es anders.

Im Deutschen gibt es verschiedene Möglichkeiten auszudrücken, daß eine Gruppe von Menschen etwas tut, sagt oder meint. Vergleichen Sie die folgenden Beispiele.

– *Man kritisierte,* daß die Geschäfte zu früh für Weihnachtsgeschenke Werbung machen.
Es wurde kritisiert, daß die Geschäfte zu früh für Weihnachtsgeschenke Werbung machen.
Kritisiert wurde, daß die Geschäfte zu früh für Weihnachtsgeschenke Werbung machen.

– In den Kirchen *sammelt man* sonntags Geld, um armen Leuten helfen zu können.
Es wird sonntags in den Kirchen Geld *gesammelt,* damit man armen Leuten helfen kann.
In den Kirchen *wird* sonntags Geld *gesammelt,* damit man armen Leuten helfen kann.

Sagen Sie es anders.

a) *Man klagt,* daß immer weniger Leute sonntags in die Kirche gehen.
   Es wird geklagt / Geklagt wird, daß...

Ebenso:

b) In der Faschingszeit *tanzt* und *feiert man* sehr viel

c) *Man sprach* viel über Gefühl, Liebe und Vertrauen.

d) *Man muß* für das Weihnachtsessen sehr viel vorbereiten.

e) *Man diskutierte* auf dem Kirchentag darüber, wie man den Frieden sicherer machen könne.

f) Am Weihnachtsabend *ißt man* sehr viel und sehr gut.

g) *Man diskutierte* Fragen nach dem Sinn des Lebens.

h) Am Silvesterabend *trinkt man* sehr viel.

i) *Man warnte* vor einem neuen Weltkrieg.

B2/3 GR

16. ‚Es' als Ersatzsubjekt.

Es gibt im Deutschen viele Verben und Adjektive, die eine Meinung über einen Sachverhalt bedeuten. Sie stehen oft vor ‚daß-Sätzen', Infinitivsätzen oder anderen Nebensätzen. Zum Beispiel:

Bodo *beschwert sich,* *kritisiert,* *ärgert sich,* ...	*daß* man so viel Kirchensteuer bezahlen muß.
Es ist *richtig,* *ärgerlich,* ...	
Es *ärgert* viele Leute,	

Viele dieser Verben und Adjektive werden mit ‚es' gebraucht. Zum Beispiel:

a)

Es	überrascht	mich,	daß...
	ärgert	dich,	...zu + Infinitiv.
	*...	ihn/sie,	wenn...
		uns,	wie...
		euch,	
		sie,	
		Bernd,	

Es ist mir	wichtig,	daß...
	egal,	wenn...

b)

Es macht	mich	glücklich,	daß...
	dich	ärgerlich,	...zu + daß
		*...,	wenn...
			wie...

Es tut	mir	leid,	daß...
	...	weh,	...zu + Infinitiv.
Es paßt	mir	gut,	wenn...
	...	nicht,	

c)

Es ist	intelligent,	daß...
	richtig,	...zu + Infinitiv.
	komisch,	wenn...
	wichtig,	wie...
	*...,	

Kennen Sie noch andere Adjektive, die in diese Reihe passen? Es gibt noch sehr viele.
Ergänzen Sie die Listen a, b und c, wo das Zeichen * steht.

d) *Es* hängt davon ab, ob...

Es	sieht so aus,	daß...
	scheint (so),	
	stimmt,	
	spielt keine Rolle,	
	kommt vor,	
	passiert,	

Es	besteht die Hoffnung,	daß...
Es	klappt (nicht),	...zu + Infinitiv.
	geht,	

Es lohnt sich	bestimmt,
	kaum,
	...,

Es kostet viel	Zeit,	...zu + Infinitiv.
	Geld,	
	Gefühl,	
	Ärger,	
	...,	

Es bleibt	keine	Zeit,	daß...
	genug		...zu + Infinitiv.
	wenig		
	...		

Diese Sätze mit ‚es' stehen meistens vor ‚daß-Sätzen' oder Infinitivsätzen (manchmal auch vor anderen Nebensätzen). Zum Beispiel:
– *Es* ist komisch, daß es in der Bundesrepublik eine Kirchensteuer gibt.
– *Es* macht die Kinder nervös, am Weihnachtstag bis abends zu warten.
‚Es' ist in diesen Sätzen Ersatzsubjekt. Das wirkliche Subjekt ist der ‚daß-Satz' oder der Infinitivsatz. Deshalb darf man dieses ‚es' nicht verwenden, wenn der Nebensatz als Inversionssignal vor dem Hauptsatz steht.

Zum Beispiel:
Daß *es* in der Bundesrepublik eine Kirchensteuer gibt, ist komisch.

Lektion 11

B2/3
GR

17. Das Präpositionalpronomen ‚da(r) + Präposition‘ als Ersatz für präpositionale Ergänzungen.

Für Subjekte verwendet man als Ersatz das Wort ‚es‘. Für präpositionale Ergänzungen, die bei bestimmten Verben stehen, gibt es auch einen Ersatz. Man nimmt dafür das Präpositionalpronomen ‚da(r) + Präposition‘.

Zum Beispiel:
- Katja ärgert sich immer *(darüber)*, daß sie sich für die Kirche schön anziehen muß.
- Die jungen Christen möchten *dafür* sorgen, daß es wieder mehr Liebe und Vertrauen zwischen den Menschen gibt.

In diesen Sätzen sind ‚darüber‘ und ‚dafür‘ Ersatz für präpositionale Ergänzungen. Die wirkliche Ergänzung ist der ‚daß-Satz‘. Bei manchen Verben muß die Ersatzergänzung nicht unbedingt verwendet werden. Man kann z. B. auch sagen:
- Katja ärgert sich, daß sie . . .

In Sätzen mit solchen Verben steht bei der folgenden Übung die Lücke in Klammern.
Aber bei ‚sorgen‘ muß die Ersatzergänzung unbedingt stehen.

Ergänzen Sie das richtige Präpositionalpronomen.

da(r)	+	über nach an gegen über
		um von über für um

a) Die Kirche kümmert sich auch _____, daß die alten Leute nicht vergessen werden.

b) Die Eltern freuen sich (_____), daß an den Weihnachtstagen die ganze Familie zusammen ist.

c) Am Weihnachtstag erkundigen sich die Kinder oft (_____), wann der Weihnachtsmann endlich kommt.

d) Viele Leute beschweren sich (_____), daß Weihnachten so viele und so teure Geschenke gemacht werden.

e) Hast du schon (_____) gehört, daß Bettina ein Kind bekommen hat?

f) Ich kann mich nicht _____ gewöhnen, daß während des Faschings so viel getrunken wird.

g) Die katholische Kirche protestiert sehr (_____), daß es in der Bundesrepublik erlaubt ist, eine Schwangerschaft zu unterbrechen.

h) Die Kirche sorgt auch _____, daß arbeitslose Jugendliche in den Großstädten gemeinsame Treffpunkte haben, um über ihre Situation sprechen zu können.

i) Die beiden christlichen Kirchen bemühen sich nicht sehr (_____), gemeinsame Antworten auf Glaubens- und Alltagsfragen zu finden.

j) Die Kirchen sind (_____) erschrocken, daß immer weniger Leute am Sonntag in die Kirche gehen.

Es gibt noch viele andere Verben, die mit einer präpositionalen Ergänzung stehen und die einen ‚daß-Satz‘ einleiten.
Es ist wichtig, die richtige Präposition zu kennen.

Ordnen Sie die folgenden Verben den Präpositionalpronomen zu.

bitten*	erinnern	rechnen
sich aufregen*	erzählen*	schimpfen
sich bedanken*	hoffen*	reden
berichten*	informiert sein	sprechen
achten	enttäuscht sein*	stimmen
dankbar sein*	klagen	streiken
denken	lachen	streiten
sich entschuldigen*	leiden	überzeugt sein*

* bedeutet, daß das Präpositionalpronomen vor einem Nebensatz nicht stehen muß.

a) darüber   _reden_____, daß ...
   _____, daß ...
   _____, daß ...
   ...

b) daran   _____, daß ...
   _____, daß ...
   _____, daß ...
   ...

c) darum   _____, daß ...
   _____, daß ...
   _____, daß ...
   ...

d) dagegen   _____, daß ...
   _____, daß ...
   _____, daß ...
   ...

e) darauf   _____, daß ...
   _____, daß ...
   _____, daß ...
   ...

f) dafür   _____, daß ...
   _____, daß ...
   _____, daß ...
   ...

g) davon   _____, daß ...
   _____, daß ...
   _____, daß ...
   ...

h) darunter   _____, daß ...
   _____, daß ...
   _____, daß ...
   ...

18. Präpositionen als Verbzusätze. Welche Präposition paßt wo?

B2/3
GR

aus	an	unter	über

a) aus der Wohnung ___ausziehen
b) sich im Hotel _____melden
c) Deutsch _____richten
d) die Öffentlichkeit _____raschen
e) die Erzählung _____setzen
f) den Preis _____rechnen
g) auf dem Bahnhof _____kommen
h) die Gäste _____halten
i) den Lehrling _____reden
j) die Arbeit _____fangen
k) das Tonbandgerät _____schalten

l) die Wahl _____nehmen
m) sich den Verkauf _____legen
n) die Kerze _____zünden
o) das Formular _____füllen
p) zwischen Wahrheit und Lüge _____scheiden
q) die Schachtel _____packen
r) bei Freunden _____nachten
s) die Reise _____brechen
t) die Armen _____stützen

Lektion 11

19. Adverbien als Verbzusätze.

Sehen Sie sich in Übung 18 die Präpositionen als Verbzusätze einmal genau an. Sie werden merken, daß die Präpositionen meistens nichts mehr mit ihrer eigentlichen Bedeutung zu tun haben. Das gilt für fast alle Verben mit Präpositionen als Verbzusatz. Nur ‚mit' ist eine Ausnahme, die Sie schon in Lektion 4 Übung 2 geübt haben (z. B. ‚mithelfen', ‚mitfahren', ‚mitzählen').

Anders ist es bei Adverbien als Verbzusätze, z. B. ‚weiter-', ‚wieder-', ‚zusammen-', ‚zurück-', ‚fort-', ‚vorbei-', ‚voraus-' und ‚weg-' (z. B. ‚wiederkommen', ‚zusammenarbeiten') und bei den Adverbien, die mit ‚hin' + Präposition oder ‚her' + Präposition gebildet werden: ‚hinein-', ‚hinauf-', ‚hinaus-', ‚hinunter-', ‚hindurch-', ‚heraus-', ‚herein-', ‚herunter-' (z. B. ‚hinauslaufen', ‚herauskommen'). Diese Verben wurden schon in Lektion 2, Übung 14 geübt.

Welche Adverbien passen wo?

fort/weg	herein	hinaus	zurück	wieder
zusammen	vorbei	hinunter/herunter		weiter

a) An Silvester gehen die Leute auf die Straße _____, wo viele ein privates Feuerwerk machen.

b) Einige Eltern erzählen ihren Kindern, daß das Christkind aus dem Himmel auf die Erde _____steigt und Geschenke bringt.

c) Obwohl immer mehr Leute keine wirklichen Christen mehr sind, wird das Weihnachtsfest trotzdem _____bestehen.

d) Am Weihnachtsabend sitzt meistens die ganze Familie _____ und feiert Weihnachten.

e) Die Kinder dürfen erst dann in das Zimmer mit den Geschenken und dem Tannenbaum kommen, wenn der Weihnachtsmann wieder _____gegangen ist.

f) Die Zahl der Leute, die regelmäßig in die Kirche gehen, geht jedes Jahr _____.

g) Am Weihnachtsabend denkt Katja nur eins: „Wann werde ich endlich ins Weihnachtszimmer _____gerufen?"

h) Dieses Jahr spielte unser Nachbar den Nikolaus. Die Kinder haben ihn nicht _____-erkannt.

i) Manche Kinder glauben, daß das Christkind oder der Weihnachtsmann in jedem Haus _____kommt und Geschenke bringt.

20. Trennbare und untrennbare Verbzusätze.

Es gibt fünf wichtige Verbzusätze, die sowohl trennbar als auch untrennbar sind:

a) durch

trennbar: Lesen Sie bitte den Text *durch.* (ein Problem *durch*sprechen, die ganze Nacht *durch*feiern, das Thema *durch*nehmen, ein Brot *durch*schneiden, ein Stück Fleisch *durch*braten und viele andere)

untrennbar: Der Fluß *durch*fließt ein großes Tal. (einen Fluß *durch*schwimmen, ein Gewitter *durch*fliegen, ein Tal *durch*reiten und viele andere)

b) über

trennbar: Vorsicht, das Wasser läuft *über.* (*über*kochen (Milch) und einige andere)

untrennbar: Wenn man von Hamburg nach New York fliegt, *über*fliegt man den Atlantik. (eine Mauer *über*springen, einen wichtigen Satz *über*lesen, eine Arbeit *über*nehmen, Geld *über*weisen, eine Cassette *über*sprechen und viele andere)

c) um

trennbar: Ich arbeite den Text *um.* Er gefällt mir nicht mehr. (den Wein *um*gießen, in Köln *um*steigen, sich in einer Stadt *um*sehen und viele andere)

untrennbar: Die Vögel *um*fliegen den Baum. (eine Schwierigkeit *um*gehen, die Bedeutung eines Wortes *um*schreiben und einige andere)

d) unter

trennbar: Klaus findet kein Hotelzimmer. Er kommt nirgends *unter.*

(jemanden *unter*tauchen, im Wasser *unter*gehen und einige andere, selten)

untrennbar: Diesen Mietvertrag *unter*schreibe ich sofort. (eine Konferenz *unter*brechen, einen Fluß in einem Tunnel *unter*fahren, die Gäste *unter*halten, die Bevölkerung politisch *unter*drücken, Geld *unter*schlagen, sich einer Untersuchung beim Arzt *unter*ziehen und einige andere)

e) wieder

trennbar: Mein Auto ist gestohlen worden. Ich bekomme es bestimmt nicht *wieder.* (ein geliehenes Buch *wieder*bringen, eine Person *wieder*erkennen, eine verlorene Sache *wieder*finden, Freunde *wieder*sehen und viele andere)

untrennbar: Wir *wieder*holen morgen die Lektion 5. (nur dieses Verb)

Versuchen Sie nicht, selbst Verben mit diesen Verbzusätzen zu bilden und zu gebrauchen, wenn Sie nicht genau wissen, was sie bedeuten. Denn das ist sehr schwierig, weil die Bedeutung oft sehr speziell ist. Sie sollen solche Verben nur erkennen können, damit Sie die Texte mit solchen Verben etwas leichter verstehen.

21. Adjektive als Verbzusätze

B2/3
GR

Auch Adjektive kann man als Verbzusätze gebrauchen, um die Grundbedeutung eines Verbs zu verändern. Zum Beispiel:

– Können Sie bitte mein Gepäck in den 3. Stock *hoch*tragen?

– Das Regal muß man an der Wand festmachen.

fertig	fest	hoch	kaputt	leer	tot	offen	lieb	tod

Welche Adjektive passen wo?

a) Hast du das Essen schon _____? Ich bin sehr hungrig.

b) Die alte Frau ist nicht natürlich gestorben. Sie wurde von einem Auto _____gefahren.

c) Lassen Sie das Fenster bitte _____. Es ist so heiß hier im Zimmer.

d) Trinkst du das Glas noch _____, oder soll ich die Milch weggießen?

e) Der Aufzug ist leider kaputt, wir müssen die Treppen _____gehen.

f) Vorsicht, halte das Kind _____. Es läuft sonst auf die Straße.

g) Mit 50 bekommt Frau Buss schon Rente, sie hat sich wirklich _____gearbeitet.

h) Zuerst habe ich den Hund nicht gemocht, aber dann habe ich ihn _____gewonnen.

Lektion 11

Andere Beispiele:

fertig-: ein Buch *fertig*lesen, um 19.00 Uhr *fertig*sein

fest-: auf dem Boden *fest*frieren, es steht *fest*, daß ...

hoch-: einen Berg *hoch*steigen, einen Ball *hoch*werfen

kaputt-: Geschirr *kaputt*schlagen, eine Hoffnung *kaputt*machen

leer-: eine Schachtel *leer*machen

offen-: *offen*stehen (Tür), eine Tür *offen*halten

lieb-: einen Menschen *lieb*haben, einen Menschen *lieb*halten

tot-: ein Tier *tot*schlagen, sich *tot*arbeiten

Auch hier gilt: Sie sollten nicht versuchen, selbst solche Verben zu bilden. Die Übung soll Ihnen nur helfen, die Bedeutung der Verben beim Lesen oder Hören leichter zu verstehen.

B2/3
GR

22. Verben mit dem Präfix ‚be-'.

Im Deutschen gibt es viele Verben mit dem Präfix ‚be-'. Man kann drei Gruppen unterscheiden:

a) Verben mit ‚be-', die fast dasselbe bedeuten wie das einfache Verb ohne ‚be-', aber teilweise grammatisch anders verwendet werden. Zum Beispiel:
   – Die Leute, die in der Nähe des Flughafens wohnen, klagen über den großen Lärm.
     = Die Leute, die in der Nähe des Flughafens wohnen, *be*klagen den großen Lärm.
   – Der Mieter und der Vermieter sprechen über den Preis der Wohnung.
     = Der Mieter und der Vermieter *be*sprechen den Preis der Wohnung.
   – Die Kinder werfen mit Steinen auf den Hund. = Sie *be*werfen den Hund mit Steinen.
   – Sie hat der Kollegin Geld gestohlen. = Sie hat die Kollegin *be*stohlen.
   Ebenso:
   eine Blume gießen = eine Blume *be*gießen, einer Person für ein Geschenk danken = sich bei einer Person für ein Geschenk *be*danken, auf einer Straße fahren = eine Straße *be*fahren, auf ein Papier malen = ein Papier *be*malen, einem Freund etwas schenken = einen Freund mit etwas *be*schenken, eine Wohnung heizen = eine Wohnung *be*heizen.

b) Verben mit ‚be-', die nicht dieselbe, aber eine ähnliche Bedeutung wie das einfache Verb ohne ‚be-' haben. Zum Beispiel:
   an die Schwierigkeit denken – Schwierigkeit *be*denken
   die Werkzeuge nutzen – die Werkzeuge *be*nutzen
   den Chef fragen – den Chef *be*fragen
   über die Leute schimpfen – die Leute *be*schimpfen
   Ebenso: merken – *be*merken, denken – *be*denken, fühlen – *be*fühlen, arbeiten – *be*arbeiten, kämpfen – *be*kämpfen und viele andere.

c) Verben mit ‚be-', die eine ganz andere Bedeutung haben als das einfache Verb ohne ‚be-'. Zum Beispiel:
   sich über ein Geschenk wundern – ihre gute Leistung *be*wundern
   auf einem Stuhl sitzen – einen Stuhl *be*sitzen
   Ebenso: *be*deuten, *be*dienen, sich *be*eilen, *be*halten, *be*handeln, *be*schreiben, *be*stehen, *be*stellen, *be*suchen, *be*tragen und viele andere)

Noch einmal: Versuchen Sie nicht, Verben mit ‚be-' selbst zu bilden!

23. ‚Machen' hat verschiedene Bedeutungen.

B2/3
BD

A. Bernd schenkt seiner Mutter zu Weihnachten einen Bürostuhl aus Holz. Den kauft er nicht, sondern den *macht* er selber.
(machen = eine Sache/eine Ware herstellen/produzieren)

B. Das Weihnachtsessen zu *machen* kostet sehr viel Zeit.
Säfte *mache* ich mit einer Haushaltsmaschine selber.
(machen = kochen, ein Getränk herstellen)

C. Erst wenn Katja ihre Aufgaben für die Schule *gemacht* hat, darf sie sich mit ihren Freunden treffen.
In der Silvesternacht *machen* die Leute zu Hause große Feiern.
(machen = etwas erledigen, etwas tun)

D. Katja glaubt, daß es den Eltern Vergnügen *macht*, die Kinder am Weihnachtstag warten zu lassen.
(machen = verursachen)

E. Die Kirche *macht* es möglich, daß junge Leute in der DDR und der Bundesrepublik wieder ein gemeinsames Thema haben: den Frieden in der Welt.
Die vielen politischen Diskussionen *machen* die Kirchentage sehr interessant.
(machen = einer Person oder Sache eine bestimmte Eigenschaft geben)

Welche Bedeutung hat ‚machen' in den folgenden Sätzen?

1. In der Silvesternacht *machen* die Leute in den Straßen viel Lärm. ☐
2. Die Höhe der Kirchensteuer *macht* viele Leute sehr ärgerlich. ☐
3. In der Mittagspause im Büro *machen* wir uns meistens einen Kaffee. ☐
4. Am Weihnachtsabend Weihnachtslieder zu singen *macht* den meisten Kindern keinen Spaß. ☐
5. Die Kirchen *machen* häufig spezielle Veranstaltungen für ältere Leute. ☐
6. Weihnachtskerzen kann man sehr einfach selbst *machen*. ☐
7. Daß Herr Förster gestorben ist, *macht* alle Freunde und Verwandten sehr traurig. ☐
8. Edda hat sich für ihre Hochzeit ein sehr attraktives Kleid *machen* lassen. ☐
9. Das Weihnachtsessen *macht* sehr viel Arbeit. ☐
10. Für die Hochzeit haben die Eltern von Johannes und Edda viele verschiedene Salate *gemacht*. ☐

24. ‚Gerade' hat verschiedene Bedeutungen.

B2/3
BD

A. Der Tannenbaum vor unserem Haus ist wirklich nicht sehr *gerade* gewachsen, aber trotzdem gefällt er uns gut.
(gerade = das Gegenteil von ‚schief')

B. Uwe kann jetzt nicht kommen. Er telefoniert *gerade*.
(gerade = genau in diesem Moment)

C. *Gerade* heute brauchen junge Menschen ein Ziel im Leben.
(gerade = besonders, vor allem)

D. In kleinen Städten kommen sonntags *gerade* 10 bis 20 Leute in die Kirche.
(gerade = knapp)

Welche Bedeutung hat ‚gerade' in den folgenden Sätzen?

Lektion 11

1. Sie ist *gerade* 17 und hat schon geheiratet.
2. Man darf Katja jetzt nicht stören. Sie packt *gerade* ein Geschenk aus.
3. Wenn man zuviel Alkohol getrunken hat, kann man meistens nicht mehr richtig *gerade*aus gehen.
4. ‚Frieden‘ ist *gerade* in den Kirchen ein aktuelles Thema.

B2/3 BD

25. Auch ein Adjektiv hat oft mehrere Bedeutungen.

Ergänzen Sie die Adjektive, und vergleichen Sie danach die unterschiedlichen Bedeutungen der einzelnen Adjektive.

fein_1	hart_1	schwer_1	fest_1	alt_1
fein_2	hart_2	schwer_2	fest_2	alt_1
fein_3	hart_3	schwer_3	fest_3	alt_3
		schwer_4	fest_4	alt_4
		schwer_5		

a) Das Weihnachtsgebäck hat immer eine besonders _feine_ Qualität.
b) Für junge Leute ist es machmal sehr _____ *(zwei Lösungen)*, sich an die Regeln einer Gemeinschaft zu gewöhnen.
c) Die Kirchen in der DDR und der Bundesrepublik haben etwas geschafft, was eigentlich nur _____ möglich ist. Sie haben ein gemeinsames politisches Thema gefunden, das in beiden deutschen Staaten aktuell ist: der Frieden in der Welt.
d) Für die Gottesdienste gibt es jeden Sonntag dieselben _____ Zeiten.
e) Johannes hat alle seine _____ Freunde aus der Schulzeit zu seiner Hochzeit eingeladen.
f) Die Klingel funktioniert nicht richtig, aber wenn man _____ drückt, dann geht sie.
g) Die meisten Kirchen in der Bundesrepublik sind sehr _____, einige über 900 Jahre.
h) Das Gebäck ist nicht frisch. Es ist trocken und _____.
i) Früher war der Glaube an Gott viel _____ als heute.
j) Der geringe Kirchenbesuch am Sonntag macht der evangelischen Kirche _____ Sorgen.
k) Auf den Plätzen in den Städten stehen in der Weihnachtszeit oft große, _____ Tannen- bäume mit elektrischen Kerzen.
l) Den Erfolg der Kirchentage kann man nur _____ erklären.
m) Für seine Arbeit hat Edda ihrem Mann _____ Schuhe gekauft, die nicht schnell kaputt gehen, aber trotzdem recht leicht sind.
n) Für guten Kaffee muß das Kaffeepulver sehr _____ sein.
o) Die Bänke in einer Kirche sind normalerweise sehr _____ und unbequem.
p) _____, daß du uns zu Weihnachten besuchst.
q) Obwohl unser _____ Lehrer älter als 60 Jahre war, war er viel moderner als der neue.
r) Das Gemüse ist nicht frisch, es ist _____.

26. Focuswörter.

B2/3
BD

Es gibt im Deutschen eine kleine Gruppe von speziellen Wörtern, mit denen man ein Nomen (Pronomen) oder eine Wortgruppe mit einem Nomen genauer beschreiben kann. Diese Wörter bedeuten selbst keine Eigenschaft eines Dinges oder eines Sachverhalts, sondern eine Meinung des Sprechers dazu oder eine Ergänzung zu einer Zeit- oder Mengenangabe.

Zum Beispiel:

A. *Mindestens*	43 Prozent der Bürger sind Protestanten.
Etwa	4 Stunden hat die Feier gedauert.
Genau	ein Viertel der Bürger geht regelmäßig in die Kirche.
Wenigstens	1,8 Millionen Moslems leben in der Bundesrepublik.
Höchstens	
Ungefähr	
Kaum	
Gerade	
Fast	

Diese Wörter beschreiben eine Mengenangabe genauer.

B. *Genau*	bis 12.00 Uhr hat die Feier gedauert.
Etwa	
Mindestens	
Höchstens	
Ungefähr	
Fast	

Genau	um 12.00 Uhr war die Feier zu Ende.
Etwa	vor 4 Stunden war die Feier zu Ende.
Ungefähr	in 10 Tagen ist Weihnachten.
	Anfang Dezember beginnt in den Kaufhäusern das Weihnachtsgeschäft.

Diese Wörter beschreiben eine Zeitangabe genauer.

C. *Vor allem*	Fragen der Kindererziehung können in Mischehen ein Problem sein.
Besonders	
Gerade	

Mit diesen Wörtern verstärkt man die Bedeutung eines Sachverhalts.

D. *Nur*	die katholische Kirche ist gegen die Ehescheidung.
Bloß	in der protestantischen Kirche dürfen Frauen Pfarrer sein.

‚Nur' und ‚bloß' schließen aus, daß der Sachverhalt auch für andere Personen, Dinge oder Situationen gilt.

Sonntags kommen *nur/bloß* 10 oder 20 Leute in unsere Kirche.
Die Kirche ist sehr klein. Sie hat *nur/bloß* 80 Sitzplätze.
‚Nur/bloß' bedeuten hier ‚weniger als man möchte, erwartet, vermutet ...'.

E. ○ In fast allen Ländern sind Staat und Kirche getrennt.
   □ *Genau* | das ist in der Bundesrepublik ein Problem.
   Eben

Mit diesen Wörtern sagt man, daß man einen Gedanken sehr wichtig findet.

F. *Erst* | seit dem 16. Jahrhundert gibt es eine protestantische Kirche.
   Schon

‚Erst‘ bedeutet, daß man einen Zeitpunkt (oder den Beginn oder das Ende eines Zeitraums) sehr spät findet. ‚Schon‘ bedeutet das Gegenteil.

G. *Selbst* | kleine Kinder glauben oft nicht mehr, daß es einen Weihnachtsmann gibt.
   Sogar

‚Selbst‘ und ‚sogar‘ verwendet man, wenn man überrascht ist oder glaubt, daß ein Sachverhalt nicht normal ist.

H. Du gehst nie in die Kirche, aber *wenigstens* Weihnachten könntest du mit uns hingehen.
   Die Hochzeitsfeier war sehr langweilig, aber *wenigstens* war das Essen gut.

Mit ‚*wenigstens*‘ bezeichnet man das einzige Positive in einer eigentlich negativen Sache.

Was paßt wo?
Einige Sätze haben verschiedene Lösungen. Beachten Sie, wie die Bedeutung der Sätze sich ändert, wenn man verschiedene Focuswörter einsetzt.

> erst – nur – etwa – wenigstens – schon – bloß – mindestens – genau – selbst – vor allem –
> sogar – besonders – gerade – höchstens – ungefähr

a) Marianne und Martin kennen sich _____ vier Jahre, aber _____ im letzten Jahr haben sie eine gemeinsame Wohnung gemietet.
b) Bettina war über 45 Jahre alt, als ihre Tochter Ursula geboren wurde. Alle Leute fanden, daß sie viel zu alt sei. _____ die Ärzte haben nicht geglaubt, daß sie noch ein Kind bekommen kann.
c) Edda und Johannes haben die Hochzeit _____ mit ihren Eltern gefeiert. Alle anderen Verwandten waren nicht eingeladen.
d) Die Leute gehen immer seltener in die Kirche. _____ die Protestanten klagen darüber, denn ihre Kirchen sind sonntags fast leer.
e) Man kennt die Zahl nicht genau. Doch man vermutet, daß _____ 42% aller Bundesdeutschen Katholiken sind.
f) ○ Wieviel wollen Sie für das Geschenk ausgeben?
   □ _____ 60,– Mark, mehr nicht, lieber weniger.
g) Es kommen zwar leider immer weniger Leute in die Kirchen, aber _____ auf den Kirchentagen kommen sehr viele Menschen zusammen.
h) _____ um 24.00 Uhr am Silvesterabend, nicht früher und nicht später, füllt man die Gläser mit Sekt und wünscht sich ‚Ein gutes Neues Jahr‘.

»Scheidung« ohne Trauschein

Was passieren kann – worauf man vorher achten sollte.

Noch vor zwanzig Jahren galt ein Paar, das in »wilder Ehe« zusammenlebte, als unmoralisch. Heute wird die Ehe ohne Trauschein allgemein akzeptiert. Ganz problemlos ist sie trotzdem nicht – vor allem dann, wenn eine solche Lebensgemeinschaft eines Tages wieder aufgelöst wird.

Wie ist das mit einem bestehenden Mietvertrag?

Kein Vermieter kann normalerweise etwas dagegen haben, wenn eine zweite Person einzieht. Er kann deswegen auch nicht kündigen – muß aber informiert werden. Ausnahme: Ein Zusammenziehen kann er verbieten, wenn dies für ihn aus persönlichen oder wirtschaftlichen Gründen unzumutbar ist. Die Gerichte stellen an diese Ausnahmeregel aber hohe Anforderungen. Und sind dort recht mieterfreundlich.

Soll man einen neuen Mietvertrag gemeinsam unterzeichnen?

Ja, wenn man das Risiko ausschließen will, bei einer Trennung plötzlich vor die Tür gesetzt zu werden. Beachten Sie aber: Wer mit unterschreibt, haftet auch für Miete und alle Nebenkosten.

Wem gehört was?

Faustregel: Nach einer Trennung steht jedem das zu, was er eingebracht oder während der Partnerschaft erworben hat. Nur: Notfalls muß man das beweisen können. Empfehlenswert: Machen Sie eine Liste der mitgebrachten Gegenstände und heben Sie, zumindest bei größeren Anschaffungen, die Quittungen auf.

Ein gemeinsames Konto?

Vertrauen ehrt, Vorsicht ist besser. Wer hier zu blauäugig ist, kann ganz schön das Nachsehen haben. Denn es geht nicht nur um das bestehende Guthaben, sondern auch um das Recht, den Kreditrahmen auszunutzen.

Für einen Kredit bürgen?

Nicht ohne schriftliche Vereinbarung! Auch wer ganz normale Raten für den anderen zahlt, kann bei einer Trennung nichts zurückverlangen.

Nachträglicher Lohn für die Arbeit in der Firma des anderen?

Maßgeblich ist bei Streitfällen nur ein regulärer Arbeitsvertrag. Wird er nur pro forma abgeschlossen (z. B. über 410,– DM), kann der Lohn später auch nicht höher eingefordert werden. Wer sich auf unentgeltliche Mitarbeit einläßt, geht später völlig leer aus.

Was passiert, wenn der Partner stirbt?

Sie erben gar nichts, wenn kein Testament vorhanden ist. Auch Ansprüche auf Rente aus der Rentenversicherung des Partners (selbst wenn aus der Verbindung Kinder hervorgegangen sind) bestehen nicht. Wer den anderen im Testament bedenken und versorgen will, sollte dies nicht ohne juristischen Rat tun. Die problemloseste Möglichkeit der Altersversorgung für den anderen: die Bezugsberechtigung der Lebensversicherung.

Wer hat das Sorgerecht bei gemeinsamen Kindern?

Das Sorgerecht steht stets allein der Mutter zu. Ein gemeinsames Sorgerecht, auch wenn beide Partner es wünschen, wird nicht anerkannt. Bei einer Trennung im Streit kann der Mann leicht seine Vaterrolle einbüßen. Er darf dann nur noch zahlen.

Lohnt ein Partner-Vertrag?

Ab einer gewissen Größenordnung: auf jeden Fall! Unbedingt zum Beispiel, wenn einer die Ausbildung des anderen finanziert oder mitfinanziert. Und sei es nur durch selbstverständliche Übernahme aller Lebenshaltungskosten.

Lektion 12

147	als ob	
146	an	
147	e Ankunft	
151	aufheben	
146	r Augenblick, -e	
151	s Ausländeramt, "er	
151	r Autofahrer, -	
145	beschäftigen	
147	beschließen	
145	besichtigen	
148	bewegen	
142	bringen	
142	s Bundesland, "er	
151	r Bürgermeister, -	
147	r Charakter	
147	e Darstellung, -en	
148	deutlich	
148	diesmal	
146	durch	
151	r Eintritt	
151	s Einwohnermeldeamt, "er	
147	e Einzelheit, -en	
148	einzeln	
144	enttäuschen	
147	e Erfindung, -en	
147	e Erklärung, -en	
146	e Forschung, -en	
147	e Führung, -en	
151	r Fußgänger, -	
151	geben	
150	r Gegensatz, "e	
142	e Gegenwart	
146	geheim	
150	gelingen	
151	s Gras	
150	heutig	
146	hinterher	
151	höflich	

151	je
147	jeder
147	e Klinik, -en
151	kommen
151	e Konferenz, -en
151	konservativ
151	kräftig
143	lebendig
151	r Lift, -e
147	loben
151	s Markstück, -e
151	mißverstehen
147	s Papier, -e
147	r Patient, -en
147	pflegen
143	s Publikum
151	e Rückkehr
147	e Sache
143	senden
146	e Stimme, -n
142	s Stück, -e
142	e Technik, -en
147	umsonst
146	s Unglück
143	unter
147	e Unterhaltung, -en
147	s Urteil, -e
151	r Verbrecher, -
150	e Vergangenheit
146	vergeblich
147	verhaften
150	s Verkehrsmittel, -
146	veröffentlichen
146	r Versuch, -e
151	völlig
145	s Zeug
151	r Zeuge, -n
151	r Zufall, "e
151	zuverlässig

164

1. Was paßt wo? Ergänzen Sie.

B1/2
WS

Forschung	Einzelheit	Erfindung	Urteil	Stück	Augenblick	Versuch

Forschung   Einzelheit   Erfindung   Urteil   Stück   Augenblick   Versuch
Publikum   Charakter   Erklärung^1 Gegenwart   Patient   Zufall   Unterhaltung^1
Erklärung^2 Führung   Klinik   Stimme   Unterhaltung^2

a) Ein kurzer Moment oder der Moment, den man gerade erlebt, ist ein/der _____.
b) Die persönliche Art eines Menschen, die Summe seiner Eigenschaften, ist sein _____.
c) Das Gegenteil von Gesamtheit: _____
d) Für die Entwicklung der Technik war das Rad die erste große _____ des Menschen.
e) Wenn man etwas nicht versteht, braucht man eine _____.
f) Einen Text, der geschrieben wurde, um eine bestimmte Meinung, eine Absicht oder einen bestimmten Standpunkt klarzumachen, ist eine _____.
g) Ein wichtiger Teil der wissenschaftlichen Arbeit: _____
h) Daran kann (oder muß) man teilnehmen, wenn man ein Museum oder eine Sehenswürdigkeit besucht: _____
i) Die Zeit zwischen Vergangenheit und Zukunft (also die Zeit, in der wir gerade leben) ist die _____.
j) Ein anderes Wort für Krankenhaus: _____
k) Kranker, der in einem Krankenhaus oder in einer Arztpraxis behandelt wird: _____
l) Die Zuschauer (z. B. im Theater, Kino oder Zirkus) nennt man das _____.
m) Wer gut singen kann, der hat eine schöne _____.
n) Wird von einem Schriftsteller geschrieben und dann im Theater gezeigt: _____
o) Ein anderes Wort für Gespräch: _____
p) Wenn jemand ins Theater, in die Oper oder ins Ballett geht, wünscht man ihm ‚Gute _____!‘
q) Wenn jemand sagt, daß er etwas gut oder schlecht findet, dann gibt er ein _____ ab.
r) Verfahren in der Naturwissenschaft, um Theorien zu prüfen: _____
s) Im Leben kann man vieles planen, aber nicht alles; auch der _____ spielt eine große Rolle.

2. Was paßt nicht?

B1/2
WS

a) besichtigen: ein Museum, einen Film, ein Haus, ein Schloß, eine Ausstellung
b) veröffentlichen: ein Buch, eine Rede, ein Konzert, Forschungsergebnisse, geheime Pläne
c) senden: einen Film im Fernsehen, ein Musikstück im Radio, ein Stück im Theater, einen Brief mit der Post
d) loben: eine Eintrittskarte, einen Film, einen Schauspieler, ein Theaterstück
e) bringen: eine Sendung im Fernsehen, ein Museum, ein bekanntes Theaterstück, etwas Neues; jeden Abend ein anderes Stück
f) verhaften: die Polizei, einen Mörder, den Täter, einen jungen Mann
g) pflegen: einen Patienten, eine alte Frau, ein krankes Kind, eine Klinik, seinen eigenen Körper

Lektion 12

B1/2
WS

3. ‚Ding‘, ‚Sache‘, ‚Gegenstand‘, ‚Zeug‘.

Die Wörter ‚Ding‘, ‚Sache‘, ‚Gegenstand‘, und ‚Zeug‘ werden nicht sehr deutlich unterschieden. Bei dem Wort ‚Zeug‘ sollten Sie allerdings beachten, daß man es meistens für etwas verwendet, was man wertlos, alt, unnütz oder nicht gut findet.

> der Gegenstand   die Dinge   die Sachen   das Ding   die Gegenstände
>   das Zeug   die Sache

a) Diese Medizin nehme ich nicht mehr; ich bekomme Kopfschmerzen von _____.

b) In der Ausstellung werden _____ gezeigt, die früher als Kochgeschirr dienten.

c) Ich mag nur klassische Musik. _____ modern-_____ _____ macht einem doch Ohrenschmerzen.

d) Ich habe gesehen, wie der Kollege geheime Papiere kopiert hat. _____ gefällt mir nicht.

e) Politikern höre ich nicht mehr zu; die reden doch nur dumm-_____ _____.

f) Ein Ballettabend; das ist für mich _____ schönst-_____ _____ der Welt!

g) Die Ausstellung über moderne Technik war wirklich ausgezeichnet. Vorher habe ich mich für solch-_____ _____ nie interessiert.

h) Von Theater, Kunst und Literatur verstehe ich nicht viel; über solch-_____ _____ wurde bei uns zu Hause nie gesprochen.

i) Warum hat der Dr. Faust das Gretchen so schlecht behandelt, obwohl er sie doch gern hatte? _____ verstehe ich einfach nicht.

j) Politik gehört nicht ins Theater, finde ich. Wie denken Sie über dies-_____ _____?

B1/2
WS

4. ‚Mit‘, ‚bei‘ oder ‚durch‘. Ergänzen Sie.

a) Seit ungefähr zehn Jahren gibt es die alternativen Theater _____ politischen Stücken.

b) Den ganzen Sommer _____ sind die meisten Theater in der Bundesrepublik geschlossen.

c) Zum Jazzfestival nach Moers fahren wir _____ einem Kleinbus.

d) Die Wagnerfestspiele sind in Bayreuth. Das liegt _____ Nürnberg.

e) Wir gehen heute abend _____ Freunden zu einer Ballettveranstaltung.

f) Die Führung _____ das Deutsche Museum dauert vier Stunden.

g) _____ den Proben für die neuen Stücke gibt es manchmal auch Streit.

h) Die Begegnung _____ Faust stürzt Gretchen ins Unglück, denn _____ ihn sterben ihre Mutter und ihr Bruder.

i) Katja arbeitet _____ der Firma Koltz, die das neue Theater gebaut hat.

j) _____ seinem Stück ‚Die Physiker‘ hatte Dürrenmatt viel Erfolg.

k) Der deutsche Dichter Kleist sagte einmal, daß man erst _____ Schreiben (= während des Schreibens) die meisten neuen Ideen bekommt und nicht vorher.

l) Die Schüler diskutieren _____ großem Interesse die verschiedenen Charaktere in ihren Stücken.

m) Wir sind jede Woche einmal _____ Karin und machen zusammen Musik.

n) _____ 12 Jahren ist Jörg der jüngste Schauspieler in der Theatergruppe.

Beachten Sie, daß jede Präposition verschiedene Bedeutungen hat.

5. ‚Über' oder ‚unter'? Ergänzen Sie.

B1/2
WS

a) In der Bundesrepublik gibt es _____ 1500 Theater.

b) ‚Die Physiker' ist ein Theaterstück _____ die Gefahren der modernen Naturwissen-schaften.

c) Wegen Hitler haben viele Filmregisseure in den Dreißiger Jahren, _____ ihnen Fritz Lang, Max Ophüls und Billy Wilder, Deutschland verlassen.

d) _____ Hitler war das kulturelle Leben in Deutschland fast tot, weil viele Künstler das Land verlassen hatten oder nicht mehr arbeiten durften.

e) Das Museum ist _____ das Wochenende (das Wochenende _____) geschlossen.

f) Junge Leute _____ 16 Jahren, Schüler und Studenten müssen in den Theatern nur den halben Preis bezahlen.

g) Das Schild mit den Eintrittspreisen hängt da oben, direkt _____ der Kasse.

h) Auf Seite 84 im Kursbuch steht der Text _____ die Museen _____ dem Text _____ die Theater in der Bundesrepublik.

i) Wir sind _____ Düsseldorf nach Köln gefahren.

6. Was sagen die Leute über das Theaterstück „Die Physiker"?

B1/2
GR

Was denken Sie über „Die Physiker"?

Das Stück ist langweilig.

Die Frau sagt, das Stück sei langweilig.

Ebenso:

a) Mann: „Es lohnt sich kaum, das Stück anzusehen."
Der Mann sagt, es lohne ...

b) Frau: „Ich kann das Stück sehr empfehlen."

c) Mann und Frau: „Wir ärgern uns über das Stück."

d) Frau: „Jeder muß das Stück unbedingt sehen."

e) Mann und Frau: „Wir verlangen unser Eintrittsgeld zurück."

f) Frau: „Das Stück langweilt mich."

g) Mann: „Das Stück macht einen nachdenklich."

h) Frau: „Das Stück warnt uns deutlich vor den Gefahren der Technik."

i) Mann: „Das Stück zeigt, wie gefährlich die Wissenschaft sein kann."

j) Frau: „Das Stück hat keine hohe Qualität."

Lektion 12

Für die Vergangenheit benutzt man die Form ‚Konjunktiv I oder II' von haben/sein + Partizip II.

Zum Beispiel:

Die Frau sagte, das Stück sei langweilig gewesen.

Machen Sie dasselbe für die Sätze a–j.

a) *Der Mann sagte, es habe ...*

Ebenso: b–j

Keine Angst vor dem Konjunktiv! Der richtige Gebrauch des Konjunktivs in der indirekten Rede ist zwar schwierig, aber für den Alltag nicht sehr wichtig. Auch Deutsche verwenden oft den Indikativ oder die Form ‚würde + Infinitiv' anstatt des Konjunktivs. Im Gegenteil: Wenn jemand nur den Konjunktiv verwendet, klingt das sehr kompliziert.
Ein Rat: Lernen Sie nur die 3. Person Singular des Konjunktivs I (die große Mehrheit aller verwendeten Formen), und verwenden Sie sonst den Konjunktiv II oder die Formen von ‚würde + Infinitiv'. Noch einfacher: Verwenden Sie einfach den Indikativ. Kein Deutscher würde Sie korrigieren. Nur die Grammatiken fordern, daß man in der indirekten Rede unbedingt den Konjunktiv verwenden muß.

**B1/2
GR**

7. Sagen Sie es anders.

a) Möbius ist nicht verrückt, er tut nur so.
Möbius tut so, als ob er verrückt sei (wäre). / Möbius tut so, als sei (wäre) er verrückt.

Ebenso:

b) Die Schüler spielen Theater wie echte Schauspieler.

c) Auf der Bühne fühlt sich Gerd wie ein ganz anderer Mensch.

d) Die Direktorin der Klinik wußte nichts von den Forschungsergebnissen. Jedenfalls tat sie so.

e) Die Morde waren keine Unglücksfälle. Es schien nur so.

f) Der Schauspieler, der Mephisto spielte, sah aus wie ein wirklicher Teufel.

g) Die Schauspielerin schreit so laut wie bei einem echten Mord.

**B1/2
GR**

8. Sagen Sie es anders.

a) Er interessiert sich für Theaterstücke, die modern sind und aus Europa oder Amerika kommen.
Er interessiert sich für moderne, aus Europa oder Amerika kommende Theaterstücke.

Ebenso:

b) Es gibt auch ‚alternative Theater' mit politischen Stücken, die zum Teil als Wander-Theater aufgeführt werden.

c) Jedes Jahr kommen mehr als eine Million Besucher, um die Originale und Modelle aus der Geschichte der Naturwissenschaft zu sehen, die hier gezeigt werden.

d) Auch einige deutsche Filme, die nach amerikanischem Muster gedreht werden, brachten schon Rekordeinnahmen.

e) Die vielen neuen Stücke, die hier gezeigt werden, sind bei weitem nicht so gut besucht.

f) Im 19. Jahrhundert kamen viele Stadttheater, die von Bürgern gegründet wurden, hinzu.

g) Es gibt außerdem noch viele Freilichtmuseen, die die ländliche Wohn- und Hauskultur zeigen.

h) Die Tradition des deutschen Theaters, die auf das 18. Jahrhundert zurückgeht, ist sehr alt.

i) Von den über tausend Ballettänzerinnen und -tänzern, die in der Bundesrepublik arbeiten, sind mehr als die Hälfte Ausländer.

j) Jedes der über hundert Herzogtümer und Königreiche, die damals im späteren Deutschland bestanden, hatte ein eigenes Theater.

Bei Verben, die eine sehr allgemeine oder einfache Bedeutung wie z. B. ,machen', ,es gibt', ,wohnen', ,kommen aus' haben, verwendet man das Partizip als Attribut meistens nicht. Man gebraucht dafür lieber ein präpositionales Attribut oder ein Genitivattribut, die hinter dem Nomen stehen.

Zum Beispiel:

a) Im Völkerkundemuseum in Berlin gibt es seltene Ausstellungsstücke, die aus allen Ländern der Welt kommen.

Im Völkerkundemuseum in Berlin gibt es seltene Ausstellungsstücke aus allen Ländern der Welt.

Ebenso:

b) Von den über tausend Ballettänzern, die es in der Bundesrepublik gibt, sind über die Hälfte Ausländer.

c) Das deutsche Kino, das in den zwanziger Jahren gemacht wurde, war weltberühmt.

d) Besonders die Filme, die aus Amerika kommen, sind sehr erfolgreich.

e) Auch die Konzertabende, die in kleinen Städten veranstaltet werden, sind oft recht gut.

f) Das Ballett, das das Stuttgarter Theater macht, ist in der ganzen Bundesrepublik bekannt.

9. Komplexe Attributkonstruktionen.

B1/2 GR

In der deutschen Schriftsprache gibt es manchmal recht komplexe Attributkonstruktionen.

Zum Beispiel:

a) die die ländliche Wohn- und Hauskultur zeigenden Museen mit Ausstellungsstücken unter freiem Himmel

Beachten Sie: Solche Konstruktionen gibt es in der gesprochenen Sprache nicht. Sie brauchen sie also nur verstehen zu können. Selbst bilden und verwenden sollten Sie diese nicht.

Lektion 12

Machen Sie für die folgenden Konstruktionen je ein Diagramm wie oben in a).

b) die berühmten Berliner Philharmoniker unter der Leitung von Herbert von Karajan.

c) die schon lange bestehende, auf das 18. Jahrhundert zurückgehende Tradition des Theaters in den deutschen Ländern

d) das nach 1945 sehr große Interesse für Stücke des modernen Theaters

e) interessante Spezialsammlungen für bekannte Künstler oder besondere Themen

f) die von kleinen Studiobühnen gespielten, politischen Stücke des alternativen Theaters

B1/2
GR

10. Sagen Sie es anders.

Statt eines Infinitivsatzes oder eines Haupt- oder Nebensatzes kann man das Verb als Nomen verwenden oder ein passendes Nomen benützen, nach Bedarf mit vor- oder nachgestelltem Attribut und mit Präposition.

a) H. Böhlen hat große Erfahrung darin, Theatergruppen zu leiten.
   H. Böhlen hat große Erfahrung im Leiten von Theatergruppen.
   Ebenso:

b) Wenn sie über die Charaktere der Personen in den Stücken nachdenken, lernen die Schüler sich selbst besser kennen.
   Beim ...

c) Wenn sie Theater spielen, fühlen sich die Schüler, als ob sie in einer anderen Welt lebten.

d) Naturgesetze zu erforschen war das Ziel von Dr. Faust.

e) Dürrenmatt sagte einmal, daß Theaterstücke zu schreiben eine harte Arbeit sei.

f) Es hatte keinen Zweck, gegen die neuen Atombomben zu protestieren. Sie wurden trotzdem gebaut.

g) Im Schultheater geht es nicht so sehr darum, für einen späteren Beruf als Schauspieler zu lernen, sondern Phantasie zu erfahren und Menschen kennenzulernen.

B1/2
GR

11. ‚Da(r) + Präposition'. Ergänzen Sie.

Das Präpositionalpronomen ‚da(r) + Präposition' ist sehr wichtig, um einzelne Sätze in einem Text zu verbinden. Zum Beispiel:
Mit fünf Jahren sah Goethe das Puppenspiel ‚Historia von Dr. Johann Fausten'. Es geht *darin (= in diesem Puppenspiel)* um einen Vertrag, den der Naturwissenschaftler Faust mit dem Teufel abschließt.

da(r)	+	durch	bei	für	gegen	mit	von	über

a) Mephisto versprach Faust tiefere Erkenntnisse in das Leben und in die Naturgesetze. _____ versprach ihm Faust seine Seele.

b) 1957 wurde diskutiert, die Armee in der Bundesrepublik mit Atomwaffen auszurüsten. Viele Leute wollten das nicht und protestierten _____.

c) Die Ärztin Dr. von Zahnd hatte alle Papiere von Möbius kopiert. _____ wußte der Wissenschaftler nichts.

d) Möbius tat so, als ob er verrückt sei. _____ wollte er verhindern, daß man seine wissenschaftlichen Forschungsergebnisse für den Bau von Waffen verwendet.

e) 1945 warfen die USA zwei Atombomben auf Hiroshima und Nagasaki. _____ wurde deutlich gemacht, für wie gefährliche Zwecke man die naturwissenschaftliche Forschung verwenden konnte.

f) Theater wird an vielen Schulen in der Bundesrepublik gespielt. _____ geht es nicht so sehr um Wissen für einen späteren Beruf, sondern um die Erfahrung von Phantasie und Kreativität.

g) Die Gefahren der Atomwaffen sind bekannt. _____ wurde schon viel diskutiert, aber trotzdem entwickelt man immer weiter neue Typen.

12. Die Präposition ‚zu' hat verschiedene Bedeutungen.

B1/2 BD

A. *Zu* keiner Zeit hat es so viel Musik und so viele Musikhörer gegeben wie heute.
   (‚zu' + ‚Zeit'/Zeitbezeichnung (vor allem Namen von Festen) = Zeitpunkt oder Zeitraum)
B. Ich fahre jedes Jahr *zu* einem Jazzfestival.
   (‚zu' + Person/Institution (z. B. Post, Bahnhof)/Veranstaltung = Ziel einer Bewegung)
C. Es gibt in der Bundesrepublik kein Nationalmuseum *zur* Geschichte der deutschen Kultur.
   (‚zu' + Nomen = Zugehörigkeit, Beitrag)
D. Ich möchte drei Karten *zu* 12,– DM bitte.
   (‚zu' + Preis/Maß = Preis oder Maß pro Stück)
E. Möbius sagt, die ganze Welt werde *zu* einem Irrenhaus.
   (‚zu' + Nomen als Präpositionalergänzung = (häufig) Endpunkt einer Entwicklung)

Welche Bedeutung hat ‚zu' in den folgenden Sätzen?

1. In den Sechziger Jahren kam es *zu* starken Protesten gegen die Atombomben. ☐
2. *Zu* Weihnachten gibt es für die Kinder viele Geschenke. ☐
3. Wir gehen regelmäßig *zu* den Konzerten der Berliner Philharmoniker. ☐
4. Die Bücher werden in Packungen *zu* zwanzig Stück geliefert. ☐
5. Seit 1871 wurde Berlin *zu* einem Theaterzentrum. ☐
6. Die alte Geschichte von Dr. Faustus war schon *zu* Goethes Zeiten sehr bekannt. ☐
7. Kommen Sie morgen auch *zum* Konzert? ☐
8. Die Eintrittskarten für die Bayreuther Festspiele werden auf dem schwarzen Markt *zu* 500,– Mark und mehr verkauft. ☐
9. Die Werbung soll die Leute *zum* Kaufen überreden. ☐
10. Die ersten Teile *zu* seinem Stück schrieb Goethe vermutlich 1772. ☐

13. ‚Etwa' hat verschiedene Bedeutungen.

B1/2 BD

A. Ein nationales Kulturzentrum, wie *etwa* den Louvre in Paris, gibt es in der Bundesrepublik nicht.
   (etwa = zum Beispiel)
B. Die Eintrittskarten kosten *etwa* 18,– Mark.
   (etwa = ungefähr)
C. Kennen Sie *etwa* die Bayreuther Wagnerfestspiele nicht? Die sind doch weltbekannt.
   (‚Etwa' (in Fragesätzen) benutzt man, wenn man überrascht ist, daß jemand etwas nicht weiß oder kennt oder wenn er anders handelt, als man erwartet hätte.)

Lektion 12

B1/2
BD

14. ‚Tun' hat verschiedene Bedeutungen.

A. Ich finde alles aufregend, was mit Technik zu *tun* hat.
(zu tun haben mit etwas = in Verbindung stehen mit etwas)

B. Möbius *tat* so, als ob er verrückt sei (als wäre er verrückt).
Möbius *tat* verrückt.
(‚tun + Adjektiv'/,als ob + Nebensatz'/,als + Hauptsatz' = so handeln oder sein, daß andere Leute nicht merken, was man wirklich denkt oder ist)

C. Die Theatergruppe hat alles *getan*, damit die Vorstellung zu einem Erfolg wurde.
(etwas tun = etwas machen)

D. Warum bist du so komisch zu mir? Habe ich dir etwas *getan*?
(einer Pers. od. Sache etwas tun = eine Pers. od. Sache gut oder schlecht behandeln)

Welche Bedeutung hat ‚tun' in den folgenden Sätzen?

1. Ich habe den Motor meines Wagens neu eingestellt. Das hat ihm wirklich gut *getan*. ☐
2. Wir sind fertig mit der Arbeit. Es gibt nichts mehr zu *tun*. ☐
3. Sie *tat* sehr überrascht, obwohl sie alles schon wußte. ☐
4. Viele Leute kritisieren, daß das alternative, politische Theater nichts mehr mit wirklichem, echtem Theater zu *tun* hat. ☐

B1/2
BD

15. ‚Schon' hat verschiedene Bedeutungen

unbetontes ‚schon'

A. Die Eintrittskarten habe ich *schon* gestern gekauft.
(‚schon' + Zeit = früher als vielleicht erwartet)

B. Auch deutsche Filme brachten *schon* Rekordeinnahmen.
(‚schon' in der Vergangenheit = es ist geschehen, aber nicht sehr oft)

C. Die Schüler haben das Stück *schon* sehr gut gespielt, aber einige Dinge könnten sie noch besser machen.
(‚schon' + Adjektiv, oft mit ,sehr', ‚ganz' oder ‚recht' = noch nicht so, wie es sein könnte)

D. *Schon* wegen der Geschenke ist Weihnachten für Kinder das wichtigste Fest des Jahres.
(‚schon' = allein, bereits)

betontes ‚schon'

E. Das Stück wird *schon* Erfolg haben.
(‚schon' = wahrscheinlich, bestimmt, ziemlich sicher; tröstend, ermunternd)

F. Die Karten waren *schon* teuer, aber so teuer, wie du gedacht hattest, waren sie nicht.
(‚schon'... ,aber'... = die Erwartung war nur zum Teil richtig)

Welche Bedeutung hat ‚schon' in den folgenden Sätzen?

1. Deutsche Filme sind *schon* im brasilianischen Urwald aufgenommen worden.
2. Der Film war *schon* recht interessant, aber nicht so spannend, wie du mir erzählt hast.
3. Goethes Faust war *schon* im 19. Jahrhundert ein großer Erfolg.
4. Den Film ‚Fitzcarraldo' sollte man *schon* wegen Klaus Kinski ansehen, der spielt einfach toll.
5. Schade, daß ich morgen nicht mit euch ins Theater gehen kann. Aber irgendwann wird es *schon* klappen.
6. Sein erster Film war *schon* ganz gut, aber der zweite und dritte waren Meisterwerke.

16. Was können Sie auch sagen?

B1/2
BD

a) *Ich beschäftige mich viel mit Musik.*
- Ⓐ Ich bin ein guter Musiker.
- Ⓑ Ich interessiere mich sehr für Musik.
- Ⓒ Ich habe eine gute Stimme.

b) *Ich habe alles Mögliche versucht, um noch Karten für die Abendvorstellung zu bekommen, aber es war umsonst.*
- Ⓐ Ich habe die Karten für die Abendvorstellung umsonst bekommen.
- Ⓑ Obwohl ich mich sehr bemüht habe, konnte ich keine Karten mehr bekommen.
- Ⓒ Ich habe mich vergeblich bemüht, noch Karten für die Abendvorstellung zu bekommen.

c) *Der Mephisto spielt seine Rolle gut.*
- Ⓐ Die Darstellung des Mephisto ist gut gelungen.
- Ⓑ Der Mephisto spielt in dem Stück eine große Rolle.
- Ⓒ Ich finde den Mephisto sehr sympathisch.

d) *In dem Stück ,Die Physiker' spielt der Zufall eine große Rolle.*
- Ⓐ In diesem Stück ist der Zufall von wichtiger Bedeutung.
- Ⓑ Der Zufall ist der wichtigste Schauspieler in diesem Stück.
- Ⓒ Ich habe dieses Stück ganz zufällig gesehen.

17. ,Ganz' oder ,einzeln'? Ergänzen Sie.

B3
WS

a) In dem Film ,Fitzcarraldo' gibt es eine Szene, wie ein _____ Schiff über einen Berg gezogen wird.

b) In den _____ Ländern der Bundesrepublik gibt es sehr viele verschiedene Museen.

c) Goethes ,Faust' war schon ein _____ großer Erfolg, als Goethe noch lebte.

d) Die Leute waren zwar _____ nett, aber viel zu neugierig.

e) Wenn die Schüler Theater spielen, denken sie nicht mehr an die Schule, sondern sind _____ mit dem Stück beschäftigt.

f) Zuerst proben die Schüler die Szenen _____, erst später dann das _____ Stück.

g) Die Flasche ist noch _____, obwohl sie auf den Boden gefallen war.

18. Wiederholen Sie Adjektive.

B3
WS

In dieser Lektion spielt der Charakter von Personen eine wichtige Rolle. Um Personen zu beschreiben, braucht man Adjektive. Viele Adjektive ändern ihre Bedeutung je nachdem, ob sie mit bestimmten Dingen oder mit Personen stehen: ,Das Fleisch ist roh.' (roh = nicht gekocht oder gebraten); ,Dieser Mensch ist roh.' (roh = ohne Gefühl, herzlos). Wählen Sie aus den folgenden Adjektiven aus:

> praktisch   blaß   kühl   schwach   einfach   ruhig   roh   hart   bitter   offen
> sparsam   lebendig   komisch   kalt   weich   ordentlich   faul   bequem   falsch
> locker   schlecht   großzügig   sicher

a) Person: ohne Gefühl, herzlos
   Fleisch: nicht gekocht, nicht gebraten   } _____

Lektion 12

b) Person: lügt oft, man kann ihm/ihr nicht vertrauen
   Rechnung: stimmt nicht, hat einen Fehler } _____

c) Person: ohne Gefühl, ohne Mitgefühl
   Brot: alt und trocken } _____

d) Person: bewegt sich nicht viel; arbeitet nicht gern
   Sessel: man sitzt gut darin } _____

e) Person: vom Leben und den Menschen enttäuscht; ohne Freude
   Medizin: unangenehmer Geschmack } _____

f) Person: ohne Gefühl, ohne Herz
   Wetter: niedrige Temperatur; man friert } _____

g) Person: zeigt wenig Gefühl; ist nicht herzlich
   Sommer: nicht warm genug } _____

h) Person: aktiv; voller Lebenskraft
   Fisch: schwimmt; ist nicht tot } _____

i) Person: entspannt, natürlich
   Sahnekuchen: leicht, luftig, zart } _____

j) Person: sagt, was er/sie denkt; ist ehrlich, aber nicht immer höflich
   Tür: geöffnet; nicht geschlossen } _____

k) Person: spricht wenig, hört lieber zu; ist selten nervös oder aufgeregt
   Hotelzimmer: man hört keinen Lärm von der Straße } _____

l) Person: böse; kein guter Charakter
   Milch: so alt, daß man sie nicht mehr trinken kann } _____

m) Person: hat nicht viel eigenen Willen; tut meistens, was andere wollen
   Licht: nicht hell genug, zu dunkel } _____

n) Person: gibt wenig Geld aus
   Kühlschrank: braucht wenig Elektrizität; der Betrieb kostet nicht viel } _____

o) Person: sehr gefühlvoll, weiblich
   Pullover: angenehm zu tragen, nicht hart } _____

p) Person: ungesunde Gesichtsfarbe; ohne Sonnenbräune
   Bild: hat durch Alter oder Licht seine Farben oder Linien verloren } _____

q) Person: nicht sehr klug; denkt nicht viel
   Aufgabe: leicht, nicht schwierig } _____

r) Person: hat keine Lust zum Arbeiten
   Apfel: nicht mehr eßbar; hat braune Stellen } _____

s) Person: gibt gern Geld für andere aus; macht viele Geschenke
   Haus: mit großen Räumen und viel Platz; nicht eng } _____

t) Person: merkwürdig; man weiß nicht, was man von ihm/ihr denken soll
   Film: lustig, man kann darüber lachen } _____

u) Person: räumt gerne auf und putzt gerne
   Wohnung: alle Dinge sind aufgeräumt und auf ihrem Platz } _____

v) Person: kann gut mit den Händen arbeiten; kann viele Dinge selbst tun
   Waschmaschine: spart Arbeit, ist nützlich } _____

w) Person: ist nicht ängstlich; weiß, was er/sie will
   Lift: technisch gut geprüft; keine Unfallgefahr } _____

19. Was paßt zusammen?

B3
WS

a) Gegensatz   Treppen
b) Polizist (2)   Post
c) Fußgänger   Hotel
d) Bürgermeister   Taschentuch
e) Konferenz   Dorfbewohner
f) Lift   Autofahrer
g) Vergangenheit   Zusammenhang
h) Rechtsanwalt (2)   Zukunft
i) Abreise   Zeuge
j) Geldstück   Fahrprüfung
k) Gras   Wiese
l) Campingplatz   Geldschein
m) Briefträger   Besprechung
n) Führerschein (2)   Verbrecher
o) Erkältung   Rückkehr

20. Was paßt nicht?

B3
WS

a) aufheben: ein Stück Brot vom Boden   einen Baum im Garten
               ein Bild von der Wand   alte Zeitschriften
               ein Kind, das hingefallen ist
               ein Geldstück von der Straße   c) geben: eine Spätvorstellung
               einen Knopf vom Teppich   das Weihnachtsfest
                                                einen Empfang für den Bür-

b) aufheben: alle alten Rechnungen   germeister
               eine Quittung 2 Jahre lang   eine Party
               Liebesbriefe im Schrank   ein Theaterstück

Lektion 12

d) kommen: auf eine gute Idee
auf ein interessantes Thema
auf einen neuen Gedanken
auf eine wichtige Frage
auf ein Theaterstück
auf ein Problem
auf eine einfache Lösung

e) beschließen: die Änderung eines Termins
einen Wohnungswechsel
eine Wohnung
eine wichtige Sache ge-
meinsam
eine Verbesserung der Sozial-
politik.

**B3
BD**

21. Was können Sie auch sagen?

a) *Ich habe mich schon immer für Technik
interessiert.*
  Ⓐ Ich habe mich schon oft für Technik
interessiert.
  Ⓑ Ich habe schon seit langer Zeit Interesse für Technik.
  Ⓒ Technik regt mich immer auf.

b) *Ich beschäftige mich in meiner Freizeit
viel mit Elektrotechnik.*
  Ⓐ Über Elektrotechnik habe ich viel
gelesen.
  Ⓑ Elektrotechnik finde ich sehr interessant.
  Ⓒ Elektrotechnik ist mein Hobby.

c) *Worum geht es denn in dem Film?*
  Ⓐ Wovon handelt der Film denn?
  Ⓑ Was ist denn so interessant an dem Film?
  Ⓒ Was macht den Film denn so spannend?

d) *Den Film mußt du dir unbedingt
ansehen.*
  Ⓐ Den Film mußt du jetzt sofort ansehen.
  Ⓑ Den Film mußt du ganz genau
ansehen.
  Ⓒ Den Film mußt du auf jeden Fall
ansehen.

e) *Was ist an dem Film so interessant?*
  Ⓐ Wovon handelt der Film?
  Ⓑ Was ist das ganz Besondere an dem
Film?
  Ⓒ Wo spielt der Film?

f) *Wie fandest du den Film denn?*
  Ⓐ Wie war der Film denn?
  Ⓑ Was passierte denn in dem Film?
  Ⓒ Was interessierte dich an dem Film?

**B3
BD**

22. ‚So' hat verschiedene Bedeutungen.

A. ○ Den Film ‚Fitzcarraldo' mußt du dir unbedingt ansehen.
  □ *So?* Worum geht es denn darin?
  (so? = ‚Das ist neu für mich.' oder ‚Das überrascht mich.')

B. Einer der Kritiker beurteilte die Physiker *so:* „Ein Versuch, eine Komödie für ein paar
Jahre."
  (so = in der Art, in dieser Form)

C. Ein *so* gutes Stück wie dieses habe ich lange nicht gesehen.
Der Film ist *so* aufregend, daß ich ihn noch einmal sehen möchte.
  *(‚so + Adjektiv' = in diesem Maß (steht häufig in Vergleichskonstruktion wie ‚so +
Adjektiv + wie + (Artikel) + Nomen (Pronomen)' / ‚daß + Nebensatz' / ‚als ob (wenn) +
Nebensatz' / ‚wie + Nebensatz'))*

D. *So,* für heute haben wir genug gearbeitet. Morgen machen wir weiter.
„*So,* nun weißt du, wie Weihnachten bei uns aussieht."
  (so = ‚Jetzt ist es genug.', etwas ist fertig oder ausreichend)

176

Welche Bedeutung hat ‚so' in den folgenden Sätzen?

1. Was war *so*, wie die Schüler es vor der Reise in die DDR erwartet hatten? ☐
2. „Themen 3" ist *so* entstanden: Zuerst wurden die Texte gesammelt, dann ... ☐
3. Horst hat eine bessere Stelle gefunden. – *So?* Was denn für eine? ☐
4. Der Weihnachtsmann steigt, *so* wird den Kindern erzählt, aus dem Himmel herunter zur Erde und bringt Geschenke. ☐
5. Ein Betrieb muß *so* billig wie möglich und *so* gut wie möglich produzieren. ☐
6. *So*, wir sollten das Fernsehen ausmachen und ins Bett gehen. ☐

23. ‚bringen' hat verschiedene Bedeutungen.

B3
BD

A. *Bringen* Sie mir bitte einen Kaffee. (in einem Café)
   (etwas bringen = etwas von einem Ort zu einer Person transportieren)
B. Ich *bringe* dich zum Theater und hole dich auch wieder ab.
   (eine Person bringen = eine Person von einem Ort zu einem anderen Ort transportieren.)
C. Die kleinen Studiotheater *bringen* meistens politische Stücke.
   (einen Film, ein Theaterstück, eine Ballettvorstellung, eine Sendung, ein Konzert bringen = spielen, zeigen, senden)
D. In der Wohnung muß die Dusche in Ordnung *gebracht* werden.
   (bringen = dafür sorgen, daß eine Person oder Sache in einem bestimmten Zustand ist)
   ‚Bringen' *mit dieser Bedeutung steht mit ganz bestimmten Nomen. Zum Beispiel:*
   (ein Problem) in die Diskussion bringen (auch: zur Sprache bringen; (ein altes Thema) in Erinnerung bringen; (eine Person) in Gefahr bringen; (eine neue Ware) in den Handel bringen; (ein geheimes Papier) an die Öffentlichkeit bringen; (ein schreiendes Baby) zur Ruhe bringen; (eine Person) in Schwierigkeiten bringen; (eine Person oder Sache vor einer Gefahr) in Sicherheit bringen und andere.

Welche Bedeutung hat ‚bringen' in den folgenden Sätzen?

1. Schau mal die vielen Äpfel. Die hat uns die Nachbarin *gebracht*. ☐
2. Von 6.00 bis 7.00 Uhr *bringt* das Radio Volkslieder. ☐
3. Ich *bringe* sie gern mit dem Auto zum Bahnhof. ☐
4. Nach einer Stunde hatte die Feuerwehr die Gefahr unter Kontrolle *gebracht*. ☐
5. Um wieviel Uhr *bringt* das Erste Programm Nachrichten? ☐
6. Wer hat dich gestern abend nach Hause *gebracht*? ☐
7. Die Zeitung wird uns jeden Tag mit der Post *gebracht*. ☐
8. Faust hat Gretchen in eine schlimme Lage *gebracht*. ☐

24. Schreiben Sie eine Zusammenfassung.

B3
SA

Lesen Sie den ersten Abschnitt des kleinen Textes aus dem Theaterstück „Die Physiker" von Friedrich Dürrenmatt, der im C-Teil dieser Lektion abgedruckt ist (Kursbuch S. 94). Schreiben Sie dann einen ganz kurzen „Lebenslauf" von Möbius, dessen voller Name Johann Wilhelm Möbius ist. Dies könnte etwa die Form eines Lexikonbeitrags haben. Der Beitrag könnte etwa die folgende Gliederung aufweisen: Herkunft, Familie – Möglichkeiten – Entschluß, Begründung – Folgen.

161 abmachen	158 klopfen	161 vorhin
154 abnehmen	160 krank	161 vorig
155 r Abschnitt, -e	156 kurz	158 vorkommen
156 abstimmen	158 lächeln	157 e Wahl, -en
159 e Ampel, -n	157 landen	161 wählen
157 ändern	157 liberal	159 wesentlich
161 anzeigen	159 e Meinung, -en	161 weshalb
155 atmen	158 melden	161 widersprechen
160 aufstehen	156 s Mittel, -	161 wieso
161 aufwachen	154 s Moped, -s	
160 augenblicklich	158 e Mühe	
161 ausmachen	161 neulich	
160 begegnen	157 e Opposition	
156 beraten	160 e Postanwei-	
157 beschädigen	sung, -en	
161 besetzt	155 rasieren	
158 e Bewegung,-en	158 e Reaktion, -en	
154 e Beziehung,-en	156 e Reform, -en	
154 blaß	155 r Regenmantel, ⸚	
155 blühen	160 e Rückfahrt, -en	
161 bluten	154 rückwärts	
154 drinnen	159 sagen	
160 durcheinander	158 schlagen	
158 e Erinnerung,	158 r Schluß	
-en	155 schwitzen	
156 fällig	155 sitzen	
154 r Fernsehappa-	161 e Sitzung, -en	
rat, -e	157 r Start, -s	
160 r Gang, ⸚e	158 stehen	
157 gegenüber	156 stimmen	
158 gestrig	157 r Sturm, ⸚e	
155 glatt	161 e Tageszeit, -en	
160 glücklicher-	159 tief	
weise	158 treten	
154 r Grund	155 trocknen	
160 grüßen	159 überfahren	
160 e Hinfahrt, -en	161 s Urteil, -e	
160 hören	158 verabschieden	
156 e Illustrierte, -n	159 verlieren	
158 s Instrument, -e	158 vernünftig	
161 e Kabine, -n	160 verwechseln	
158 r Kasten, ⸚	161 vorgestern	
155 r Kleiderbügel, -	159 vorhaben	

Lektion 13

1. Was paßt wo? Ergänzen Sie.

> rasieren – schwitzen – abnehmen$_1$ – ändern – beschädigen – sitzen$_1$ – abnehmen$_2$ –
> stimmen – blühen – trocknen – atmen – landen – abnehmen$_3$ – sitzen$_2$

a) Nach 1949 _____ die Zahl der Arbeitslosen schnell _____.

b) Nachdem es _____ worden war, _____ die SPD für das Gesetz.

c) In Hemden aus Nylon kann die Haut nicht _____, deshalb _____ man in solchen Hemden sehr leicht.

d) Durch den Sturm wurden sehr viele Häuser _____.

e) Auf dem Mond wachsen und _____ keine Pflanzen.

f) Am 21. Juli 1969 _____ die ersten Menschen auf dem Mond.

g) Kurt _____ sich nicht mehr, weil er gerne einen Bart haben möchte.

h) Die Hose paßt ihr sehr gut. Sie _____ ausgezeichnet.

i) Du kannst die Sonnenbrille _____. Die Sonne scheint doch nicht mehr.

j) Kleidung aus Kunststoffen muß man nur waschen und _____, aber nicht bügeln.

k) Auf den neuen Stühlen _____ man recht bequem.

l) Meine Hosen sind mir zu eng. Ich muß unbedingt zwei Kilo _____.

2. Was paßt wo? Ergänzen Sie.

> über ein Gesetz – eine Partei – einen Plan – gegen einen Plan – die Regierung
> einen Politiker – gegen ein politisches Programm – eine Reform – über die Regierung
> die Opposition – gegen die Regierung – ein politisches Programm – ein Gesetz
> über eine Reform

a) abstimmen: *über ein Gesetz,* _____

b) beraten: _____

c) diskutieren: _____

d) kritisieren: _____

e) stimmen: _____

f) ablehnen: _____

g) sich streiten: _____

h) beschließen: _____

3. Was paßt wo? Ergänzen Sie.

> zurück   gegenüber   blaß   neulich   glatt   drinnen   fällig   kurz

a) das Gegenteil von einer kräftigen Farbe: eine _____ Farbe

b) in einem Raum sitzen: _____ sitzen

c) eine Rechnung, die unbedingt jetzt bezahlt werden muß: eine _____ Rechnung

d) im Vergleich mit der alten Regierung: _____ der alten Regierung

e) eine Fläche, auf der man nicht einmal Staub fühlen kann: eine _____ Fläche

f) mit wenigen Worten: _____ gesagt

g) über die Schulter nach hinten schauen: _____ schauen

h) vor kurzer Zeit: _____

4. Was ist das? Ergänzen Sie auch die Artikel.

> Start – Mittel – Abschnitt – Sturm – Moped – Fernsehapparat – Wahl – Opposition –
> $Grund_1$ und Boden – Illustrierte – Reform – Kleiderbügel – Regenmantel – $Grund_2$

a) ein Teil eines Textes: _____

b) das Gerät, in dem man zu Hause Filme ansehen kann: _____

c) das Land, das einer Person gehört: _____

d) es wird gedruckt und erscheint regelmäßig: _____

e) der Gegenstand, auf den man z . B. einen Mantel oder eine Jacke hängen kann: _____

f) das Werkzeug oder das Verfahren, mit dem man bestimmte Ziele erreichen kann:

_____

g) es hat zwei Räder und einen Motor: _____

h) die Parteien in einem Parlament, die gegen die Regierung sind: _____

i) eine Verbesserung von Gesetzen, Regeln oder Institutionen: _____

j) ein Kleidungsstück für feuchtes Wetter: _____

k) der Anfang einer Entwicklung oder der Beginn eines Wettkampfs im Sport: _____

l) ein sehr starker Wind: _____

n) eine sehr wichtige Entscheidung in einer Demokratie: _____

o) die Ursache für etwas: _____

5. Was paßt wo? Ordnen Sie.

> mit dem Arzt einen neuen Termin – kräftig an eine Tür – aus einer Wunde – am Bein –
> einem interessanten Menschen – einen Verbrecher – die falsche Telefonnummer –
> am Kopf – zufällig einer alten Freundin – einen betrunkenen Autofahrer –
> bei seinem Zimmernachbarn – mit der Freundin ein gemeinsames Wochenende –
> die Nummer von seinen Eltern – einem bekannten Musiker – jemanden bei der Polizei –
> in der Gruppe ein Diskussionsthema – leise an ein Fenster – die Notrufnummer

a) einen Verbrecher 〉 anzeigen

b) 〉 wählen

c) 〉 bluten

d) 〉 klopfen

Lektion 13

e) _____ > begegnen

f) _____ > ausmachen/abmachen
verabreden

B1
WS

6. Was paßt wo?

| beraten | sich verabschieden | lächeln | überfahren$_1$ | widersprechen |
| überfahren$_2$ | treten | etwas vorhaben | aufwachen | grüßen |

a) aufhören zu schlafen: _____
b) ein Gespräch führen, um zu einer Lösung zu kommen: _____
c) zu jemandem ‚Guten Tag' sagen: _____
d) eine Mundbewegung machen, die allgemein als freundliches Zeichen gilt: _____
e) ‚Auf Wiedersehen' sagen: _____
f) etwas planen; etwas machen wollen: _____
g) sagen, daß man anderer Meinung ist: _____
h) einen Menschen oder ein Tier mit dem Auto schwer verletzen oder töten: _____
i) weiterfahren, wo man eigentlich halten müßte; z. B. ein Stopschild _____
j) eine Bewegung mit dem Fuß machen: _____

B1
WS

7. Was paßt wo? ‚Sagen', ‚sprechen', ‚reden' und ‚erzählen' haben eine sehr ähnliche Bedeutung. Ergänzen Sie diese Verben in den folgenden Sätzen.

a) Er hat nicht _____, wann er kommt.
b) Gestern hat mir meine Großmutter lange von ihrer Kindheit _____.
c) Ich möchte gern mit ihm _____.
d) Dein Bruder hat mir _____, daß du ein Motorrad kaufen willst. Stimmt das?
e) Halt den Mund! Du hast mir gar nichts zu _____! Ich mache, was ich will.
f) Meine Freundin _____ mehrere Fremdsprachen.
g) Das hätten Sie aber auch freundlicher _____ können!
h) Guten Tag, ich bin Vertreter der Firma Bäkol. Könnte ich bitte den Verkaufsleiter _____?
i) Unser Bürgermeister _____ am Sonntag auf dem Marktplatz.
j) Bitte _____ Sie die Geschichte noch einmal; meine Kollegen möchten sie auch gerne hören.
k) Sie sind mit meiner Arbeit unzufrieden? Was wollen Sie damit _____?

B1
WS

8. ‚Zurück + Verb' und ‚weg + Verb'. Ergänzen Sie.

a) Die Einbrecher hatten alle wertvollen Sachen gestohlen. Auch das Bargeld im Küchenschrank _war_ _weg_ _(sein)._
b) Die Katze hatte sich erschrocken und war _____ _(laufen)._

182

c) An das Gespräch mit Mick _____ Gabriele gerne _____ *(denken)*.

d) Den Kredit muß Marlene bis Ende nächsten Jahres _____ *(zahlen)*.

e) Wir wohnen schon lange nicht mehr in Kiel. Vor zehn Jahren sind wir von dort _____ _____ *(ziehen)*.

f) Kannst du mir die Stones-Platten leihen? Ich _____ sie dir bestimmt nächste Woche _____ *(geben)*.

g) Gabriele war so in Mick verliebt, daß sie Tage brauchte, um auf den Boden der Wirklichkeit _____ *(kommen)*.

h) Obwohl die Leute auf der Straße merkten, daß die Frau verletzt war, haben sie ihr nicht geholfen. Sie haben einfach _____ *(sehen)* und sind weitergegangen.

9. Ergänzen Sie.

B2/3 WS

verlieren	vergessen	verwechseln	mißverstehen	verpassen

a) Ich bin um 14.00 Uhr am Bahnhofskiosk. Wenn wir uns _____, kannst du mich ab 15.00 Uhr im Büro erreichen.

b) Meine beiden Töchter sehen sich sehr ähnlich. Wer sie nicht gut kennt, kann sie leicht _____.

c) Wenn ich mich nicht beeile, _____ ich den Zug.

d) Mein Kollege ist schon wieder betrunken Auto gefahren. Jetzt hat er seinen Führerschein endgültig _____.

e) Du hast recht, die Post ist ja heute geschlossen. Ich hatte ganz _____, daß heute Sonntag ist.

f) Laß uns lieber im Supermarkt einkaufen. In den kleinen Läden _____ man so viel Zeit.

g) Sie haben mich _____. Ich wollte nicht zwei Kilo Äpfel, sondern nur zwei Stück.

h) Bei dem schweren Unfall auf der Autobahn haben acht Menschen ihr Leben _____.

i) Gleich gibt es ein Gewitter, und ich habe meinen Regenschirm zu Hause _____!

j) Der Zeuge will den jungen Mann bei einem Verbrechen beobachtet haben, aber ich glaube, daß er ihn _____.

k) Ich bin ganz sicher, daß mein Bruder mir versprochen hatte, mir am Wochenende sein Auto zu geben. Aber er behauptet jetzt, ich hätte ihn _____!

10. Ergänzen Sie. Die folgenden Verben unterscheiden sich nur wenig in der Bedeutung. Oft können Sie in einem Satz zwei oder drei ergänzen.

B2/3 WS

aufstehen	offenstehen	geöffnet sein	offen sein

a) Warum _____ mein Paket denn schon _____? Ich wollte es doch selbst aufmachen!

b) Solange die Wunde am Bein noch _____ _____, kann ich nicht baden.

c) Schau mal, die Tür vom Kühlschrank _____ _____! Wer hat denn das wieder gemacht?

d) _____ die Hauptpost auch sonntags _____?

Lektion 13

e) Wieviel Tage _____ der Wein schon _____? Er schmeckt nicht mehr besonders gut.

f) Im neuen Rathaus gibt es einen Lift ohne Tür; er _____ vorne _____.

g) Die Ausstellung _____ jeden Tag von 10–18 Uhr _____.

h) Im Gegensatz zu einem Pullover _____ eine Jacke vorne _____.

i) Die Bauarbeiter haben vor unserem Haus ein großes Loch in die Erde gemacht. Das _____ jetzt schon seit drei Tagen _____.

j) Die Tür vom Notausgang wird auch nachts nicht abgeschlossen; sie muß immer _____ _____.

k) Meine Nachbarin ist sehr vergeßlich. Oft läßt sie sogar die Wohnungstür _____, wenn sie zum Einkaufen geht.

B2/3 WS

11. Was paßt wo? Ergänzen Sie die Nomen.

> Sitzung – Hinfahrt – Kasten – Rückfahrt – Instrument – Gang – Ampel – Reaktion – Kabine – Urteil – Erinnerung – Mühe

a) Ist ein Mittel zur Regelung des Straßenverkehrs und zeigt die Farben rot, gelb und grün: _____

b) Was man früher einmal erlebt hat und immer noch weiß, nennt man die _____.

c) In großen Häusern heißt so der Raum vor den Wohnungs- oder Zimmertüren: _____

d) So nennt man einen Gegenstand, mit dem man Musik machen kann: _____

e) Ein anderes Wort für das Häuschen, in dem sich öffentliche Telefone befinden: _____

f) Eckiger Gegenstand, der unterschiedlich groß und aus unterschiedlichem Material sein kann. Er dient z. B. zum Sammeln oder Tragen von Dingen; speziell gibt es ihn für Briefe und Getränkeflaschen: _____

g) Was man nicht gern tut und was Zeit und Kraft kostet, das macht _____.

h) Wenn man ein Auto, Fahrrad, Bus oder Bahn benutzt, heißen die Wege zum Zielort und wieder nach Hause _____ und _____.

i) Zeigen Mensch oder Tier als ‚Antwort‘ auf ein bestimmtes Ereignis (Gefahr, Überraschung): _____

j) Wenn sich z. B. Betriebsräte oder Mitglieder eines Vereins treffen, um miteinander über bestimmte Fragen zu sprechen, nennt man das eine _____.

k) Am Ende eines Strafprozesses spricht der Richter das _____.

B2/3 GR

12. ‚Verbstamm + bar‘.

Ein Sofa aus Kunstleder ist sehr praktisch, denn es ist *abwaschbar*.
(= *man kann es abwaschen*)

abwaschen + bar → abwaschbar

> herstellen – merken – sagen – heizen – bezahlen – aussprechen – erkennen – benutzen   + bar

Ergänzen Sie.

a) Was Mick mir erzählte, wußte ich natürlich alles schon längst, aber trotzdem machte es mich
_____ glücklich.

b) Das Foto ist nicht sehr gut, aber mein Bruder ist deutlich _____.

c) Dieses Wort ist ziemlich schwierig. Es ist kaum _____.

d) Die wirtschaftliche Situation in der Bundesrepublik wurde in den sechziger Jahren immer
besser. Jetzt waren sogar Autos für fast alle Familien _____.

e) Die Waschmaschine ist kaputt. Sie ist nicht _____.

f) Sie spricht ausgezeichnet Deutsch. Es ist kaum _____, daß sie Ausländerin ist.

g) Diesen Schrank können Sie selbst machen. Er ist leicht _____.

h) In diesem Zimmer gibt es keinen Ofen. Es ist nicht _____.

13. Präsens, Perfekt, Präteritum oder Plusquamperfekt?

B2/3
GR

Lesen Sie im Kursbuch die Erklärungen in Punkt 3 der Grammatikübersicht zu dieser
Lektion. Vergleichen Sie diese Erklärungen dann mit dem Gebrauch der Zeitformen im Text
„Ich habe Mick gesehen" (Lernschritt B 2).
Ergänzen Sie anschließend die richtigen Zeitformen im folgenden Text. (Wir haben in
diesem Text immer zwei Lücken gemacht, auch da, wo nur eine einfache Verbform benützt
wird. Manche Lücken werden also leer bleiben!)

Nachdem ich aus der Schule *(kommen)* ① _____ __ _____. *(haben)* ② _____
ich am Bahnhof noch etwas Zeit _____. Ich *(gehen)* ③ _____ durch einen
Wartesaal in einen anderen Raum _____, in dem ich gewöhnlich auf den Zug *(warten)*
④ _____ _____. In einem Kasten an der Wand *(hängen)* ⑤ _____ Zeitungen _____. Ich *(lesen)* ⑥ _____ den Bericht über das gestrige Konzert von den
Stones _____. So *(stehen)* ⑦ _____ ich ein paar Minuten vor dem Kasten
_____, dann *(umdrehen)* ⑧ _____ ich mich _____ und *(zusammensto-
ßen)* ⑨ _____ mit einem Jungen _____, der wohl schon länger hinter mir *(stehen)* ⑩ _____ _____. Dann *(unterdrücken)* ⑪ _____ ich mit Mühe einen
Schrei _____. Trotz seiner riesigen Sonnenbrille und seinem Kragen, den er bis zu den
Ohren *(hochziehen)* ⑫ _____ _____, *(erkennen)* ⑬ _____ ich Mick
_____. Meine Reaktion *(sein)* ⑭ _____ blitzschnell _____. „Wenn ich jetzt
ganz vernünftig ‚Hallo Mick' sage, kann ich vielleicht fünf Minuten mit ihm reden", *(denken)*
⑮ _____ ich mir _____. Der Gedanke *(sein)* ⑯ _____ ungeheuerlich
_____, denn ich *(denken)* ⑰ _____ vorher nie daran _____, Mick persön-
lich kennenzulernen. Ich *(wissen)* ⑱ _____ auch heute nicht mehr _____,
warum ich so vernünftig *(reagieren)* ⑲ _____ _____. Mein Herz *(klopfen)*
⑳ _____ bis zum Hals _____. Einen solch tollen Jungen *(sehen)* ㉑ _____
ich vorher noch nie _____. „Hallo Mick, how do you do?", *(sagen)* ㉒ _____ ich
leise _____. Er *(beobachten)* ㉓ _____ mich bestimmt schon vorher _____,
denn er *(lachen)* ㉔ _____ so verständnisvoll _____ wie über ein kleines Schul-
mädchen. Noch heute *(bekommen)* ㉕ _____ ich feuchte Hände _____, wenn
ich daran *(denke)* ㉖ _____ _____, wie ich es *(schaffen)* ㉗ _____
_____, mit Mick zu sprechen.

Lektion 13

B2/3
GR

14. Ergänzen Sie die richtigen Endungen der Adjektive.

a) 1955 ist die größt_____① Not der Nachkriegszeit vorbei.

b) Automatisch_____① Waschmaschine, elektrisch_____② Kühlschrank, einfach_____③ Moped, neu_____④ Fernsehapparat, gemütlich_____⑤ Reihenhaus auf eigen_____⑥ Grund und Boden sind die Beweise für neu_____⑦ Wohlstand.

c) In den Wohnungen sind modern_____① Formen bei den Möbeln und blass_____② Farben auf Tapeten und Vorhängen gefragt.

d) Die neu_____① Kunststoffe mit ihren künstlich_____② Namen werden immer beliebter.

e) Das abwaschbar_____① Sofa mit Kunstleder, die abwaschbar_____② Tischdecke aus Nylon, die abwaschbar_____③ Vorhänge aus Acella und den abwaschbar_____④ Regenmantel aus Perlon hält man für Zeichen des Fortschritts.

f) Die wirtschaftlich_____① Entwicklung der Bundesrepublik erlebt 1960 einen zweit_____② Höhepunkt. Die erst_____③ Wirtschaftskrise folgt sechs Jahre später und führt zum Sturz der konservativ_____④ Regierung.

g) Ab 1960 wächst die Wirtschaft immer schneller, und wegen der vielen Toten des Weltkrieges gibt es nicht genug deutsch_____① Arbeiter. Deshalb werden ausländisch_____② Arbeiter in die Bundesrepublik geholt.

B2/3
BD

15. Gerade in dem Moment...

Wenn Sie ausdrücken wollen, daß Sie genau in dem Moment etwas tun (oder daß genau in dem Moment etwas passiert), während eine andere Handlung beginnt (oder etwas anderes passiert), dann können Sie dafür die folgenden sprachlichen Mittel verwenden:

Ich bin (war) *gerade dabei* zu	telefonieren, ...,	da genau in dem in dem plötzlich	Augenblick Moment	klopfte jemand an die Tür.
Ich	telefonier(t)e *gerade*, ...	als jemand an die Tür klopfte.		

Ich bin (war) *gerade*	am Telefonieren, ..., beim Telefonieren, ...,

Beispiele:
○ Kannst du mir bitte mal helfen?
□ Nein, jetzt geht es nicht. Ich bin *gerade* beim Abwaschen.

Ich war *gerade* dabei, mein Auto aus der Garage zu fahren, als der Unfall passierte.

Entscheiden Sie, ob Sie in den folgenden Sätzen einen Ausdruck mit ‚gerade' verwenden müssen oder nicht.

a) ○ Hast du jetzt Zeit?
   □ Nur zehn Minuten, da ich *(nachher ins Kino gehen)* _____.

b) Ich *(aus dem Fenster schauen)* _____, als ich den Angeklagten über die Straße gehen sah.

c) ○ Kannst du Simon nicht erreichen?

  □ Nein, sein Apparat ist besetzt, er *(telefonieren)* _____.

d) Als die Notstandsgesetze beraten wurden, *(Zehntausende demonstrieren dagegen)*

_____.

16. Zeitpunkte in der Vergangenheit.

B2/3
BD

Um Zeitpunkte in der Vergangenheit auszudrücken, gibt es im Deutschen verschiedene sprachliche Mittel. Sie kennen schon fast alle. Damit Sie diese wiederholen können, haben wir sie in der folgenden Tabelle geordnet:

sehr junge Vergangenheit	ungenaue Zeitpunkte: vor kurzem, vorhin

	genauere Zeitpunkte:
	
	eben gerade, vorgestern, gestern
	
	vor ⎧ etwa ⎫ drei │ Tagen gestern │ abend heute morgen
	     ⎪ ungefähr ⎪ fünf │ Stunden vorgestern │ früh
	     ⎨ kaum ⎬ ... │ Minuten │ nacht
	     ⎪ rund ⎪ │ Sekunden │ nachmittag
	     ⎩ genau ⎭ │ │ mittag
	   am gestrigen Abend/Morgen/Nachmittag in der gestrigen Nacht

junge Vergangenheit	ungenaue Zeitpunkte: in den letzten │ Monaten vor │ ein paar │ Wochen neulich │ Wochen │ einigen │ Monaten

	genauere Zeitpunkte:
	
	⎧ etwa ⎫ (am) │ Ende (des) │ letzten │ Monats │ vorige │ Woche
	⎨ ungefähr ⎬ │ Anfang │ vorigen │ │ letzte │
	⎩ genau ⎭ – │ Mitte der │ letzten │ Woche │ vorigen │ Monat
	                             │ vorigen │ │ letzen │
	
	(am) │ Dienstag │ letzter │ Woche vor ⎧ etwa ⎫ acht │ Wochen
	      │ Mittwoch │ voriger │ ⎪ ungefähr ⎪ zwei │ Monaten
	      │ ... ⎨ kaum ⎬ ... │
	                                           ⎪ rund ⎪
	(im) │ letzten │ Monat ⎩ genau ⎭
	     │ vorigen │
	in der │ letzten │ Woche
	       │ vorigen │

Lektion 13

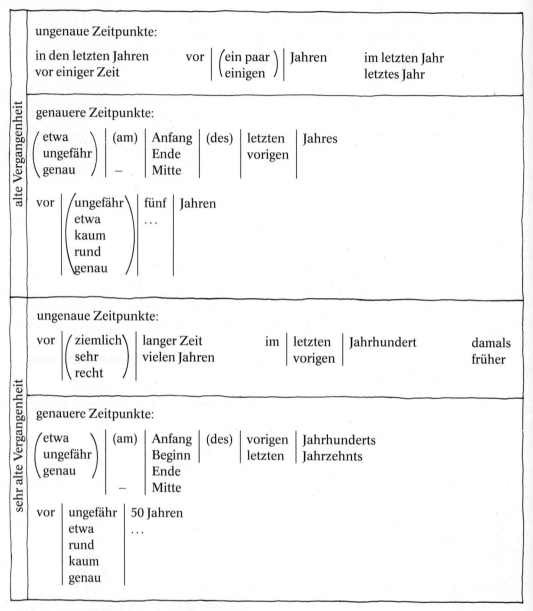

,( )' bedeutet ,muß nicht verwendet werden'.

17. ,Vor', ,aus' und ,wegen'.

A. *Vor* lauter Rücksicht auf die Nachbarn hört sie nie Schallplatten.
  Mein Wagen ist so alt, daß er bei Regen *vor* (lauter) Nässe immer stehenbleibt.
B. *Aus* (lauter) Rücksicht auf die Nachbarn hört sie nie Schallplatten.
  Aus (lauter) Begeisterung für Mick hörte Gabriela nach dem Konzert alle Stonesplatten.

C. *Wegen* (der) Nässe bleibt mein alter Wagen immer stehen.
Wegen des (dem) schlechten Wegs (Weg) mußten wir sehr langsam fahren.
Wegen ihrer Begeisterung für Mick hörte Gabriela nach dem Konzert der ‚Rolling Stones'
alle Stonesplatten.

*Nach ‚aus', ‚vor' oder ‚wegen' stehen die Gründe für ein Geschehen oder eine Handlung.
‚Aus' verwendet man bei Gründen für die Handlung einer Person (z. B. Gefühle, Gedanken). ‚Wegen' gebraucht man vor allem bei Gründen für ein Geschehen, aber auch für
Handlungen. ‚Vor' verwendet man wie ‚wegen', jedoch muß der Grund für das Geschehen
oder die Handlung stärker als normal sein. Nach ‚vor' steht oft das Wort ‚lauter', das die
Stärke des Grundes hervorhebt. Auch nach ‚aus' steht manchmal ‚lauter'. Nach ‚wegen'
steht meistens ein Artikel (Dativ oder Genitiv). Nach ‚vor' und ‚aus' steht keiner.*

Ergänzen Sie ‚vor', ‚aus' oder ‚wegen' und, wenn notwendig, den Artikel. Manchmal passen
sowohl ‚wegen' als auch ‚vor' oder ‚aus'.

1. Wir hatten _____ _____ Lachen Tränen in den Augen.
2. _____ _____ Nebel_____ konnten wir nichts mehr sehen.
3. _____ _____ schlechten Englischkenntnisse konnte sich Gabriela nicht richtig
   mit Mick unterhalten.
4. _____ _____ Angst vor der Prüfung hat sie ihre Anmeldung wieder zurückgenommen.
5. _____ _____ Aufregung über den Ärger mit ihrem Auto hat Johanna ihren
   Termin beim Arzt vergessen.

‚Aus' steht besonders häufig vor Nomen mit präpositionalem Attribut wie z. B.: aus Angst
vor, Aufregung über, Freude über, Freundschaft zu, Interesse an, Lust an, Schmerz über,
Sorge um, Verantwortung für.

18. ‚Stehen' hat verschiedene Bedeutungen.

B2/3
BD

A. stehen = nicht sitzen
B. stehen = sich an einem Ort befinden
C. stehen = gut aussehen (Kleidung, die eine Person trägt)
D. stehen = geschrieben/gedruckt

Welche Bedeutung hat ‚stehen' in den folgenden Sätzen?
1. Der Rock *steht* dir ausgezeichnet. Wo hast du den gekauft? □
2. Herr Faltermeier entscheidet, wie die Texte und Bilder auf der Seite *stehen*. □
3. Jochen *steht* jeden Tag acht bis zehn Stunden an der Maschine und bohrt Löcher in
   Metallteile. □
4. In der Zeitung *steht*, daß Mick Jagger geheiratet hat. □
5. Auf dem Foto sieht man Willy Brandt und John F. Kennedy. Sie *stehen* nebeneinander. □
6. Auf dem Plakat *steht*: „Streikt gegen die Notstandsgesetze!" □
7. Das Auto *steht* in der Straße rechts um die Ecke. □
8. Die neue Mode *steht* dir recht gut. □

Lektion 13

B2/3
BD

19. ‚Lassen' hat verschiedene Bedeutungen.

A. Ich *lasse* das Auto in der Garage und gehe zu Fuß.
(lassen = bestimmen, daß eine Person oder Sache an einem Ort zurückbleibt)

B. Mick, kannst du es nicht *lassen*, mit kleinen Mädchen zu flirten?
Lassen Sie das bitte! Wenn Sie immer an die Tür klopfen, kann ich nicht telefonieren.
(lassen = aufhören, etwas zu tun)

C. Holger hat sich vom Arzt krankschreiben *lassen*.
Wir haben die Hotelzimmer buchen *lassen*.
(lassen = einer Person oder einer Institution den Auftrag geben oder sie bitten, etwas für einen zu tun)

D. Meine Eltern hätten mich nicht zum Konzert der ‚Stones' gehen *lassen*.
(lassen = erlauben; gegen etwas nichts tun, obwohl es z. B. verboten ist)

E. Untersuchungen *lassen* vermuten, daß die meisten Deutschen mit ihrem Leben zufrieden sind.
Karten für das Stones-Konzert *ließen* sich auf dem Schwarzmarkt teuer verkaufen.
(lassen = möglich sein)

F. Micks Auftritt ließ den Saal überkochen.
(lassen = der Grund oder die Ursache sein für etwas)

Welche Bedeutung hat ‚lassen' in den folgenden Sätzen?

1. Dieses Problem *läßt* sich schwer lösen. ☐
2. Ich hörte jemand von außen an die Kabinentür klopfen, aber ich *ließ* mich dadurch überhaupt nicht stören. ☐
3. Sie hat sich vom Arzt starke Schmerztabletten verschreiben *lassen*. ☐
4. Die Sturmflut *ließ* 4000 Stück Vieh ertrinken. ☐
5. Dieser Text *läßt* sich recht leicht übersetzen. ☐
6. Sie kann es nicht *lassen*, mich zu stören. ☐
7. Die Polizei *ließ* ihn nach der Kontrolle nicht weiterfahren, weil er zuviel Alkohol getrunken hatte. ☐
8. Ich habe meine Koffer in einem Gepäckfach im Hauptbahnhof *gelassen*. ☐
9. Bernd ist ein guter Handwerker, aber sein Auto *läßt* er reparieren. ☐
10. *Laß* doch das Rauchen. Es ist ungesund. ☐

B2/3
BD

20. ‚Leicht' hat verschiedene Bedeutungen.

A. leicht = einfach, nicht schwierig, ohne Probleme/Schwierigkeiten
B. leicht = nicht schwer (an Gewicht)
C. leicht = etwas, ein bißchen

Welche Bedeutung hat ‚leicht' in den folgenden Sätzen?

1. Die Aufgaben in der Prüfung waren recht *leicht*. ☐
2. Ab 1966 stieg die Zahl der Arbeitslosen *leicht* an. ☐
3. Bei dem Unfall wurde nur der Fahrer *leicht* verletzt. ☐
4. Früher waren Computer sehr groß, heute sind sie klein und *leicht*. ☐

21. Was können Sie auch sagen?

B2/3
BD

a) *Ich glaube, er nimmt die Prüfung zu leicht.*

  Ⓐ Ich glaube, die Prüfung wird für ihn sehr leicht sein.

  Ⓑ Ich glaube, ihm ist nicht ganz klar, wie schwer die Prüfung sein wird.

  Ⓒ Ich glaube, er bereitet sich nicht genügend auf die Prüfung vor.

b) *Glaubst du Gabrieles Geschichte über Mick? Die nimmt uns doch auf den Arm.*

  Ⓐ ... Sie hat die ganze Sache bestimmt erfunden.

  Ⓑ ... Was für ein phantastisches Erlebnis.

  Ⓒ ... Das stimmt doch alles nicht.

c) *Sachliche Kritik versteht er nicht; er nimmt alles gleich persönlich.*

  Ⓐ ...; er ist immer gleich beleidigt.

  Ⓑ ...; er ist eine Persönlichkeit.

  Ⓒ ...; man muß es ihm persönlich erklären.

d) *Kannst du die Sache bitte in die Hand nehmen?*

  Ⓐ Kannst du diesen Gegenstand mal kurz halten?

  Ⓑ Kannst du das bitte mit der Hand machen?

  Ⓒ Kannst du dich bitte um die Sache kümmern?

e) *Wer zu Beginn der Schulferien in Urlaub fährt, muß an der Grenze lange Wartezeiten in Kauf nehmen.*

  Ⓐ ..., muß an der Grenze warten und hohe Gebühren bezahlen.

  Ⓑ ..., muß mit langen Wartezeiten an der Grenze rechnen.

  Ⓒ ..., darf sich nicht beschweren, wenn er an der Grenze lange warten muß.

f) *Nimm dir ein Beispiel an deinem Vater!*

  Ⓐ Geh mit deinem Vater spielen!

  Ⓑ Nimm dir deinen Vater zum Vorbild!

  Ⓒ Versuche, so zu sein wie dein Vater!

22. Unterscheiden Sie zwei wichtige Bedeutungen von ‚nehmen‘.

B2/3
BD

A. Der Krieg hat ihr den Mann *genommen*.
  (nehmen = wegnehmen; etwas, das vorher da war, ist nicht mehr da)

B. Sie hat sich einen Mann *genommen*.
  (nehmen = dafür sorgen, daß man etwas bekommt oder hat)

  Welche Bedeutung hat ‚nehmen‘ in den folgenden Sätzen?

1. Das neue Großraumbüro *nimmt* mir jeden Spaß an der Arbeit. □
2. Die Beinverletzung hat dem Sportler die Chance zum Sieg *genommen*. □
3. Für so ein großes Haus würde ich mir eine Putzfrau *nehmen*. □
4. Sie sehen schlecht aus; *nehmen* sie doch ein paar Tage Urlaub! □
5. Bevor er verhaftet werden konnte, hat sich der Verbrecher das Leben *genommen*. □
6. Warum *nehmen* Sie keine andere Wohnung, wenn diese so laut ist? □
7. Auch wenn du wenig Zeit hast, du solltest dir deine Hobbies nicht *nehmen*. □
8. Laut Mietvertrag kann uns die Wohnung in den nächsten fünf Jahren keiner *nehmen*. □
9. Zum Essen muß man sich Zeit *nehmen*. □
10. Ich könnte heute noch nicht richtig schwimmen, wenn mir mein Schwimmlehrer nicht die Angst vor dem Wasser *genommen* hätte. □
11. Wenn die Geschäftsentwicklung so weitergeht, müssen wir uns eine zweite Sekretärin *nehmen*. □

Lektion 13

B2/3
BD

23. ,Eben' hat verschiedene Bedeutungen.

A. Das ganze Land ist sehr *eben. (eben = flach; gleichmäßige Fläche)*

B. Holger hat *eben* mit Monika telefoniert. *(eben = vor ganz kurzer Zeit)*

C. Gabriele macht, was sie will; junge Leute sind *eben* so.
   (eben = das ist eine Tatsache, an der man nichts ändern kann; so ist es; man muß es so akzeptieren)

D. Holger sollte im Bett bleiben, solange er krank ist! – *Eben,* das habe ich ihm auch gesagt!
   (eben = genau das; das gleiche; ganz richtig)

Welche Bedeutung hat ,eben' in den folgenden Sätzen?

1. Ich verstehe nicht, warum Gabriele ihren Eltern nicht die Wahrheit gesagt hat. – *Eben,* die hätten sie doch bestimmt ins Konzert gehen lassen. ☐

2. Der hintere Teil der Gartens ist *eben* genug, dort können wir uns ein kleines Gartenhäuschen bauen. ☐

3. Sei nicht ärgerlich, wenn der Reis schon wieder zu weich ist; ich kann *eben* nicht kochen. ☐

4. *Eben* hat es drei Uhr geschlagen. ☐

5. Ich glaube, unser Auto wird langsam zu alt; jetzt muß es schon wieder in die Werkstatt. – *Eben,* wir sollten uns ein neues kaufen! ☐

6. Mit diesem Preis hättest du rechnen müssen; gute Qualität ist *eben* teuer! ☐

7. Mein Kollege war *eben* noch hier; wo er jetzt ist, weiß ich leider nicht. ☐

B2/3
BD

24. ,Eigentlich' hat verschiedene Bedeutungen.

A. Ende der 60er Jahre waren die Studenten die *eigentliche* politische Opposition.
   (eigentlich = wirklich, tatsächlich)

B. Wie heißt du *eigentlich?*
   (Mit ,eigentlich' sagt man, daß eine Frage jetzt zwar nicht genau zum Gesprächsthema paßt, aber man sie trotzdem stellen möchte. Dadurch ist die Frage weniger direkt und höflicher).

C. Ich finde Mick *eigentlich* ganz nett.
   (eigentlich = im Grunde, im Ganzen gesehen)

Welche Bedeutung hat ,eigentlich' in den folgenden Sätzen?

1. Gabrieles Eltern haben *eigentlich* ganz nett reagiert, als sie am nächsten Tag von der Sache erfahren haben. ☐

2. *Eigentlich* habe ich keine Lust, ins Kino zu gehen, aber alleine zu Hause bleiben will ich auch nicht. ☐

3. Du hast doch mit Monika gesprochen. Was hat sie *eigentlich* gesagt?☐

4. Ich mag *eigentlich* kein Bier, nur zum Essen trinke ich ab und zu ein Glas. ☐

5. Der *eigentliche* Chef hat Urlaub, aber Sie können mit seinem Vertreter sprechen. ☐

6. Wieviele Fremdsprachen sprechen Sie *eigentlich?* ☐

7. Jetzt habe ich wegen meiner Überstunden drei Tage frei; meinen *eigentlichen* Urlaub nehme ich im August. ☐

8. Warst du *eigentlich* schon mal in London? ☐

9. Studiert dein Bruder *eigentlich* noch? ☐

25. Was können Sie auch sagen?

B2/3
BD

a) *Das hat nichts zu sagen.*
- Ⓐ Darüber braucht man sich keine Sorgen machen.
- Ⓑ Darüber darf man nicht sprechen.
- Ⓒ Das hat nichts zu bedeuten.

b) *Laß doch mal etwas von dir hören!*
- Ⓐ Sprich bitte etwas lauter!
- Ⓑ Schreib doch mal, oder ruf mal an!
- Ⓒ Sag mal irgendetwas!

c) *Die kurzen Haare stehen dir gut!*
- Ⓐ Schön, wie deine kurzen Haare stehen!
- Ⓑ Kurze Haare sind besser zu pflegen.
- Ⓒ Du siehst gut aus mit den kurzen Haaren!

d) *Du solltest ihm mal die Meinung sagen!*
- Ⓐ Du solltest dich öfter mal mit ihm unterhalten.
- Ⓑ Du solltest ihm mal deutlich sagen, was du von ihm denkst.
- Ⓒ Du solltest mal mit ihm diskutieren.

e) *Diese Minuten sind mir wie Stunden vorgekommen.*
- Ⓐ Diese Minuten erschienen mir wie Stunden.
- Ⓑ Ich komme in einigen Stunden.
- Ⓒ Nach meinem Gefühl waren diese Minuten wie Stunden.

f) *Er hat die Prüfung nur mit Mühe bestanden.*
- Ⓐ Obwohl er sich sehr bemüht hat, hat er die Prüfung nicht bestanden.
- Ⓑ Weil er sich große Mühe gegeben hat, hat er die Prüfung sehr gut bestanden.
- Ⓒ Er hat die Prüfung zwar bestanden, aber es war nicht leicht für ihn.

g) *Die Nachbarn geben sich mit ihrem Garten große Mühe.*
- Ⓐ Die Nachbarn pflegen ihren Garten sehr liebevoll.
- Ⓑ Die Gartenarbeit ist zu anstrengend für die Nachbarn.
- Ⓒ Die Nachbarn interessieren sich nicht für ihren Garten.

26. ‚Wie' hat verschiedene Bedeutungen.

B2/3
BD

A. Gabriela wollte mitsingen, *wie* es alle um sie herum taten.
Gabriela ist so alt *wie* ihr Freund.
(Mit ‚wie' vergleicht man zwei Eigenschaften, Ereignisse oder Handlungen. Es verbindet zwei Satzteile oder einen Haupt- und Nebensatz.)
B. Ich habe genau gesehen, *wie* er den Stadtpark verlassen hatte.
(wie (Subjunktor) = als (Subjunktor))
C. *Wie* alt ist Gabriela?
Ich weiß nicht, *wie* alt Gabriela ist.
(Wie? = Fragewort in einem selbständigen oder abhängigen Fragesatz)
D. Viele sozialistische Politiker, *wie* Willy Brandt und Herbert Wehner, mußten während der Hitler-Zeit Deutschland verlassen.
(wie = z. B.)

Welche Bedeutung hat ‚wie' in den folgenden Sätzen?
1. Was war so, *wie* Sie es vor Ihrer Reise in die DDR erwartet hatten?
2. Ein nationales Kulturzentrum, *wie* etwa den Louvre in Paris, gibt es hier nicht.

Lektion 13

3. Millionen Menschen sahen am Fernsehapparat, *wie* die ersten Menschen auf dem Mond landeten.
4. *Wie* lange dauerte die Regierungszeit von Willy Brandt?

B2/3
BD

27. ‚Da' hat verschiedene Bedeutungen.

A. *Da* die FDP als parlamentarische Opposition fast bedeutungslos war, entwickelte sich eine außerparlamentarische Opposition.
   (da = weil)
B. Ich wollte gerade telefonieren, *da* klopfte jemand an die Kabinentür.
   (da = in diesem Moment / Augenblick)
C. O Meine Waschmaschine wäscht nicht richtig. Kannst du die reparieren?
   □ Nein, tut mir leid. *Da* kann ich dir auch nicht helfen. Aber ich kann dir *da* einen guten Elektromechaniker empfehlen.
      (da = in/für/bei diese(r) Sache; Kurzform für das Präpositionalpronomen ‚da + Präp.')
D. *Da* an der Ecke ist eine Telefonkabine.
   (da = Stelle, wo sich eine Person oder Sache befindet)

Welche Bedeutung hat ‚da' in den folgenden Sätzen?
1. Die Sechziger Jahre waren eine interessante Zeit. *Da* kann ich dir viel erzählen. □
2. Auf dem Foto *da* ist Willy Brandt zu erkennen. □
3. Als ich Mick sah, *da* war ich sofort in ihn verliebt. □
4. *Da* eine Universitätsreform schon lange fällig war, demonstrierten die Studenten auf den Straßen. □
5. Gabriela hatte Angst, nach Hause zu gehen, *da* sie ihren Eltern nicht erzählt hatte, daß sie zu einem Stones-Konzert gehen würde. □
6. Bruno war um zwei Uhr morgens im Stadtpark. Die Polizei fragte ihn, was er *da* gemacht hatte. □
7. In einer Wohngemeinschaft leben oft sehr verschiedene Leute zusammen. *Da* streitet man sich natürlich manchmal. □
8. Ich wollte gerade aus dem Haus gehen, *da* klingelte das Telefon. □

B2/3
BD

28. ‚Gehen' hat verschiedene Bedeutungen, deshalb können Sie oft ein anderes Verb anstelle von ‚gehen' benutzen. Ergänzen Sie die Verben in den folgenden Sätzen.

(Manchmal paßt nur ‚gehen', aber meistens noch ein anderes Verb.)

gehen – klappen – funktionieren – laufen – fahren – passen – führen – sich handeln um

a) Wann __geht / fährt__ der nächste Zug nach Augsburg?
b) Solange mein Auto in der Werkstatt ist, _____ ich zu Fuß ins Büro.
c) Dieser Waldweg_____ direkt zur nächsten Gaststätte.
d) Das Zugabteil ist voll; da _____ niemand mehr rein.
e) _____ deine Uhr wieder, oder hast du sie noch nicht reparieren lassen?
f) Ab Mitternacht _____ keine Straßenbahn mehr.

g) Bist du gestern mit dem Taxi nach Hause gefahren? – Nein, der Weg war nicht weit; ich bin

_____ .

h) Wie _____ es Ihnen in der neuen Firma? – Danke, ich bin zufrieden.

i) Die Treppe _____ in den Keller.

j) Das Wasser ist ziemlich tief; es _____ mir fast bis zum Hals.

k) Das sind zu viele Koffer; die _____ nicht alle in unser Auto!

l) Ich benutze lieber den kleinen Fernseher im Nebenzimmer; dieser hier _____
nicht richtig.

m) Wenn es so heiß ist wie heute, bin ich immer müde. – Das _____ mir auch so.

n) Der Meister will uns alle sprechen. Hast du eine Ahnung, worum es _____ ?

o) Die Firma hat meiner Kollegin gekündigt; in vier Wochen muß sie _____ .

29. Schreiben Sie einen Brief.

B2/3
SA

In Abschnitt B 3–1 dieser Lektion finden Sie die Hörübung Nr. 2, „Monika und Holger".
Sicher haben Sie diese Übung schon gemacht und wissen, welche Texte zu den Bildern
passen.
Nehmen Sie jetzt einmal an, Sie sind Holger oder Monika und schreiben an einen Freund,
was Ihnen passiert ist. Schreiben Sie zu zwei Texten je einen Brief oder, wenn Sie Lust
haben, zu jedem Text einen.

a) Bei der Rückkehr von einem Wochen-
endausflug stellten Monika und Holger fest,
daß bei ihnen eingebrochen worden war.
Die Einbrecher hatten die ganze Wohnung
durcheinandergebracht. Auch das Bargeld
im Küchenschrank war weg.

b) Das war auf der Rückfahrt aus dem Urlaub, bei einem Aufenthalt in Fuschl. Holger
und Monika hatten hier übernachten wollen, aber kein Hotelzimmer bekommen.
Schließlich fanden sie einen Bauernhof mit
Pension, wo sie übernachten konnten.

c) Beim Federballspielen war Holger ins
Wasser gefallen. Auf dem Foto lacht er noch,
aber als er aufstehen wollte, ging es nicht. Er
hatte sich den Fuß gebrochen und wurde für
zwei Wochen krank geschrieben.

d) Monika hatte eine Postanweisung über
5000 DM bekommen, weil sie im Lotto gewonnen hatte. Das wurde natürlich gefeiert.
Sofort hatte sie eine Urlaubsreise gebucht.
Als sie später noch einmal auf den Schein
sah, merkte sie, daß es nicht 5000 DM, sondern 500 DM waren. Die Urlaubsreise hat sie
dann trotzdem gemacht.

Kiel, den ...

Liebe(r) ...

wir haben lange nichts voneinander gehört. ...

Bruder 43 Jahre nicht gesehen

Mit Fotos aus alten Zeiten erinnern sich die Gebrüder Fröse, die 43 Jahre getrennt waren, an ihre gemeinsam verbrachte Jugend. Unser Bild zeigt von links Gloria, Bruno, Alfons und Gertrud Fröse. Bild: Borjes

„Als Jugendliche trennten wir uns"

tb **Schweinebrück.** „Auf dem Flughafen habe ich ihn zuerst überhaupt nicht erkannt", berichtet Alfons Fröse aus Schweinebrück vom ersten Wiedersehen mit seinem Bruder Bruno, dem er jetzt nach 43 Jahren zum ersten Mal wieder gegenüberstand.

Während des Zweiten Weltkriegs, im Jahre 1943, hatten sich die beiden Brüder in ihrem Geburtsort in der Nähe von Danzig, im damaligen Westpreußen, zuletzt gesehen. Zufällig hatten beide zur gleichen Zeit einen Heimaturlaub bekommen.

Für Bruno Fröse sollte dies für lange Zeit der letzte Aufenthalt in seiner Heimat bleiben; er geriet im Krieg in englische Gefangenschaft und landete schließlich als 21jähriger in der Nähe von Manchester, wo er 1948 eine Engländerin heiratete und kurze Zeit später die englische Staatsbürgerschaft erhielt.

Alfons Fröse hingegen meldete sich nach dem Ende des Kriegs und dem Zusammenbruch des Deutschen Reichs im Jahre 1945 freiwillig zum landwirtschaftlichen Dienst und kam auf diese Weise nach Norddeutschland, wo er später eine Familie gründete.

Durch das Deutsche Rote Kreuz, das einen Suchdienst für im Krieg vermißte Personen eingerichtet hatte, versuchte Alfons Fröse in den 70er Jahren seinen Bruder ausfindig zu machen. Als ihm dies schließlich gelungen war, entwickelte sich zwischen den Geschwistern ein reger Briefwechsel, der jetzt, fast ein halbes Jahrhundert nach dem letzten Treffen, zu einem Wiedersehen führte.

„Als Jugendliche gingen wir damals auseinander, und als Rentner treffen wir uns jetzt wieder", stellt Alfons Fröse fest, der, wie er sagt, in der Zeit der Trennung oft an seinen Bruder denken mußte.

Die Brüder können sich heute kaum noch verständigen, da Bruno Fröse die deutsche Sprache nach 41 Jahren England-Aufenthalt verlernt hat. „Zum Glück kann unser Sohn Harald Englisch. Wenn er nicht dolmetschen würde, könnten wir uns überhaupt nicht unterhalten", schildert Alfons Fröse diese eigenartige Situation. „Bruno ist eben durch und durch ein Engländer geworden, was ja auch schon an seiner Kleidung zu sehen ist", bemerkt er mit einem Seitenblick auf seinen Bruder und dessen Frau Gloria. Bruno Fröse stimmt ihm zu: Er fühlt sich wohl in England, wo bereits Enkelkinder von ihm leben.

Auch ihre Mutter, die im heutigen Polen lebt, hatten die beiden Brüder lange nicht mehr gesehen. Unabhängig voneinander besuchten sie sie in den 70er Jahren und begegneten ihr so nach 30 Jahren zum ersten Male wieder. Der erste Besuch von Alfons Fröse bei seinem Bruder in Manchester ist bereits geplant: „Beim nächsten Treffen", so Alfons Fröse, „wollen wir uns auch ohne Foto wiedererkennen können."

Lektion 14

B1/2
WS

1. Was paßt nicht?

a) abschließen: die Eingangstür, die Arbeiten, das Fußballspiel, die Ausbildung, einen Vertrag

b) sich beziehen: auf einen Brief, auf dem Fußboden, auf ein Gespräch mit Herrn Janßen, auf einen Telefonanruf

c) hindern: die Bäume im Wald, die Leute am Demonstrieren, Max Daetwyler am Protestieren, die Flughafengesellschaft am Bau der Startbahn

d) sorgen: für neue Ausbildungsplätze, für eine saubere Umwelt, für das Wetter, für die Kinder

e) erinnern: die Leute an die Demonstration, die Demonstrationsteilnehmer an das Verbot, das Feld an der Bundesstraße, sie an ein Gespräch

Und was paßt hier nicht?

f) vorkommen, passieren, geschehen, handeln

g) machen, tun, vorkommen, handeln

h) gelingen, sorgen, schaffen, ans Ziel kommen

B1/2
WS

2. Was paßt nicht?

a) Angehörige (eines Vereins), Mitglieder, Bekannte, Teilnehmer

b) Form (des Protests), Art, Typ, Teil

c) Hinweis, Erklärung, Geschichte, Beschreibung

d) Kritik, Inflation, Preise, Krise, Geld

e) Verband, Freundschaft, Verein, Gemeinschaft

f) Wahrheit, Verbot, Gesetz, Strafe

g) Wissen, Wahrheit, Lüge, Richtigkeit

B1/2
GR

3. ‚Da + Präposition' als Vertreter für eine Präpositionalergänzung.

Viele deutsche Verben haben eine Präpositionalergänzung, zum Beispiel:
Die Lösung des Problems hängt auch *von der Entwicklung umweltfreundlicher Motoren* ab.

Die Ergänzung ist hier ein Nomen (mit einem Attribut). Oft gibt es aber für das, was man sagen will, kein einzelnes Nomen, oder man kennt es nicht. Dann verwendet man einen ganzen Nebensatz als Präpositionalergänzung.
Zum Beispiel:

... daß die Leute die modernen, umweltfreundlichen Autos kaufen.

Diese Präpositionalergänzung fehlt jetzt natürlich im Hauptsatz. Man verwendet deshalb das Präpositionalpronomen ‚da + Präposition' als Vertreter für die Präpositionalergänzung:
Die Lösung des Problems hängt auch *davon* ab, daß die Leute die modernen, umweltfreundlichen Autos kaufen.

Sagen Sie es anders.

a) Die Leute müßten moderne, umweltfreundliche Autos kaufen. Von dieser Entwicklung hängt die Lösung des Problems auch ab.
Die Lösung des Problems hängt auch davon ab, daß...

Ebenso:

b) Für den Bau der neuen Startbahn mußten 500 000 Bäume sterben. An diese Tatsache haben die Politiker nicht gedacht.

c) Der Wald darf nicht sterben. Auf diesen Punkt kommt es vor allem an.

d) Die USA produzieren immer mehr sinnlose Waffen. Gegen diese Entwicklung protestieren die Leute.

e) Welche Folgen haben Ihre eigenen Handlungen für die Gesellschaft und Umwelt? Haben Sie schon einmal über diese Frage nachgedacht?

f) In unseren Lebensmitteln sind immer mehr chemische Stoffe. Auf diese Tatsache weist der Bericht hin.

4. ‚Geben' hat verschiedene Bedeutungen.

B1/2
BD

A. geben = einer Person etwas in die Hand geben

B. geben = bezahlen/einer Person etwas verkaufen/von einer Person etwas kaufen/etwas tauschen

C. geben = im Kino/Theater einen Film/ein Stück spielen

D. geben = einer Person etwas leihen oder schenken

E. geben (es gibt) = etwas ist da, existiert

Außerdem kommt ‚geben' häufig als Funktionsverb vor. Vergl. dazu Übung 10 in dieser Lektion.

Welche Bedeutung hat ‚geben' in den folgenden Sätzen?

1. Was wird heute abend im Fernsehen *gegeben?* □
2. In der Bundesrepublik *gibt* es keine Geschwindigkeitsbegrenzung auf Autobahnen. □
3. Kannst du mir dein Auto *geben?* Ich brauche es nur für zwei bis drei Stunden. □
4. Wieviel *geben* Sie mir für mein altes Auto? □
5. *Gibst* du mir bitte meinen Kugelschreiber. Er liegt auf dem Tisch. □
6. Für die Leute, die direkt an der Bundesstraße wohnen, *gibt* es Tag und Nacht keine Ruhe. □
7. Die neue Platte von den Rolling Stones habe ich Sonja *gegeben.* Sie hat sich sehr darüber gefreut. □
8. Können Sie mir bitte meine Post *geben?* Sie ist postlagernd an dieses Postamt geschickt worden. □
9. *Geben* Sie mir bitte ein Kilo Rindfleisch und ein halbes Pfund von dieser Wurst. □

5. ‚Für' hat verschiedene Bedeutungen.

B1/2
BD

A. *Für* drei Milliarden Mark wurde ein neues Kraftwerk gebaut.

Daetwyler mußte *für* drei Monate ins Gefängnis.

(‚*für*' + *Zeit/Preis/Menge*' bedeutet eine Zeit-, Mengen- oder Preisangabe.)

B. Eine aktive Politik *für* eine gesunde Natur finden 65% der Leute sehr wichtig.

Für den immer stärkeren Flugverkehr brauchte der Frankfurter Flughafen eine neue Startbahn.

(‚*für* + *Nomen*' bedeutet hier den Zweck, das Ziel oder die Funktion einer Handlung/ Sache/Person)

C. *Für* mein Gefühl ist es selbstverständlich, daß man etwas gegen das Waldsterben tun muß. (*,für + Nomen' = gemessen an einer Sache/Person*)

Welche Bedeutung hat ,für' in den folgenden Sätzen?
1. Wo*für* brauchen Sie denn das Werkzeug? □
2. Das Essen ist *für* meinen Geschmack zu scharf. □
3. Ich habe *für* 5 Personen Essen gekocht, aber es war nicht genug, weil noch mehr Leute kamen. □
4. Die Straßen sind nicht nur *für* Autos da; es gibt auch Fußgänger und Radfahrer! □
5. *Für* unsere Eltern wäre ein Studium an einer Universität früher zu teuer gewesen. □
6. Gestern gab es *für* 20 Minuten keinen Strom. □
7. 1960 hat Daetwyler in Moskau *für* den Frieden demonstriert. □

B3 WS

6. Was paßt nicht?

a) abmelden: das Auto (beim Straßenverkehrsamt), das Verbot (bei der Polizei), das Telefon (bei der Post), das Fernsehgerät (bei der Gebührenzentrale)

b) führen: (eine bestimmte Politik) zu Inflation, (eine falsche Information) zu Mißverständnissen, (eine Straße) durch das Zentrum, (ein Autofahrer) durch die Stadt

c) leiden: an der Autobahn, unter dem Lärm, an einer schweren Krankheit, unter der Inflation

d) überqueren: die Bundesstraße, den Platz, die Grundlage, das Feld

e) abhängen: von der Nachfrage, vom Wetter, am Gegenteil, von der Größe der Bundesstraße

---

B3 WS

7. Was paßt nicht?

a) Bundesstraße, Feld, Autobahn, Weg
b) Gebiet, Feld, Wiese, Wald
c) Sache, Grundlage, Thema, Diskussionspunkt
d) Ware, Preis, Nachfrage, Diskussion

B3 WS

8. ,Bestimmt', ,genau' oder ,sicher'? Was paßt?

a) Es ist _____, daß es hier auch in Zukunft keine Geschwindigkeitsbegrenzung gibt.
b) Man weiß nicht _____, ob Kernkraftwerke wirklich _____ sind.
c) Ohne die Proteste und Demonstrationen wäre der Umweltschutz _____ nicht zu einem wichtigen Thema in der Politik der Bundesrepublik geworden.
d) _____ 60 Jahre nach seinem ersten Protest gegen den Krieg stand Daetwyler wieder mit seiner weißen Fahne in der Frauenfelder Kaserne.
e) Viele Unfälle in Kernkraftwerken wurden nicht _____ genug untersucht.
f) _____! Das meine ich auch! Da hast du völlig recht.
g) _____, du hast schon recht, aber findest du nicht auch, daß es bei den Demonstrationen zu viele Verletzte gibt?

9. Welche Ausdrücke haben sehr ähnliche Bedeutungen? Ergänzen Sie.

> verantwortlich sein für – ebensolange – amtlich – entgegen dem – deswegen –
> entschlossen sein – für 12 Wochen – aufwärts gehen – entscheidend

a) Der Bau des Kernkraftwerks Brokdorf ist *(offiziell)* _____ entschieden, aber trotzdem
gibt es immer noch Proteste dagegen.
b) Für die neue Startbahn West des Frankfurter Flughafens mußten 500 000 Bäume sterben.
(Deshalb) _____ protestieren auch heute noch viele Bürger gegen den Bau.
c) Daetwyler mußte *(drei Monate lang)* _____ ins Gefängnis und dann *(für dieselbe
Zeit)* _____ in eine Nervenheilanstalt.
d) Durch die Geschwindigkeitsbegrenzung für Autos wurde die Menge der Stickoxide in der
Luft nicht *(deutlich merkbar)* _____ geringer.
e) Die Politiker *(hatten den festen Willen)* _____, die Startbahn West zu bauen.
f) *(An der)* _____ Luftverschmutzung *ist* doch vor allem die Industrie *(Schuld)*
_____.
g) *(Im Gegensatz zu dem)* _____, was du sagst, glaube ich, daß durch eine Geschwindigkeitsbegrenzung die Zahl der Unfälle kleiner wird.
h) Die wirtschaftliche Entwicklung der Autoindustrie *(wird besser)* _____.

10. Funktionsverben

Verben werden zu Funktionsverben, wenn sie sich mit einem Nomen zu einer neuen
Bedeutung zusammenschließen. ‚Einen Antrag stellen‘ ist ein Beispiel für ein Funktionsverb.
Die eigentliche Bedeutung von ‚stellen‘ ist in diesem Funktionsverb nicht mehr zu erkennen.
Das Verb ‚stellen‘ hat die ‚Funktion‘ (Aufgabe), sich mit dem Nomen ‚Antrag‘ zu einem
neuen ‚Verb‘, einem ‚Funktionsverb‘, zusammenzuschließen.
Wenn Sie die Bedeutung des Nomens kennen, werden Sie ein Funktionsverb in den meisten
Fällen verstehen, auch wenn Sie es vorher nicht kannten. Die folgenden Verben sind
besonders häufig Teil von Funktionsverben. Ergänzen Sie.

> machen stellen schließen geben nehmen bringen führen kommen finden

1. Der Wissenschaftler _____ eine Entdeckung.
2. Diesen Vertrag können wir nicht ohne Hilfe _____, dazu brauchen wir einen Rechtsanwalt.
3. Sicher ist, daß die Autoabgase den Wald in Gefahr _____.
4. Kurze Röcke _____ bestimmt wieder in Mode.
5. Bist du in der Diskussion auch zu Wort _____?
6. Was glaubst du, womit kann man ihr eine Freude _____?
7. Diese Stelle wird gut bezahlt, aber es werden auch hohe Anforderungen _____.
8. Man soll kleinen Kindern keine Angst _____.
9. Viele Menschen haben Schwierigkeiten, ihre Gefühle zum Ausdruck zu _____.
10. Ich muß noch meinen Schreibtisch in Ordnung _____.

Lektion 14

machen stellen schließen geben nehmen bringen kommen führen finden

11. Die Bürgerinitiative für Umweltschutz hat die Forderung _____, daß sonntags keine Autos mehr fahren dürfen.
12. Wollen Sie nicht endlich Schluß _____?
13. Wir sind zu der Überzeugung _____, daß der Ausbau der Bundesstraße die richtige Lösung ist.
14. Dieses Putzmittel ist giftig. Das hätte niemals in den Handel _____ dürfen.
15. Man kann den jungen Leuten nichts erzählen; jeder muß seine Erfahrungen selbst _____.
16. Unsere Nachbarn _____ keine gute Ehe; sie streiten sich dauernd.
17. Die Aussicht auf Erfolg ist so gering, daß ich Ihnen nicht raten möchte, einen Prozeß zu _____.
18. Wer hat diese Erfindung _____?
19. Die jungen Leute von der Friedensinitiative _____ auf mich einen ganz vernünftigen Eindruck.
20. Mit dieser Rede hat er sich viele politische Feinde _____!
21. Ich werde ihm das sagen, sobald ich dazu Gelegenheit _____.
22. Wir haben damit angefangen; jetzt müssen wir die Sache auch zu Ende _____.
23. Nach zwei Stunden hatte die Feuerwehr das Feuer unter Kontrolle _____.
24. Eigentlich geht das nicht, aber für Sie _____ ich eine Ausnahme.
25. Jetzt soll jeder in der Gruppe seine Meinung dazu sagen. Wer _____ den Anfang?
26. Ich glaube, diese beiden Forschungsergebnisse kann man nicht in Zusammenhang _____. Das eine hat mit dem anderen doch gar nichts zu tun.
27. Sein Freund hat ihn auf diese dumme Idee _____!
28. Da kann ich Ihnen ein sehr günstiges Angebot _____.
29. Du hast ja Blumen gekauft. Willst du einen Besuch _____?
30. Es tut mir leid, aber ich darf Ihnen diese Information nicht _____.
31. Erst hat er mich in den Arm genommen, und dann hat er mir einen Kuß _____.
32. Wissen Sie, welche Leistungen die Atomkraftwerke _____?
33. Im Bundestag _____ jetzt immer öfter umweltpolitische Themen zur Sprache.
34. Zu seinen neuen Kollegen hat er noch keinen Kontakt _____.
35. Wenn Sie ein Ferngespräch _____ möchten, müssen Sie diese Kabine benutzen.
36. Die Raucher werden immer weniger, weil immer mehr Leute ein gesundes Leben _____ wollen.
37. Da kann ich Ihnen leider keinen Rat _____, weil ich davon auch nichts verstehe.
38. Der Koffer ist zwar fast voll, aber für diesen Pullover _____ wir bestimmt noch Platz.
39. Können Sie mir bitte eine Auskunft _____?
40. Die Sache ist mir noch nicht klar; ich kann mir noch kein richtiges Bild _____.
41. Hast du viele Fehler _____?
42. Darüber werden wir keine Diskussionen _____; der Chef entscheidet das alleine.
43. Viele Männer wissen nicht, wieviel Arbeit es macht, einen Haushalt zu _____.
44. In diesem Jahr hat die Firma gute Geschäfte _____.
45. Die Maschine arbeitet selbständig, aber sie müssen ab und zu eine Kontrolle _____.

| machen | stellen | schließen | geben | nehmen | bringen | kommen | führen | finden |

46. Produkte verkaufen sich besser, wenn man Reklame _____.
47. Diese Sache ist geheim. Sie sind der einzige, den ich ins Vertrauen _____ habe.
48. Wenn wir pünktlich dort sein wollen, müssen wir uns jetzt auf den Weg _____.
49. Ob wir durch russische oder amerikanische Atombomben sterben, das _____ doch wohl keinen Unterschied.
50. Am besten, wir _____ heute schon den Termin für die nächste Sitzung.
51. Wer möchte zu diesem Thema noch eine Frage _____?
52. Wer wenig verdient, kann beim Wohnungsamt einen Antrag auf Wohngeld _____.
53. Und wenn es eine Atomkatastrophe gibt, wie soll sich dann die Bevölkerung in Sicherheit _____?
54. Der Bericht soll morgen fertig sein, wir müssen also heute zu einem Ergebnis _____.
55. Welche Erklärung haben die Soziologen für die Protestbewegung _____?
56. Wenn er mir das nächste Mal unter die Augen _____, werde ich ihm die Meinung sagen.
57. Endlich haben wir den Grund _____, warum das Kopiergerät nicht funktioniert.
58. Hast du mit den neuen Nachbarn schon Freundschaft _____?
59. Auf diesen Apparat _____ wir drei Jahre Garantie.
60. Du mußt mehr Gas _____, sonst kommen wir zu spät.
61. Auch für dieses Problem wird sich eine Lösung _____.
62. Nach zwei Jahren Krieg haben die Präsidenten der beiden Länder Frieden _____.
63. Meine Schwester hat heute ihr zweites Kind zur Welt _____.
64. Der Unfall ist passiert, weil er die Kurve zu eng _____ hat.
65. Er ist zu ängstlich. Du muß ihm Mut _____.
66. Jetzt haben wir drei Stunden gearbeitet. Laß uns eine Pause _____.
67. Während wir Ihr Auto reparieren, können wir Ihnen einen Wagen von uns zur Verfügung _____.
68. Die Verhandlungen sind schwierig; die Gespräche _____ nur langsam in Gang.
69. Wenn wir nicht schneller laufen, _____ wir nie ans Ziel.
70. Wer hat Ihnen dazu die Erlaubnis _____?
71. Sie können mir nicht die Schuld an diesem Unfall _____! Sie hätten besser aufpassen müssen.
72. Wegen der Proteste werden in der Bundesrepublik in Zukunft keine neuen Atomkraftwerke in Betrieb _____.
73. Zu diesem Arzt kann ich kein Vertrauen _____.
74. Durch die Teilnahme in der Bürgerinitiative hat er Interesse an der Politik _____.
75. Bitte _____ Sie Rücksicht auf Ihre Mitbewohner.
76. Erst die Proteste haben die Diskussion in Bewegung _____.
77. Dafür reicht unser Geld nicht. Wir müssen einen Kredit _____.
78. Bitte _____ Sie von diesem Brief zwei Kopien.
79. Bevor wir damit anfangen, sollten wir einen Plan _____.
80. Hast du dir über Atomkraftwerke eigentlich schon mal Gedanken _____?
81. Trink einen starken Kaffee; das _____ dich wieder auf die Beine.

Lektion 14

machen   stellen   schließen   geben   nehmen   bringen   kommen   führen   finden

82. Der Arzt hat mir eine Spritze _____.
83. Wenn ein Platz im Kurs frei wird, _____ wir Ihnen Bescheid.
84. Wirklich, da muß ich Ihnen recht _____.
85. Welchen Namen wollen Sie Ihrem Kind _____?
86. Das ist Ihre Post. Ich habe sie in Empfang _____, weil Sie nicht da waren.
87. Der Mann lag verletzt auf der Straße, aber niemand ist ihm zu Hilfe _____.
88. Dieser Bäcker macht die besten Kuchen. Den Hinweis hat mir eine Kollegin _____.
89. Leider weiß ich das nicht. Ich _____ Ihnen morgen eine Antwort.
90. Wer _____ in dieser Klasse Unterricht?
91. Wenn ich ein Zeichen _____, stehen wir alle von unseren Plätzen auf.
92. Der Vermieter will, daß ich ausziehe. Deshalb versucht er ständig, mir Schwierigkeiten zu _____.
93. Wahrscheinlich wird die Demonstration nicht viel nützen, aber man muß doch wenigstens den Versuch _____, etwas zu ändern.
94. Die Protestbewegung hat eine Entwicklung _____, die vor Jahren niemand geglaubt hätte.
95. Wer _____ in einer parlamentarischen Demokratie die Gesetze?
96. Die Automaten _____ einen schrecklichen Lärm.
97. Bitte _____ Sie mir Nachricht, wenn Sie aus dem Urlaub zurück sind.
98. Dazu möchte ich gern einen Vorschlag _____.

B2/3
GR

11. Artikelwörter und ihre Formen.

Es gibt im Deutschen nicht nur die Definitartikel ‚der, die, das‘, sondern auch noch andere definite Artikelwörter, die alle dieselben Endungen wie die Definitartikel haben: ‚dieser, diese, dieses‘, ‚mancher, manche, manches‘, ‚jeder, jede, jedes‘, ‚alle‘ (nur Plural), ‚jener, jene, jenes‘, ‚derselbe, dieselbe, dasselbe‘.
Diese Artikelwörter haben wir Ihnen schon alle vorgestellt. Da sie aber sehr wichtig sind, sollten Sie deren Formen in der folgenden Übung wiederholen.

Ihre Grammatik. Ergänzen Sie.

	Nominativ	Akkusativ	Dativ	Genitiv
manch-	mancher ___ Mann	_____ Mann	_____ Mann	_____ Mann ___
	_____ Frau	_____ Frau	_____ Frau	_____ Frau
	_____ Kind	_____ Kind	_____ Kind	_____ Kind ___
jen-	_____ Mann	_____ Mann	_____ Mann	_____ Mann ___
	_____ Frau	_____ Frau	_____ Frau	_____ Frau
	_____ Kind	_____ Kind	_____ Kind	_____ Kind ___
derselbe	_____ Mann	_____ Mann	_____ Mann	_____ Mann ___
dieselbe	_____ Frau	_____ Frau	_____ Frau	_____ Frau
dasselbe	_____ Kind	_____ Kind	_____ Kind	_____ Kind ___

12. Artikelwörter und Pronomen.

Sie wissen ja, daß man im Deutschen alle Artikelwörter als Pronomen gebrauchen kann. Normalerweise sind die Formen dieselben. Nur bei den Indefinit- und Possessivpronomen gibt es drei spezielle Formen (siehe Punkt 3 der Grammatikübersicht zu dieser Lektion). Zum Beispiel:

Alle Autos müßten einen Katalysator haben. Meins hat schon einen.

Ergänzen Sie die richtigen Formen.

a) Was soll die ganze Diskussion um das Auto! Das Beste ist, man hat k_____.
b) Mein Wagen läuft prima, aber Gerd hat schon wieder Ärger. S_____ ist wirklich alle zwei Wochen kaputt.
c) Wir haben denselben Motor. Aber d_____ verbraucht weniger Benzin als m_____. Woran liegt das?
d) Ich kaufe mir so ein Auto wie das von Maria. I_____ fährt ausgezeichnet.
e) Wir brauchen unbedingt ein neues Auto. U_____ ist ziemlich alt.
f) Katalysator-Autos sind problemlos. Schau dir m_____ an, es funktioniert prima.

13. ,Jemand-', ,niemand-', ,man' oder ,einem/einen'? Ergänzen Sie.

a) Heute findet jeder den Umweltschutz wichtig. 1975 hat er fast _____ interessiert.
b) Für die Autobahnen gibt es eine Geschwindigkeitsempfehlung von 130 km pro Stunde. Aber hast du schon mal _____ getroffen, der das freiwillig beachtet?
c) Ich fahre gerne sehr schnell. Die Geschwindigkeitsempfehlung auf 100 km pro Stunde würde _____ doch den Spaß am Autofahren nehmen.
d) Es darf _____ egal sein, daß unsere Natur kaputt gemacht wird.
e) Eine Geschwindigkeitsbegrenzung würde Arbeitsplätze in Gefahr bringen, weil _____ dann nur noch kleine Autos kaufen würde.
f) Langsamer zu fahren würde _____ weh tun, aber dem Wald nützen.
g) Die Menschheit braucht wieder _____ wie Max Daetwyler, der immer daran erinnert, daß Krieg Wahnsinn ist.

14. ,Hören' hat verschiedene Bedeutungen.

A. hören = hören können/mit dem Ohr wahrnehmen/Funktion des gesunden Ohrs
B. hören = Musik, Radio, ... hören
C. hören = etwas erfahren/Informationen oder Nachrichten über etwas bekommen.

Weche Bedeutung hat ,hören' in den folgenden Sätzen?
1. Die neue Platte von den Stones habe ich noch nicht *gehört*.
2. Von dieser Platte habe ich noch nichts *gehört*. Ich wußte gar nicht, daß es sie gibt.
3. Mediziner haben festgestellt, daß auch schon viele junge Leute schlecht *hören*. Als Ursache nennen sie die zu laute Musik in den Diskotheken.
4. Ich habe einmal in einer Sendung des 3. Programms ein Interview mit Max Daetwyler *gehört*.
5. Klaus hat noch nie etwas über Max Daetwyler *gehört*.
6. *Hörst* du den Lärm von der Bundesstraße? So ist das von früh morgens bis spät abends!

Lea Fleischmann

Aus »Dies ist nicht mein Land«

Morgen hat meine Klasse Abschlußprüfung. Zwei Jahre habe ich die Schülerinnen unterrichtet, Arbeiten geschrieben, sie beobachtet, Noten gegeben, und die morgige zehnminütige Prüfung ist unser letzter gemeinsamer schulischer Akt. Wie oft habe ich ihnen gesagt: »Wehrt euch, wenn euch etwas nicht gefällt, macht wenigstens den Mund auf, Angst kann nur überwunden werden, wenn man sie bekämpft, ihr werdet Erzieher, und wenn ihr in der Erziehung etwas verändern wollt, dürft ihr nicht alles hinnehmen.«

Am Abend bin ich sehr aufgeregt. Morgen muß ich prüfen, und ich weiß, wie sich Herr Leuenberger verhalten wird. Er wird wie bei den anderen Prüfungen das Wort ergreifen, die Schüler verunsichern und anschließend seine fachlich unqualifizierten Kommentare abgeben. Und an diesem Abend beschließe ich, mich gegen ihn zu wehren, seine Einmischungen nicht hinzunehmen, obwohl ich noch in der Ausbildung bin und meine weitere schulische Entwicklung von seinem Urteil abhängt.

Am nächsten Morgen hole ich im Büro den Prüfungsplan ab und sehe, daß die erste Prüfung an diesem Tag bei mir sein wird. Ich gehe in den Prüfungsraum, und bis acht Uhr versammeln sich die Lehrer. Die Prüfungskommission sitzt im Halbkreis, und in ihrer Mitte Herr Leuenberger. Acht Lehrer bilden eine würdige Kulisse für die Abschlußprüfung, und die erste Schülerin nimmt mit aufgeregtem Gesicht vor dieser Lehrermauer Platz.

»Fräulein Endes«, sage ich, »würden Sie uns bitte die Prüfungsfrage vorlesen und darauf eingehen.«

Das Mädchen liest die Frage stockend vor, und ich sehe, daß sie leicht aus der Fassung zu bringen ist. Sie ist eine gute Schülerin, aber die Aufregung des Tages und die kritisch beobachtenden Lehrerblicke verunsichern sie.

Zögernd beginnt sie mit der Beantwortung der Frage. Ich will ihr ein wenig Zeit lassen, sich zu fangen, sehe sie lächelnd an und nicke zum Zeichen, daß sie so fortfahren soll. Mitten in mein aufmunterndes Lächeln platzt Herr Leuenberger mit seiner gewohnten Prüfungsmethode hinein. »Halten Sie sich nicht bei Nebensächlichkeiten auf, sondern kommen Sie bitte zum Kern der Frage.« Ich bin sicher, daß er nicht weiß, was der Kern der Frage ist, aber sein Kommentar zeigt Wirkung. Marion Endes verstummt, schluckt ein paarmal und sieht mich hilflos an.

»Fahren Sie fort, wie Sie begonnen haben«, ermuntere ich sie. Aber an Fortfahren ist hier nicht zu denken. Es ist, als könne Marion nicht mehr sprechen, sondern nur noch stammeln.

»Sie müssen doch etwas gelernt haben in den zwei Jahren«, läßt sich Herr Leuenberger vernehmen. »Sie werden auf die Note ›gut‹ geprüft, da müssen Sie schon etwas von Ihrem Können unter Beweis stellen.« Zu beweisen gibt es nichts mehr. Die Angst verschlägt ihr die Sprache, verschüttet ihre Gedanken und läßt ihre totale Hilflosigkeit zutage treten.

Als Marion den Raum verlassen hat, sage ich, obwohl ich innerlich zittere, in einem ruhigen und freundlichen Ton zu Herrn Leuenberger: »Wenn ich in der Lage bin, die Schüler zwei Jahre lang zu unterrichten, dann bin ich auch in der Lage, eine zehnminütige Prüfung ohne Unterstützung des Vorsitzenden abzuhalten. Ich bitte bei künftigen Prüfungen zu warten, bis ich das Wort für Fragen erteile, damit die Schüler nicht unnötig verunsichert werden.«

Das sitzt. Herr Leuenberger, der den Mund gerade geöffnet hat, um einen fachmännischen Kommentar abzugeben, sieht mich mit großen Augen erschrocken an, als hätte ich ihn beim Naschen ertappt. Er wird gerügt, er, der nur Rügen verteilen und von den Lehrern keine einzustecken hat, er, der sich devot dem Schulrat oder Regierungsvertreter gegenüber verhält, aber herrisch den Untergebenen entgegentritt, wird vor versammelter Prüfungskommission von einer Referendarin angegriffen. Es scheint, als bleibe ihm die Spucke weg. Er ist so betroffen, daß er in der anschließenden Diskussion über Marions Note nichts sagt und überhaupt an diesem Vormittag verstummt.

Ich habe es nie mehr erlebt, daß er sich bei einer Prüfung, bei der ich anwesend war, irgendwann eingemischt oder Kommentare abgegeben hat, aber ich weiß, diese Schlappe zahlt er mir heim, die Rechnung wird er mir präsentieren.

Trotzdem, es ist mir die Sache wert. Das Gefühl meiner eigenen Überlegenheit gibt mir die Stärke. Ich habe begonnen zurückzuschlagen, ich werde zu keinem schleimigen Dreck werden, zu keinem devoten Kriecher, der vor den Schülern große Töne über Demokratie spuckt und vor den Vorgesetzten buckelt. Ich werde ihm meine Angstträume zurückzahlen. Mehr, als mich von der Schule zu verweisen, kann er nicht tun; mehr, als mir ein paar unsinnige Vertretungsstunden zu geben, kann er nicht, mehr, als mein Examen mit einer schlechten Note zu beurteilen, kann er nicht.

Menschen, die Angst machen, muß man Angst machen. Wie ich vorgehen werde, weiß ich nicht, aber ich werde vorgehen. Ich werde widersprechen, wenn mir etwas nicht paßt. Ich habe einen Mund und einen Kopf.

180 e Aufregung, -en		
181 r Bruchteil, -e		
179 denken		
177 e Einbahn- straße, -n		
177 e Einfahrt, -en		
180 fürchten		
177 r Gang, ¨e		
177 r Kranken- wagen, -		
181 messen		
183 ohne		
177 schalten		
176 schriftlich		
177 stoppen		
177 überholen		
178 verdienen		
177 verzollen		
179 waagrecht		

Lektion 15

1. Was paßt wo? Ergänzen Sie.

| Aufregung | Einfahrt | Bruchteil | Krankenwagen | Gang | Einbahnstraße |

a) Es war soviel Verkehr in der Stadt, daß wir die ganze Zeit im zweiten _____ fahren mußten.

b) Wir stehen direkt vor einer _____, hier können wir nicht parken.

c) Fahrradfahrer kümmern sich oft nicht um die Verkehrsregeln; viele fahren sogar in _____ in die falsche Richtung.

d) Der Unfall passierte in _____ von Sekunden; er war nicht mehr zu verhindern.

e) Bitte erzähle meiner Mutter nichts von dem Unfall. Sie hat ein schwaches Herz und kann deshalb keine _____ vertragen.

f) Sehen Sie nicht, daß der Mann verletzt ist? Rufen Sie schnell einen _____!

2. Was paßt wo? Ergänzen Sie.

| verdienen | stoppen | schalten | verzollen | bremsen | überholen | fürchten | messen |

a) Wenn man einen Automatikwagen fährt, braucht man nicht zu _____; man muß nur noch Gas geben und _____.

b) An der Grenze wurden wir gefragt, ob wir etwas zu _____ hätten.

c) Wer betrunken Auto fährt, _____ eine hohe Strafe, finde ich.

d) Ich kann den Lastwagen nicht _____; die Straße ist nicht breit genug.

e) Kurz nach der Kreuzung wurden wir von der Polizei _____, weil wir die rote Ampel überfahren hatten.

f) Nach dem Unfall wurde der Bremsweg _____. Die Länge zeigt, daß der Wagen viel zu schnell gefahren war.

g) Ich _____, daß es heute nacht Eis auf den Straßen gibt. Laß uns lieber mit der Straßenbahn fahren.

3. Verben mit ähnlicher Bedeutung. Was paßt wo? Ergänzen Sie.

| denken | nachdenken | überlegen | erkennen | kennen | glauben | wissen | verstehen |

a) In der mündlichen Prüfung war ich zum Schluß so nervös, daß ich die Fragen nicht mehr _____ habe.

b) Ich _____ nicht, wo die Prüfung stattfindet.

c) Wenn ich Angst habe, kann ich nicht richtig _____.

d) Vor der Prüfung sollte man gut _____, was man noch lernen und üben muß.

e) Die Fragen in der Prüfung waren ganz einfach; ich habe alle Antworten _____.

f) Mein größter Wunsch wäre, die Prüfungsaufgaben vorher zu _____.

g) Wenn ich an die Prüfung _____, tut mein Magen weh.

h) Ich finde, man hat in einer Prüfung immer zu wenig Zeit zum _____.

i) Ich hatte am Prüfungstag meine Brille vergessen und konnte deshalb die Schrift an der Tafel nicht _____.

j) Kann man an einer Prüfung wirklich _____, ob jemand viel oder wenig _____?

k) Hast du vorher _____, welche Lehrer dich prüfen?

l) Hast du die Lehrer _____, die dich geprüft haben?

m) _____ Sie bitte an Papier und Kugelschreiber, wenn Sie morgen zur Prüfung kommen!

n) Natürlich muß man sich auf die Prüfung vorbereiten. Was hast du denn _____?

4. ,Halten' hat verschiedene Bedeutungen.

BD

A. halten = stoppen

B. halten = etwas in der Hand haben

C. halten = finden/der Meinung sein, daß eine Sache/Person eine bestimmte Eigenschaft hat

D. halten = dafür sorgen, daß etwas in einem bestimmten Zustand bleibt.

Welche Bedeutung hat ,halten' in den folgenden Sätzen?

1. Wir *halten* das Essen warm, bis du nach Hause kommst.

2. Der Bus *hält* direkt neben dem Eingang.

3. Es ist ihm egal, ob man ihn für dumm oder intelligent *hält*.

4. Was *halten* Sie von Tests und Prüfungen?

5. Die Studenten *halten* die Bücher zum Schutz vor der Sonne vor die Augen.

6. Wenn sie abends lange arbeiten muß, *hält* sie sich mit Kaffee wach.

7. Kannst du bitte mal meine Tasche *halten*?

8. Halte bitte an der nächsten Ecke; da muß ich aussteigen.

5. ,Kommen' hat verschiedene Bedeutungen.

BD

A. Hast du Lust, heute abend zu uns zu *kommen*?
(kommen = zu einem Ort gehen/fahren/fliegen)

B. Gestern ist Lena doch pünktlich *gekommen*. *(kommen = ankommen)*

C. Hilfst du mir bitte beim Aufräumen? Diese Sachen hier *kommen* alle in den Keller.
(kommen = etwas an einen bestimmten Ort bringen, stellen, tragen)

D. Meine Tochter *kommt* nächstes Jahr in den Kindergarten.
(kommen = Mitglied einer Institution werden, deren Regeln man beachten muß)

E. Ich bin Vertreter und *komme* von der Firma Scharf.
(kommen = eine bestimmte Herkunft haben)

F. Heute bin ich sehr nervös. Ich weiß nicht, woher das *kommt*.
(kommen = Grund/Ursache für etwas sein)

G. Letztes Jahr *kam* es zu neuen Demonstrationen gegen Atomwaffen.
(kommen = sich zu einem bestimmten Ergebnis/Zustand entwickeln)

H. Nach der schriftlichen Prüfung *kommt* die mündliche. *(kommen = auf etwas folgen)*

Welche Bedeutung hat ,kommen' in den folgenden Sätzen?

1. Es *kommt* oft anders, als man denkt. □

2. Luisa *kommt* aus Italien. □

3. Unsere Kinder *kommen* abends um 8.00 Uhr ins Bett. □

Lektion 15

4. Der Brief ist heute noch nicht *gekommen*, aber morgen haben wir ihn bestimmt. ☐
5. Die Luft in der Stadt ist heute sehr schlecht. Das *kommt* von dem nebligen Wetter. ☐
6. Bernd *kommt* nicht zur Armee, weil er die Gesundheitsprüfung nicht bestanden hat. ☐
7. Der zweite Teil der Prüfung *kommt* morgen; seien Sie bitte alle wieder pünktlich! ☐
8. Ist Lena auch zur Betriebsfeier *gekommen*? ☐

BD

6. ‚Folgen' hat verschiedene Bedeutungen.

A. folgen = einer Person, einem Fahrzeug hinterhergehen/hinterherfahren

B. folgen = beachten

C. folgen = verstehen

D. folgen = nach etwas kommen; der nächste sein

E. folgen = aus einer Sache gedanklich etwas schließen

Welche Bedeutung hat ‚folgen' in den folgenden Sätzen?
1. Die Garantie für dieses Elektrogerät gilt nur, wenn man der Gebrauchsanweisung genau *folgt*. ☐
2. Wenn Sie zur Post wollen, brauchen Sie mir nur zu *folgen*. Ich wohne im Gebäude nebenan. ☐
3. Die *folgenden* Fragen sind nicht ganz einfach. ☐
4. Können Sie bitte etwas langsamer sprechen? Ich kann Ihnen nicht *folgen*. ☐
5. Petra ist so groß wie Lena, und Lena ist so groß wie Irene. Daraus *folgt*, daß auch Petra und Irene gleich groß sind. ☐

BD

7. ‚Offen' hat verschiedene Bedeutungen.

A. offen = nicht geschlossen

B. offen = nicht abgeschlossen

C. offen = geöffnet für das Publikum

D. offen = ohne falsche Rücksicht auf die Gefühle oder Meinungen anderer Personen; ehrlich; nicht geheim

E. offen = nicht entschieden/beantwortet

Welche Bedeutung hat ‚offen' in den folgenden Sätzen?
1. Ich bin bereit, alle Fragen *offen* zu beantworten. ☐
2. Für einige Fragen wußte ich keine Antworten. Ich habe sie einfach *offen* gelassen. ☐
3. Während der Prüfung dürfen die Lehrbücher nicht *offen* sein. ☐
4. Mein Auto ist immer *offen*; trotzdem ist mir noch nie etwas gestohlen worden. ☐
5. Nach 18.30 Uhr sind in der Bundesrepublik normalerweise keine Geschäfte mehr *offen*. ☐

BD

8. ‚Gleich' hat verschiedene Bedeutungen. In den folgenden Sätzen können Sie immer ‚gleich' einsetzen, aber es paßt jeweils noch ein anderer Ausdruck. Ergänzen Sie.

| (der, die das) gleich(e) | egal | sofort | von Anfang an | der-/die-/dasselbe |

a) Nach der Prüfung rufe ich dich _____ an.
b) Welche Note ich in der Prüfung bekomme, ist mir völlig _____ .

c) Wenn ich _____ gewußt hätte, daß du kommst, hätte ich nicht angerufen.
d) Es ist ganz _____, welche Kleidung du in der Prüfung trägst.
e) Werden in der Prüfung jedem _____ Fragen gestellt?
f) Wenn ich eine Frage nicht verstand, hat der Prüfer _____ eine neue gestellt.
g) Ich hatte dir doch _____ gesagt, daß du vor der Prüfung keine Angst haben mußt!
h) Mein Bruder und ich machen die Führerscheinprüfung in _____ Woche.

9. ‚Sein' hat verschiedene Bedeutungen.

A. sein = eine Eigenschaft haben, sich in einem Zustand befinden
B. sein = sich an einem Ort befinden
C. sein = stattfinden
D. sein = eine Herkunft haben
E. sein = müssen (Notwendigkeit, Vorschrift)
F. sein = können (Möglichkeit)

Welche Bedeutung hat ‚sein' in den folgenden Sätzen?
1. Was *ist* zu tun, wenn Sie einen Krankenwagen kommen sehen? □
2. Ich *bin* immer guter Laune. □
3. Wie *ist* das zu erklären? □
4. Die Prüfung *ist* am nächsten Mittwoch. □
5. Das Prüfungszimmer *ist* im 1. Stock. □
6. Dieser Brief *ist* von meiner Schwester. □
7. Vor der Prüfung *war* er ganz ruhig. □
8. Die Fragen *sind* nur mit ‚ja' oder ‚nein' zu beantworten. □
9. Die Fragen *sind* recht leicht. □
10. Der neue Kurs *ist* in einem anderen Gebäude. □
11. Das Lehrbuch „Themen" *ist* vom Max Hueber Verlag. □
12. Wo *ist* der nächste Zeitungskiosk? □

10. ‚Schlecht' hat verschiedene Bedeutungen.

A. schlecht = alt/verdorben/nicht mehr eßbar/giftig (bei Lebensmitteln)
B. schlecht = nicht von guter Qualität/nicht wertvoll/wertlos (Dinge, Gegenstände)
C. schlecht = nicht geübt; ohne ausreichendes Können/Wissen
D. schlecht = moralisch/charakterlich tiefstehend (bei Personen und Ideen)
E. schlecht = nicht gesund; nicht gut (Gesundheit und Befinden)
F. schlecht = übel; nicht gut im Magen

Welche Bedeutung hat ‚schlecht' in den folgenden Sätzen?
1. Er ist ein *schlechter* Autofahrer.
2. Ich fahre nicht gern auf einem Schiff, weil es mir dann immer *schlecht* wird.
3. Die ganze Familie mußte ins Krankenhaus, weil sie *schlechten* Fisch gegessen hatten.
4. Er macht zwar viel Unsinn, aber im Grunde ist er kein *schlechter* Mensch.
5. Soviel Geld hast du für diesen *schlechten* Teppich bezahlt?
6. Wenn es Ihnen so *schlecht* geht, sollten Sie sich besser ins Bett legen!
7. Die Wurst sieht komisch aus; die ist bestimmt *schlecht*.
8. Mein Freund ist nach draußen an die frische Luft gegangen; ihm ist *schlecht*.
9. Das muß *schlechtes* Material sein, sonst wäre der Preis nicht so niedrig.
10. Wir können ihn noch nicht besuchen; es geht ihm noch sehr *schlecht*.
11. Er hatte schon als Kind einen *schlechten* Charakter, sagt seine Mutter.
12. Das Essen in diesem Restaurant ist gut, aber die Bedienung ist *schlecht*.

Tricks, die helfen, sich vieles besser zu merken

Manche Menschen scheinen ein phänomenales Gedächtnis zu haben. Andere sind bekannt dafür, alles zu vergessen. Sein Gedächtnis kann man zwar nicht trainieren, aber man kann ihm nachhelfen. Mit welchen Tricks – das erfahren Sie hier.

Jeder Mensch kennt Momente, in denen ihn sein Gedächtnis völlig im Stich läßt. Eine typische Situation: Man fährt in ein Parkhaus, denkt an all die Dinge, die man besorgen will, und wenn man vom Einkaufen zurückkommt, weiß man nicht mehr, wo man seinen Wagen geparkt hat.
Die Gründe dafür, daß einen das Gedächtnis im Stich läßt, können verschieden sein. Denn die Leistung des Gedächtnisses besteht aus verschiedenen Einzelleistungen:
1. Aus dem Wahrnehmen einer Information.
2. Aus dem Speichern einer Information.
3. Aus dem Wiederfinden einer Information.
Wer über ein schlechtes Gedächtnis klagt, der macht oft schon Fehler beim ersten Punkt, der Wahrnehmung. Von der Aufmerksamkeit bei der Wahrnehmung hängt es ab, ob eine Information die Chance hat, gespeichert zu werden oder nicht. Und das unabhängig davon, wie oft sie wiederholt wird. Ein Beispiel: Die englische Radiostation BBC änderte vor einiger Zeit die Frequenz. Obwohl die neue Frequenz etwa tausendmal im Radio zu hören war, wußte von einer Anzahl befragter Testpersonen

nachher kaum eine, welches die neue Frequenz sein würde. Zum einen Ohr herein, zum anderen hinaus – so gehen wir mit Informationen um, die uns nicht wirklich interessieren.
Beim zweiten Punkt geht es um das Speichern von Informationen.

Soviel behalten wir im Gedächtnis

Wenn wir hören	**20%**
Wenn wir sehen	**30%**
Wenn wir hören und sehen	**50%**
Wenn wir hören, sehen und tun	**90%**

In diesem Zusammenhang gibt es ein Zauberwort, mit dem man die Gedächtnisleistung stark verbessern kann: »Visualisieren«, also etwas in Bilder umsetzen. Denn Tests beweisen, daß es sehr viel leichter ist, Dinge zu behalten, wenn sie zwei- oder mehrfach im Gedächtnis verankert werden. Wer etwas nur hört, wird es sich auf die Dauer schlechter merken,

als wenn er es hört und zudem auch sieht. Am allerbesten behält man aber das, was man nicht nur gesehen und gehört, sondern selber in der Praxis angewandt hat. Dann bleibt es fast unauslöschlich in unserem Gedächtnis.

Schließlich zum dritten Punkt: Manchmal meint man, eine Sache eigentlich zu wissen, aber sie fällt einem im Moment einfach nicht ein. Jeder kennt das Gefühl, wenn einem ein Wort praktisch auf der Zunge liegt, aber es will nicht heraus. Oft klappt es besser, wenn etwas unserem Gedächtnis auf die Sprünge hilft: Vielleicht erinnern wir uns an Details der Situation, in der wir zum Beispiel einen Namen zum ersten Mal hörten. Je klarer einem die Gesamtsituation »vor Augen steht«, um so besser ist die Chance, daß wir die gesuchte Information finden. Das Gedächtnis kann sich nämlich nur solche Inhalte gut merken, die es einer Stelle zuordnen kann. Dies könnte übrigens erklären, warum wir uns kaum an Dinge erinnern, die wir als Babys erlebt haben: wir hatten damals in unserem Gedächtnis noch keine Strukturen zum Einordnen von Erfahrungen aufgebaut.

Kann man sein Gedächtnis trainieren? Nein, sagen Wissenschaftler, die das immer wieder untersucht haben. Das Gedächtnis ist kein Muskel; wer jeden Tag ein Gedicht oder eine Zahlenreihe auswendig lernt, um sein Gedächtnis zu stärken, der arbeitet umsonst. Aber es gibt Tricks, sich bestimmte Dinge besser zu merken. Man kann zum Beispiel einen Reim bilden oder eine sogenannte Eselsbrücke bauen, mit deren Hilfe man neue Informationen mit schon vorhandenen in Verbindung bringt. Allerdings: Je komplizierter so eine Eselsbrücke ist, um so schwerer wird es, den gesamten Gedankengang wieder zurückzuverfolgen und sich an das zu erinnern, was man nicht vergessen wollte.

Schlüssel

Anmerkungen zum Lösungsschlüssel

1. Die meisten Übungen – besonders die Grammatikübungen – haben eindeutige Lösungen.

2. Bei den Wortschatzübungen sind nur solche Lösungen angegeben, die sich auf den durch das Kursbuch erworbenen Wortschatz beschränken. Sie können ergänzt werden durch weiteren Wortschatz aus dem ungesteuerten Fremdsprachenerwerb der Lerner. Diese Möglichkeit wird angedeutet durch ,....'.

3. Bei einigen Bedeutungsübungen ist es möglich, daß Lehrer und bestimmt auch einige Lerner weitere Lösungen finden. Der Lösungsschlüssel ist jedoch abgestimmt auf Wortschatz, Grammatik, Thema und Situation der jeweiligen Lektion oder der dieser vorausgehenden Lektionen, da die Lerner, besonders im Ausland, nur auf dieser Grundlage entscheiden können.

4. Für einige Bedeutungsübungen gibt es keinen Schlüssel, da sie nur individuelle Lösungen zulassen. In diesen Fällen sind nur exemplarische Beispiel-Lösungen vorgegeben.

1

1. feucht, trocken, heiß, warm, kühl, kalt, . . .
2. **b)** feucht, kühl   **c)** trocken, warm, heiß   **d)** naß, feucht   **e)** kalt   **f)** stark, kalt, kühl, (warm)
3. **Landschaft/Natur:** Park, Tiere, Wasser, Blume, See, Strand, Pflanze, Meer, Fluß, Boden, Baum, Berg. **Wetter:** Eis, Nebel, Wolke, Sonne, Klima, Gewitter, Wind, Schnee, Regen, Grad
4.

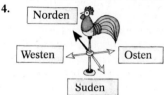

5. **a)** Sommer   **b)** Herbst   **c)** Winter   **d)** Frühling
6. **a)** vor zwei Tagen   **b)** spät am Abend   **c)** am Mittag   **d)** in zwei Tagen   **e)** früh am Morgen   **f)** am Nachmittag
7. **b)** früh abends, gegen Abend   **c)** spät abends   **d)** am frühen Nachmittag   **e)** am späten Nachmittag   **f)** früh morgens   **g)** am frühen Vormittag   **h)** früh abends
8. **b)** Freitag mittag   **c)** Dienstag abend   **d)** Montag abend   **e)** Montag nachmittag   **f)** Samstag morgen
9. **b)** Das feuchte Wetter macht ihn krank. Es geht ihm nicht gut.   **c)** Petra kann ihre Schwester heute nicht besuchen. Vielleicht klappt es morgen./Vielleicht geht es morgen.   **d)** Wir können am Wochenende Ski fahren. In den Alpen gibt es Schnee.   **e)** Es regnet nicht mehr. Wir können jetzt schwimmen gehen.
f) Morgen nachmittag klappt es leider nicht./Morgen nachmittag geht es leider nicht. Da muß ich in die Schule gehen.   **g)** Geht es bis morgen?/Klappt es bis morgen? Ich brauche den Wagen unbedingt.   **h)** Meine Freundin kommt aus Bombay. Dort gibt es nie Schnee./Dort schneit es nie.
10. **c)** es   **d)** er   **e)** sie   **f)** es   **g)** es   **h)** sie   **i)** es   **j)** er   **k)** er   **l)** es   **m)** es   **n)** er
11. **b)** Liebe Mutter,
ich studiere jetzt seit acht Wochen in Bielefeld. Hier ist das Wetter so kalt und feucht, daß ich oft stark erkältet bin. Dann muß ich viele Medikamente nehmen. Deshalb fahre ich in den Semesterferien zwei Monate nach Spanien.
Viele Grüße
Deine Herminda

Schlüssel

c) Lieber Kurt,
ich bin jetzt Lehrer an einer Technikerschule in Bombay. Hier ist das Klima so feucht und heiß, daß ich oft Fieber bekomme. Dann kann ich nichts essen und nicht arbeiten. Deshalb möchte ich gerne wieder zu Hause arbeiten.   Viele Grüße
Dein Benno

12. a) B **b)** B **c)** C **d)** B **e)** A **f)** A

13. ○ Was willst du denn jetzt machen?
□ Das Auto waschen.
○ Warum das denn?
□ Weil wir doch morgen meine Eltern besuchen. Da muß das Auto doch sauber sein.
○ Dann wasch es lieber später. Es regnet gleich.
□ Das glaube ich nicht.
○ Doch, schau doch mal die schwarzen Wolken an.
□ Trotzdem, ich wasche jetzt das Auto. Der Regen macht mir nichts.
○ Meinetwegen, wenn du unbedingt eine Erkältung bekommen willst.

14. Wann?: im Winter, bald, nachts, vorige Woche, damals, vorgestern, jetzt, früher, letzten Monat, am Abend, nächstes Jahr, früh morgens, heute, sofort, gegen Mittag, gleich, um acht Uhr, am Nachmittag, nachher, heute abend, diesen Monat, am frühen Nachmittag. **Wie oft?:** selten, nie, oft, immer, jeden Tag. **Wie lange?:** den ganzen Tag, ein paar Minuten, kurze Zeit, einige Jahre, wenige Monate, fünf Stunden

15. der Monat: den ganzen Monat, letzten Monat, vorigen Monat, nächsten Monat, jeden Monat, diesen Monat
die Woche: die ganze Woche, letzte Woche, vorige Woche, nächste Woche, jede Woche, diese Woche
das Jahr: das ganze Jahr, letztes Jahr, voriges Jahr, nächstes Jahr, jedes Jahr, dieses Jahr

16. b) nächstes Jahr,   **c)** nächste Woche   **d)** letztes Jahr/voriges Jahr   **e)** letzten Monat/vorigen Monat
f) übermorgen

17. a) Ich möchte an einem See wohnen, der nicht sehr tief ist/den nur wenige Leute kennen/auf dem man segeln kann/in dem man gut schwimmen kann/dessen Wasser warm ist/in dem es viele Fische gibt/an dem es keine Hotels gibt/an dem (an dem) es mittags immer Wind gibt.
b) Ich möchte auf einer Insel leben, die ganz allein im Meer liegt/die keinen Flughafen hat/auf der nur wenig Menschen wohnen/auf der es keine Industrie gibt/zu der man nur mit einem Schiff kommen kann/deren Strand weiß und warm ist/für die es noch keinen Namen gibt/auf der (über der) immer die Sonne scheint.
c) Ich möchte in einem Land leben, das schöne Landschaften hat/in dem das Klima trocken und warm ist/dessen Sprache ich gut verstehe/in dem die Luft noch sauber ist/in dem man keinen Regenschirm braucht/in dem sich alle Leute wohl fühlen/das man immer interessant findet/dessen Leute freundlich sind.
d) Ich möchte in Städten wohnen, die viele Parks haben/deren Straßen nicht so groß sind/die noch Straßenbahnen haben/durch die ein großer Fluß fließt/die viele Brücken haben/in denen man nachts ohne Angst spazierengehen kann/für die sich die Touristen nicht interessieren/in denen man sich frei fühlt.

	Invers.-Signal	Subjekt	Verb	Subjekt	unb. obl. Erg.	Angabe	obligatorische Ergänzung	Verb
1		Ich der	möchte			nicht	an einem See sehr tief	wohnen ist.
2	den			nur wenige Leute				kennen.
3	auf dem			man				segeln kann.
4	in dem			man		gut		schwimmen kann.
5		dessen Wasser					warm	ist.
6	in dem			es			viele Fische	gibt.
7	an dem			es			keine Hotels	gibt.
8	auf dem			es		mittags immer	Wind	gibt.

18. ... aber ... dann/da ... trotzdem ... denn ... dann ... und ... also/deshalb ... übrigens ... zum Schluß ... deshalb/also ...

19. a) A, C   **b)** A, B   **c)** C   **d)** B, C   **e)** B, C   **f)** A

2

1. a) Pflaster   **b)** Fahrplan   **c)** Schlüssel   **d)** Salz   **e)** Seife   **f)** Milch   **g)** Medikament   **h)** Krankenschein **i)** Licht   **j)** Versicherung   **k)** Zimmer

2. a) das Gas, die Heizung, den Ofen, das Radio, den Motor, ...   **b)** den Schirm, das Hotelzimmer, das Auto,
■ den Koffer, das Hemd, das Haus, die Grenze, den Ofen, die Flasche Schnaps, die Tasche, das Telefonbuch, ..   **c)** eine Versicherung, das Hotelzimmer, das Auto, den Koffer, das Haus, ...

3. abfahren, abholen, abnehmen, abschleppen, abschließen, ...; anfangen, ankommen, anmachen, annehmen,
■ anrufen, anschauen, ansehen, anziehen, ..; aufhören, aufmachen, aufnehmen, aufpassen, aufräumen, aufschreiben, aufstehen, ... ausbilden, ausgeben, ausmachen, auspacken, aussehen, auswählen ausziehen, ...; einkaufen, einladen, einpacken, einschlafen, einstellen, ...; mitarbeiten, mitbringen, mitgehen, mitkommen, mitnehmen, mitsingen, mitspielen, ...; vorschlagen, vorstellen, ...; zuhören, zumachen, zuschauen, ...

4. b) Ihre Eltern lassen sie nicht allein Urlaub machen.   **c)** Seine Frau läßt ihn nie kochen.   **d)** Seine Mutter läßt ihn aufs Gymnasium gehen.   **e)** Dort läßt er seine Katze impfen.   **f)** Die Autowerkstatt läßt mich warten.   **g)** Familie Behrens läßt sie mit dem Hund spielen.   **h)** Sie läßt sie in der Reinigung waschen. **i)** Herbert läßt ihn nicht schlafen.   **j)** Er läßt seine Frau fahren.   **k)** Seine Eltern lassen ihn keinen Kaffee trinken.   **l)** Er läßt es in der Werkstatt reparieren.

5. a) keinen, –, nicht, –, nichts   **b)** kein, –, nicht, –, –, eine, nicht   **c)** keinen, einen, nicht, nichts

6. b) Zum Kochen braucht man meistens Salz und Pfeffer.   **c)** Zum Skifahren braucht man Schnee.   **d)** Zum Schreiben braucht man Papier und einen Kugelschreiber.   **e)** Zum Fotografieren braucht man einen Fotoapparat und einen Film.   **f)** Zum Tanken muß man zur Tankstelle fahren.   **g)** Zum Telefonieren muß man oft ein Telefonbuch haben.   **h)** Zum Schlafen nimmt man am besten eine Wolldecke   **i)** Zum Lesen sollte man gutes Licht haben.   **j)** Zum Reparieren braucht man gutes Werkzeug.   **k)** Zum Wandern sollte man gute Schuhe haben.

7.

	Inversionssi-gnal	Subjekt	Verb	Subjekt	unbetonte Ergänzung	Angabe	obligatorische Ergänzung	Verb
a)		Frau Meier	läßt		ihren Mann	heute		kochen.
b)		Sie	läßt			morgen	die Katze	impfen.
c)		Herr Meier	läßt				die Bremsen	prüfen.
d)	Seine Frau		läßt	er		nie	das Auto	fahren.
e)			Laß		mich	doch	die Fahrpläne	besorgen.
f)			Lassen	Sie	meinen Freund	bitte	Gitarre	spielen.

8. 1A, 2A, 3B, 4C, 5B, 6A, 7C, 8B, 9A, 10B

9. a) B   **b)** A   **c)** B   **d)** A   **e)** C   **f)** A

10. Zuerst geht Herr Schulz zum Rathaus. Dort läßt er die Pässe und die Kinderausweise verlängern. Dann läßt er
■ beim Tierarzt die Katze untersuchen. Später läßt er in der Autowerkstatt die Bremsen kontrollieren; die ziehen nämlich nach links. Dann läßt er schnell im Fotogeschäft den Fotoapparat reparieren. Später hat er noch Zeit, die Haare schneiden zu lassen. Zum Schluß fährt er zur Tankstelle und tankt. Das Öl und die Reifen läßt er auch noch prüfen. Schließlich fährt er nach Hause. Seine Frau läßt er den Wagen nicht packen, das tut er selbst. Dann ist er endlich fertig.

11. auswandern: Arbeitserlaubnis, Visum, Paß, Untersuchung, Krankenversicherung, Konsulat, Botschaft, Auskunft, beantragen, impfen, anmelden, ..

12. a) AUSLÄNDER   **b)** ÄMTERN   **c)** AUFENTHALTSERLAUBNIS   **d)** KRANKENSCHEIN   **e)** ÜBERSETZEN

13. ... als ... wenn ... wann ... wann ... wenn ... als .. wann ... wann ... wenn ...

Schlüssel

14. **b)** Frau Meier weiß noch nicht, ob es in Mallorca guten Kaffee gibt.   **c)** Frau Mittler möchte gern wissen, wann die Läden in Norwegen zumachen.   **d)** Gerti fragt sich, wie lange die Diskotheken in der Schweiz auf sind.   **e)** Herr Klar weiß nicht, welche Sprache man in Andorra spricht.   **f)** Frau Schickedanz muß unbedingt wissen, ob man in Tunesien Alkohol kaufen kann.   **g)** Susanne überlegt, ob sie nach Spanien einen Pullover mitnehmen soll.   **h)** Herr Schuster weiß nicht, wieviel D-Mark 1000 italienische Lire sind.   **i)** Frau Möller fragt sich, wer sie am Bahnhof abholt.   **j)** Heiko möchte sehr gern wissen, ob es in Dänemark billigen Schnaps gibt.   **k)** Dr. Kaufmann überlegt, wo man ein günstiges Ferienhaus mieten kann.   **l)** Familie Aufderheide fragt sich, ob den Kindern wohl die Nordsee gefällt.   **m)** Herr Sutter überlegt, in welchem Land er die meisten Steuern sparen kann.   **n)** Frau Kuhlmann weiß noch nicht, wann ihr Zug abfährt.

	Inversionssignal	Subjekt	Verb	Subjekt	unbetonte Ergänzung	Angabe	obligatorische Ergänzung	Verb
a)	was	Herr Kurz	überlegt,	er				mitnehmen muß.
b)	ob	Frau Meier	weiß	es		nicht, in Mallorca	guten Kaffee	gibt.
g)	ob	Susanne	überlegt,	sie		nach Spanien	einen Pullover	mitnehmen soll.
i)	wer	Frau Möller	fragt	sie	sich,	am Bahnhof		abholt.

15. **b)** Weißt du nicht, daß Karla morgen Geburtstag hat?   **c)** Ich habe vergessen, ob morgen ein Feiertag ist.   **d)** Ich weiß nicht, ob man für die DDR ein Visum braucht.   **e)** Ich kann nicht verstehen, daß die Türken gern auf dem Teppich sitzen.   **f)** Möchtest du nicht auch wissen, ob man in Kanada viel Geld verdienen kann?   **g)** Ich habe gehört, daß die Deutschen sehr früh aufstehen.   **h)** Ich habe nicht gewußt, daß die Geschäfte in der Bundesrepublik um 18.30 Uhr zumachen.   **i)** Kein Mensch weiß, ob die Österreicher mehr Wein oder mehr Bier trinken.   **j)** Ich bin nicht sicher, ob man in der Schweiz auch Italienisch spricht.

16. **c)** . . . , um mehr Geld zu verdienen.   **d)** . . . , um später in Italien eine Autowerkstatt aufzumachen.   **e)** . . . , damit seine Kinder Fremdsprachen lernen.   **f)** . . . , damit seine Frau nicht mehr arbeiten muß.   **g)** . . . , um in seinem Beruf weiterzukommen.   **h)** . . . , damit seine Familie besser lebt.   **i).** . . . , um eine eigene Wohnung zu haben.

17.

	Subjekt	Verb	Subjekt	Angabe	obligatorische Ergänzung	Verb
	Er	ist			in die Bundesrepublik	gekommen,
a) um				hier		zu arbeiten.
b) damit	seine Kinder			bessere Berufschancen		haben.
c) um				mehr Geld		zu verdienen.
d) um			später in Italien	eine Autowerkstatt		aufzumachen.
e) damit	seine Kinder			Fremdsprachen		lernen.
f) damit	seine Frau		nicht mehr			arbeiten muß.
g) um			in seinem Beruf			weiterzukommen.
h) damit	seine Familie		besser			lebt.
i) um				eine eigene Wohnung		zu haben.

18. . . . weil . . . – . . . zu . . . damit . . . – . . . zu . . . daß . . . um . . . zu . . . – . . . zu . . . bevor . . . damit . . . weil . . . – . . . zu . . . um . . . zu . . . – . . . zu . . . um . . . zu . . . bevor . . . daß

19. **a)** C **b)** B **c)** A **d)** C **e)** A **f)** C

20. Individuelle Lösung

Schlüssel

1. **Nachricht/wo?:** Radio, Fernsehen, Sendung . . ., **Nachricht/worüber?:** Krieg, Frieden, Vertrag, Wahl, Skandal, Unfall, Streik, Krise, Umweltproblem, Gesetz, Sport, Innenpolitik, . . .

2. **a)** in Stuttgart ist ein Bus gegen einen Zug gefahren.   **b)** In Deggendorf ist ein Hund mit zwei Köpfen geboren.   **c)** In Linz hat eine Hausfrau vor ihrer Tür eine Tasche mit einem Baby gefunden.   **d)** In Basel hat es Verkehrsprobleme wegen Schnee gegeben.   **e)** New York war ohne Licht/Strom.   **f)** In Duisburg haben Arbeiter für die 35-Stunden-Woche demonstriert.

3.

Grenze	Heizung	Hochhaus	Post	Supermarkt	Verkehr
Beamter	Gas	Aufzug	Briefumschlag	Kasse	Bus
Paß	Öl	Wohnung	Päckchen	Lebensmittel	Straßenbahn
Zoll	Strom	Stock	Paket	Verkäufer	U-Bahn

4. **b)** Ich habe ein Päckchen mit einem Geschenk bekommen.   **c)** Wir hatten gestern keinen Strom wegen des Gewitters/Wegen des Gewitters hatten wir gestern keinen Strom.   **d)** Diese Kamera funktioniert ohne Batterie.   **e)** Ich konnte gestern wegen des schlechten Wetters nicht zu dir kommen/Wegen des schlechten Wetters konnte ich gestern nicht zu dir kommen.   **f)** Jeder in meiner Familie treibt Sport, außer mir/Außer mir treibt jeder in meiner Familie Sport.   **g)** Der Arzt hat mein Bein wegen einer Verletzung operiert/Wegen einer Verletzung hat der Arzt mein Bein operiert.   **h)** Ich bin gegen den Streik.   **i)** Die Metallarbeiter haben für mehr Lohn demonstriert.   **j)** Man kann nicht ohne Visum nach Australien fahren/Ohne Visum kann man nicht nach Australien fahren.

5.

	ein Streik	eine Reise	ein Haus	Probleme
für	einen Streik	eine Reise	ein Haus	Probleme
gegen	einen Streik	eine Reise	ein Haus	Probleme
mit	einem Streik	einer Reise	einem Haus	Problemen
ohne	einen Streik	eine Reise	ein Haus	Probleme
wegen	eines Streiks/einem Streik	einer Reise	eines Hauses/einem Haus	Problemen
außer	einem Streik	einer Reise	einem Haus	Problemen

6. **Politik:** Krieg, Frieden, Regierung, Partei, Minister, Parlament, Präsident, Meinung, Vertrag, Wahl, . . .

7. geben, anrufen, abschließen, besuchen, kennenlernen, vorschlagen, verlieren, beantragen, unterstreichen, finden, bekommen.

8. die Meinung, der Ärger, die Antwort, die Frage, der Besuch, das Essen, das Fernsehen/der Fernseher, die Operation, die Reparatur, der Regen, der Schnee, der Spaziergang, die Sprache, der Streik, die Unterschrift, die Untersuchung, die Verletzung, der Vorschlag, die Wäsche, die Wohnung, der Wunsch, die Demonstration.

9. **a)** über   **b)** mit   **c)** vor   **d)** von   **e)** gegen   **f)** über, mit   **g)** über   **h)** mit   **i)** zwischen   **j)** für

10. **a)** A   **b)** B   **c)** C   **d)** A   **e)** B   **f)** C   **g)** B   **h)** A   **i)** A

11.

	a)	b)	c)	d)	e)	f)	g)	h)	i)	j)
wann?	X		X	X	X				X	
wie lange?		X				X	X	X		X

12.

	a)	b)	c)	d)	e)	f)	g)
dasselbe	X	X		X			X
nicht dasselbe			X		X	X	

13. 1968   1848   1917   1789   1830   1618   1939   1066   1492

1. **Alte Leute/Probleme:** allein sein, ins Altersheim kommen, unglücklich sein, Streit bekommen, nicht zuhören, sich nicht helfen können, stören, Gesundheit, . . .

2. **a)** sie – ihnen – sie – ihnen – ihnen – sie   **b)** sie – sie – ihnen – ihnen – sie – ihnen – sie

3. sich – ihr – sich – sich – ihr – sie – ihr – sie – sich

Schlüssel

4. Familie Simmet wohnt seit vier Jahren mit der Mutter von Frau Simmet zusammen, weil ihr Vater gestorben
■ ist. Ihre Mutter kann sich überhaupt nicht mehr helfen: Sie kann sich nicht mehr anziehen und ausziehen, Frau Simmet muß sie waschen und ihr das Essen bringen. Deshalb mußte sie vor zwei Jahren aufhören zu arbeiten. Sie hat oft Streit mit ihrem Mann, weil er sich jeden Tag über ihre Mutter ärgert. Sie möchten sie schon lange in ein Altersheim bringen, aber sie finden keinen Platz für sie. Frau Simmet glaubt, daß ihre Ehe bald kaputt ist.

5. b) Gehört der Schlüssel ihr?   **c)** Gehört das Paket euch?   **d)** Gehört der Wagen ihnen?   **e)** Gehört der Ausweis ihm?   **f)** Gehört die Tasche Ihnen?   **g)** Das Geld gehört mir!   **h)** Gehören die Bücher euch? **i)** Gehören die Pakete Ihnen, Frau Simmet?   **j)** Die Fotos gehören ihnen.

6. a) auf **b)** für **c)** von **d)** über **e)** über **f)** auf **g)** mit – über **h)** zu **i)** mit **j)** über **k)** für **l)** von

7. b) Wohin fahren Sie im Urlaub?   **c)** Wogegen habt ihr demonstriert?   **d)** Worauf freust du dich?   **e)** Wonach hat er gefragt?   **f)** Worüber möchten Sie sich beschweren?   **g)** Worüber denken Sie oft nach? **h)** Zwischen was können wir wählen?   **i)** Woher kommen Sie?   **j)** Wofür haben Sie Ihr ganzes Geld ausgegeben?   **k)** Wovon hat Karin euch erzählt?   **l)** Worüber sind viele Rentner enttäuscht?

8. a) B **b)** A **c)** A **d)** A **e)** C **f)** C

9. Alte Leute / schönes Leben: gute Rente, viel Freizeit, Verein, Altenclub, Reisen, Freiheit, Besuch, Musik, Enkelkinder, . . .

10. Hof, Fahrrad, Fernsehen, Bauer

11. Regal, Handwerker, Bleistift, Zettel, Werkzeug, Steckdose, Pflaster, Farbe, Seife, Bürste

12. a) – mir die **b)** ihn mir – **c)** sie Hans – **d)** – mir das **e)** sie mir – **f)** – mir die **g)** sie deiner Freundin – **h)** – uns den **i)** es ihnen – **j)** sie meinem Lehrer –

13.

	Inversionssignal	Subjekt	Verb	Subjekt	unbetonte oblig. Ergänz. Akk. (Pers.-Pron.)	Dativ (Nomen/Pers.-Pron.)	Akkusativ (Nomen/Definit-pronomen)	Angabe	obligatorische Ergänzung	Verb
a)			Können	Sie		mir		bitte	die Grammatik	erklären?
b)			Können	Sie		mir	die Grammatik	bitte genauer		erklären?
c)			Können	Sie		mir	die	bitte		erklären?
d)			Können	Sie	sie	mir		bitte		erklären?
e)		Ich	habe			meinem Bruder		gestern	mein neues Auto	gezeigt.
f)			Holst	du		mir		bitte	die Seife?	
g)		Ich	suche			dir		gern	deine Brille.	
h)		Ich	bringe			dir	dein Werkzeug	sofort.		
i)			Zeig			mir	das	doch mal!		
j)		Ich	zeige		es	dir		gleich.		
k)			Geben	Sie		mir	die Lampe	jetzt?		
l)			Holen	Sie	sie	sich		doch!		
m)	Dann		können	Sie		mir	das Geld	ja vielleicht		schicken.
n)	Diesen Mantel		habe	ich		ihr		vorige Woche		gekauft.

14. b) Um 10 Uhr ist er einkaufen gegangen. **c)** Um 11 Uhr hat er für höhere Renten demonstriert. **d)** Um
■ 12 Uhr hat er Frau Schibilsky in der Küche geholfen. **e)** Nach dem Essen hat er eine Stunde geschlafen.
f) Am Nachmittag hat er im Garten gearbeitet. **g)** Dann hat er den Kindern bei den Schulaufgaben geholfen. **h)** Dann hat er mit den Kindern Karten gespielt. **i)** Um 18 Uhr hat er eine Steckdose repariert. **j)** Um
19 Uhr hat er sich mit den Freunden von der Partei getroffen. **k)** Um 21 Uhr hat er auf die Kinder
aufgepaßt. **l)** Um 23 Uhr hat er seinem Freund Karl einen Brief geschrieben.

15.

	a)	b)	c)	d)	e)	f)
dasselbe		X	X	X	X	
nicht dasselbe	X					X

16. a) B **b)** C **c)** B **d)** B **e)** C **f)** A **g)** A **h)** C **i)** A

17. sich kennenlernen / wo?: Tanzsalon, Verein, Büro, Urlaub, Diskothek, Deutschkurs, Altenclub, Alters-
■ heim, . .

18. Leute, die man (gut) kennt / aus der Familie: Eltern, Geschwister, Großeltern (Oma, Opa), . . **nicht aus der**
■ **Familie:** Freunde, Bekannte, Kollegen, Gäste, Arzt, Bäcker, . .

19. a) erzählt **b)** Sprichst **c)** erzählt **d)** unterhalten **e)** Sag (erzähl) **f)** redest (sprichst) **g)** gesagt
h) sprechen (reden) **i)** unterhalten **j)** reden (sprechen)

20. a) stehen **b)** setzen **c)** liegt **d)** sitze **e)** liegt **f)** steht **g)** stehen **h)** gesetzt **i)** gesessen **j)** liegt

21. b) Wir lieben uns. **c)** Sie besuchen sich. **d)** Wir helfen uns. **e)** Wir hören uns. **f)** Wir sehen uns morgen.
g) Sie können sich gut leiden. **h)** Sie haben sich Briefe geschrieben. **i)** Ihr braucht euch. **j)** Sie wünschen
sich ein Auto.

22. b) Bevor er geheiratet hat, kannte er viele Mädchen. **c)** Wenn ich gegessen habe, trinke ich gern einen
Schnaps. **d)** Weil ich dich liebe, schreibe ich dir jede Woche einen Brief **e)** Als ich nach Spanien gefahren
bin, habe ich ein tolles Mädchen kennengelernt. **f)** Es dauert noch ein bißchen, bis der Film anfängt.
g) Wenn es schneit, ist die Welt ganz weiß. **h)** Als (nachdem) er gestorben ist, haben alle geweint.
i) Während die Kollegen gestreikt haben, habe ich gearbeitet.

1. a) Pullover **b)** Anzug **c)** Mantel **d)** Jacke **e)** Bluse **f)** Rock **g)** Schirm **h)** Strümpfe **i)** Brille
j) Kleid **k)** Tasche **l)** Hemd **m)** Schuhe **n)** Hose (Jeans) **o)** Uhr

5

2. a) dick **b)** arm **c)** gefährlich **d)** schmutzig **e)** sparsame **f)** pünktlich **g)** ruhiger **h)** nervös
i) müde **j)** traurig **k)** vorsichtige **l)** bescheiden

3. a) . . ., ob seine Verletzungen gefährlich sind **b)** . . ., wie lange er im Krankenhaus bleiben muß **c)** . . ., wo
der Unfall passiert ist. **d)** . . ., ob noch jemand im Auto war. **e)** . . ., wohin er fahren wollte. **f)** . . ., ob der
Wagen ganz kaputt ist. **g)** . . ., ob man ihn schon besuchen kann. **h)** . . ., ob sie die Reparatur des Wagens
bezahlt.

4. b) . . ., obwohl der Wagen erst letzte Woche in der Werkstatt war. **c)** . . ., denn der braucht weniger Benzin.
d) . . ., weil ich morgen keine Zeit habe. **e)** . . ., bevor du zur Arbeit gehst? **f)** . . ., daß die Reparatur so wenig
gekostet hat. **g)** . . ., aber für eine große Familie sind sie zu klein. **h)** . . ., deshalb kann ich vor einer
Autofahrt keinen Alkohol mehr trinken.

5. b) Bevor Maria bei ihrem Großvater gewohnt hat, hat sie mit ihrer Mutter alleine gelebt. **c)** Als Maria gerade
zwei Jahre alt war, ist ihr Vater gestorben. **d)** Während Adeles Mutter nachmittags geschlafen hat, durften
die Kinder nicht spielen. **e)** Während (Als) Ulrike noch zur Schule gegangen ist, ist sie schon von zu Hause
ausgezogen.

6. Beispiel:
Um 6.45 Uhr hat der Wecker geklingelt, aber Petra ist noch zehn Minuten im Bett geblieben. Dann ist sie
aufgestanden, hat ihre Haare gewaschen und hat sich gewogen. Danach hat sie Kaffee getrunken. Dann hat
sie das Auto aus der Garage geholt und eine Kollegin abgeholt. Dann mußte sie noch tanken. Danach ist sie
zum Büro gefahren. Sie hat gehofft, schnell einen Parkplatz zu finden, aber sie mußte fünfzehn Minuten
suchen. Um 8.35 Uhr hat ihre Arbeit angefangen. Zuerst hat sie vier Briefe geschrieben und dann zwei Briefe
aus Spanien übersetzt. Danach ist die Schreibmaschine kaputt gegangen. Sie konnte sie nicht selbst reparieren. Deshalb hat sie früher aufgehört und ist nach Hause gefahren. Zu Hause hat sie eine Suppe gekocht und

Schlüssel

gegessen. Später hat sie zwei Stunden ferngesehen und fünf Zigaretten geraucht. Dann hat sie im Bett noch gelesen und ist um 23.30 Uhr eingeschlafen.

7. **a)** Flasche, Päckchen, Brief, Koffer, Paket, Tür, Kühlschrank, Dose **b)** Heizung, Radio, Licht, Apparat, Kühlschrank **c)** Sprache, Beruf, Deutsch **d)** Päckchen, Koffer, Paket **e)** Heizung, Radio, Apparat, Kühlschrank, Fahrrad **f)** Brot, Gemüse, Film, Kuchen, Fleisch **g)** Sprache, Buch, Leute, Frage, Brief, Antwort, Deutsch, Film **h)** Stelle, Schule, Universität, Beruf, Platz, Kleidung, Geld

8. **a)** über ihren Hund, über die Regierung, über den Sportverein **b)** mit dem Frühstück, mit der Schule, mit der Untersuchung, mit der Arbeit **c)** um eine Zigarette, um die Adresse, um eine Antwort, um Feuer, um Auskunft **d)** für den Brief, für die Verspätung, für die schlechte Qualität, für meine Tochter **e)** vom Urlaub, von seinem Bruder, von ihrem Unfall, über ihren Hund, über die Regierung, von seiner Krankheit, über den Sportverein **f)** auf das Wochenende, auf eine bessere Regierung, auf den Urlaub, auf besseres Wetter, über ihren Hund, über die Regierung, auf Sonne, auf das Essen, über den Sportverein, auf den Sommer **g)** auf das Wochenende, auf eine bessere Regierung, auf den Urlaub, auf besseres Wetter, auf das Essen, auf Sonne, auf den Sommer **h)** auf den Urlaub, für ein Haus, für eine Schiffsreise, für meine Tochter

9. **b)** Ich verspreche dir, daß wir im nächsten Sommer wieder in die Türkei fahren. (..., wieder mit dir in die Türkei zu fahren.) **c)** Es hat doch keinen Zweck, bei diesem Wetter das Auto zu waschen. (..., daß du bei diesem Wetter das Auto wäschst.) **d)** Hilfst du mit, meinen Regenschirm zu suchen? **e)** Es hat aufgehört zu schneien. **f)** Hast du vergessen, daß du mit uns Fußball spielen wolltest? (..., mit uns Fußball zu spielen?) **g)** Ich habe keine Lust, bei diesem Nebel Fahrrad zu fahren. **h)** Heute habe ich keine Zeit, schwimmen zu gehen. **i)** Ich finde, daß wir mal wieder essen gehen sollten.

10. **b)** ..., um morgens länger schlafen zu können. ..., damit ich morgens länger schlafen kann. **c)** ..., damit meine Kinder mich dann öfter sehen. **d)** ..., damit meine Frau dann wieder arbeiten kann. **e)** ..., um dann ruhiger leben zu können. ..., damit ich dann ruhiger leben kann. **f)** ..., um meine Freunde dann öfter treffen zu können. ..., damit ich meine Freunde dann öfter treffen kann. **g)** ..., damit meine Frau und ich dann öfter zusammen sind. **h)** ..., um dann öfter im Garten arbeiten zu können. ..., damit ich öfter im Garten arbeiten kann.

11. **a)** Er könnte dir doch im Haushalt helfen. **b)** Ich würde ihm keinen Kuchen mehr backen. **c)** Ich würde mir wieder ein Auto kaufen. **d)** Er müßte sich eine neue Stelle suchen. **e)** Er sollte sich neue Freunde suchen. **f)** Du solltest dich nicht mehr über ihn ärgern. Ich würde mich nicht mehr über ihn ärgern. **g)** Er könnte doch morgens spazierengehen. **h)** Du solltest ihm mal deine Meinung sagen. Ich würde ihm mal meine Meinung sagen. **i)** Er sollte selbst einkaufen gehen. **j)** Du solltest mal mit ihm über euer Problem sprechen. Ich würde mal mit ihm über euer Problem sprechen.

12. **a)** gelb **b)** breit **c)** schwierig **d)** schlank **e)** heiß **f)** niedrig **g)** scharf **h)** preiswert **i)** falsch **j)** froh **k)** feucht **l)** verwandt **m)** sympathisch **n)** jung

13. **a) Verkehr:** Unfall, Panne, Führerschein, Fahrplan, Kilometer **b) Zeit:** Monat, Uhr, Tag, Datum, Stunde, (Fahrplan) **c) Politik:** Wahl, Partei, Gewerkschaft, Regierung, Krieg **d) Wetter:** Nebel, Schnee, Sonne, Gewitter, Regen **e) Post:** Briefumschlag, Päckchen, Briefmarke, Paket, Telegramm **f) Tiere:** Hund, Katze, Schwein, Vogel, Fisch **g) Natur:** Baum, Wald, Pflanze, Meer, Blume **h) Familie:** Schwester, Eltern, Kinder, Verwandte, Bruder **i) Schule:** Lehrer, Zeugnis, Unterricht, Prüfung, Klasse **j) Betrieb:** Kollege, Angestellter, Betriebsrat, Arbeiter, Abteilung, (Industrie), (Maschine), (Gewerkschaft), (Werkstatt) **k) Technik:** Industrie, Maschine, Elektromotor, Apparat, Werkstatt **l) Geld:** Rechnung, Versicherung, Steuer, Bank, Konto

14. **a)** die **b)** in dem **c)** von dem **d)** den **e)** von dem **f)** mit denen **g)** auf deren **h)** dessen **i)** in der **j)** deren **k)** die **l)** das

15. **a)** durch **b)** auf **c)** bei **d)** von ... nach ... unter **e)** zwischen **f)** bis **g)** über ... nach **h)** gegen (in) **i)** aus ... in **j)** von ... bis **k)** unter ... über **l)** zwischen **m)** nach **n)** seit **o)** in **p)** mit **q)** bis **r)** während (in)

16. **a)** abschließen **b)** anziehen **c)** einladen (anrufen) **d)** hören **e)** entlassen **f)** kündigen **g)** anmelden **h)** gewinnen **i)** anrufen **j)** beantragen **k)** erklären **l)** bauen **m)** waschen **n)** kennenlernen (besuchen, einladen) **o)** besuchen

17. bekanntes ... freundlichen ... interessanten ... netten ... guten ... jungen ... ausgezeichneten ... gute ... sichere ... moderne ... neuen ... kurze

6

1. **a)** Tisch **b)** Stuhl **c)** Heizung **d)** Kühlschrank **e)** Spiegel **f)** Schrank **g)** Lampe **h)** Tapete **i)** Wasch-maschine. **j)** Dusche **k)** Badewanne **l)** Bett **m)** Regal **n)** Sofa **o)** Sessel

2. **Baumaterial:** Holz, Stein, Glas, Beton, Erde. **Wohnlage:** Vorort, Zentrum, Innenstadt, am Wald, Dorf, Kleinstadt, an einer Hauptverkehrsstraße. **Möbel:** Tisch, Stuhl, Sessel, Bett, Schrank, Couch, Regal. **Räume im Haus:** Eßzimmer, Schlafzimmer, Wohnzimmer, Kinderzimmer, Küche, Bad, Toilette. **Feste Teile des Hauses:** Fenster, Tür, Fußboden, Zimmerdecke, Dach, Wand, Mauer, Zentralheizung, Wasserleitung, Ein-gang, Treppe

3. **a)** Gewohnheit, Loch **b)** Protest, Licht **c)** Schwierigkeit, Ziel **d)** Strom **e)** Protest, Kreis **f)** Mieter

4. **a)** Womit, Mit **b)** Womit)Woraus), Mit (aus) **c)** Woran, An, am **d)** Wovon, Von **e)** Worüber, Über; Worauf, Auf **f)** Wofür (Wozu), Für, zum, für **g)** Womit, Mit, mit **h)** Worüber, Über **i)** Worauf, Auf **j)** Wodurch, Durch **k)** Wogegen, Gegen

5. **a)** am ... entlang **b)** Gegenüber (Der ... gegenüber) **c)** am ... entlang **d)** Innerhalb der **e)** außerhalb **f)** Um die (Um die ... herum) **g)** nebenan **h)** gegenüber **i)** außerhalb

6. **a)** hätte ... könnte **b)** dürfte/könnte **c)** müßte **d)** hätte **e)** müßte **f)** hätte **g)** wäre **h)** dürfte/könnte **i)** müßte

7. **a)** Ich würde gern einen schönen alten Bauernhof kaufen; er sollte eine Wiese mit Pferden haben. Die Scheune würde ich als Schwimmbad ausbauen, und die Wohnräume würde ich mit alten Bauernmöbeln einrichten. **b)** Wir würden gern ein schönes Haus am Waldrand bauen. Es sollte ein bis zwei Zimmer mehr haben. Die Zimmer sollten ein bißchen größer sein. Es müßte einen Balkon und einen Garten haben. **c)** Jens und Maria hätten gern ein großes Bauernhaus. Dort könnten sie viel basteln und viele Leute einladen. **d)** Frau Richter würde gern ein eigenes Haus am Stadtrand einer Großstadt bauen lassen. Sie würde gern mit einem Architekten zusammenarbeiten, aber die Innenausstattung würde sie selber machen. Sie würde das Haus im spanischen Stil einrichten. **e)** Herr Gabriel hätte gern ein Haus mit großem Grundstück. Es sollte einen Kamin haben und große Schiebetüren. Dann könnte man schnell in den Garten gehen. Es müßte auch eine Fußbodenheizung haben.

8. **a)** das ... der ... der **b)** die ... der ... der **c)** das ... der ... der **d)** das ... das ... das **e)** das ... der ... der **f)** die ... die ... die **g)** das ... das ... das **h)** die ... das ... das **i)** das ... der ... der **j)** das ... der ... der **k)** die ... die ... die

9. **b)** eine Anzeigenzeitung, eine Zeitungsanzeige **c)** ein Obstgarten, Gartenobst **d)** Studentensprache, Spra-chenstudenten **e)** Schiffskanal, Kanalschiffe **f)** Wohnungswunsch, eine Wunschwohnung **g)** eine Miet-wohnung, die Wohnungsmiete

10. **a)** *Nomen aus dem Kursbuchtext:* Arbeitnehmer, Hausbau, Baupreise, Erdhöhle, Baumhaus, Luftschloß, Quadratmeter, Etagenwohnung. *Nomen aus der Übung:* S-Bahnbereich, Ehepaar, Obstgarten, Waldrand, Hobbyraum, Landhaus, Fußboden, Bauernhaus, Bauernmöbel, Familientreffpunkt, ... **b)** *Nomen aus dem Kursbuchtext:* Wohnformen, Wohnfläche, Wohnmobil, Wohngegend, Wohnwünsche, Wohneigentum, Wohngemeinschaft. *Nomen aus der Übung:* Wohnraum, Schiebetür, Schwimmbad, Kaufhaus, Spiel-platz, ... **c)** *Nomen aus dem Kursbuchtext:* Jahreseinkommen, Grundstückspreise, Bundesbürger, Woh-nungsmarkt, Wohnungsbau, Lebensziel. *Nomen aus der Übung:* Wohnungsanzeige, Wohnungsangebot, Grundstückspreis, Zeitungskiosk, ... **d)** *Nomen aus dem Text:* Altbau, Großstädte, Kleinstädte. *Nomen aus der Übung:* Hochhaus, Neubau, Zentralheizung

11. **a)** schön, eine schöne Sache, etwas Schönes; schöner, eine schönere Sache, etwas Schöneres; am Schönsten, die schönste Sache, das Schönste **b)** gut, eine gute Sache, etwas Gutes; besser, eine bessere Sache, etwas Besseres; am besten, die beste Sache, das Beste **c)** praktisch, eine praktische Sache, etwas Praktisches; praktischer, eine praktischere Sache, etwas Praktischeres; am praktischsten, die praktischste Sache, das Praktischste **d)** bequem, eine bequeme Sache, etwas Bequemes; bequemer, eine bequemere Sache, etwas Bequemeres; am bequemsten, die bequemste Sache, das Bequemste **e)** ärgerlich, eine ärgerliche Sache, etwas Ärgerliches; ärgerlicher, eine ärgerlichere Sache, etwas Ärgerlicheres; am ärgerlichsten, die ärgerlichste Sache, das Ärgerlichste

12. 1. D **2.** A **3.** B **4.** B **5.** C **6.** A **7.** D **8.** C

13. 1. D **2.** A **3.** C **4.** D **5.** B **6.** C **7.** A **8.** B

14. 1. C **2.** B **3.** B **4.** C **5.** A **6.** A

15. **a)** B **b)** A, B **c)** A **d)** A, B **e)** A **f)** A **g)** A **h)** A, C **i)** B, C **j)** A **k)** A, B **l)** B **m)** B **n)** C

16. **a)** Küche, 5 **b)** Garage, 11 **c)** Gebäude, 6 **d)** Altbau, 10 **e)** Steckdose, 3 **f)** Dach, 13 **g)** Keller, 9 **h)** Erd-geschoß, 12 **i)** Loch, 4 **j)** Fläche, 1 **k)** Wärme, 8 **l)** Pferd, 2 **m)** Tatsache, 7

17. **a)** über den Mieter, über eine Gewohnheit, über das Ergebnis, über das Ziel, über den Schaden **b)** über den Mieter, über eine Gewohnheit, über das Ergebnis, über das Ziel, über den Schaden, beim Mietverband, bei der Firma Gromann, nach dem Ergebnis, nach dem Mieterschutzgesetz, nach der Entfernung, nach der Miete

Schlüssel

c) an das Schreiben, an den Schaden, an das Ziel   d) am Baumaterial, am Zustand des Baus, an der Wasserleitung, am Gebäude

18. **a)** beweisen   **b)** behauptet   **c)** bedeutet   **d)** weiß...Bescheid   **e)** ist bereit   **f)** bedeuten   **g)** benutzen   **h)** spielt...Rolle

19. **a)** gelegentlich/ab und zu   **b)** gelegentlichen   **c)** ohne weiteres   **d)** überhaupt/eigentlich   **e)** überhaupt/eigentlich   **f)** ohne weiteres   **g)** gelegentlich

20. **b)** Die Wasserleitung muß repariert werden.   **c)** Die Dusche muß repariert werden.   **d)** Die Heizung muß in Ordnung gebracht werden.   **e)** Der Keller muß gereinigt werden.   **f)** Die Räume müssen tapeziert werden.   **g)** Die Wohnung muß sauber gemacht werden.

21. **b)** Die Heizung ist in Ordnung gebracht worden./Man hat die Heizung in Ordnung gebracht.   **c)** Die Fenster sind erneuert worden./Man hat die Fenster erneuert.   **d)** Alle Räume sind tapeziert worden./Man hat alle Räume tapeziert.   **e)** Die Küche ist neu eingerichtet worden./Man hat die Küche neu eingerichtet.   **f)** Die Wasserleitungen sind repariert worden./Man hat die Wasserleitungen repariert.   **g)** Es ist ein neuer Teppichboden verlegt worden./Man hat einen neuen Teppichboden verlegt.   **h)** Es sind Wandschränke eingebaut worden./Man hat Wandschränke eingebaut.   **i)** Das Wohnzimmer ist größer gemacht worden./Man hat das Wohnzimmer größer gemacht.   **j)** Es ist ein neues Bad eingebaut worden./Man hat ein neues Bad eingebaut.   **k)** Der Keller ist geputzt worden./Man hat den Keller geputzt.

22. **a)** 3, 5   **b)** 1, 2   **c)** 5, 7   **d)** 3   **e)** 1, 2   **f)** 3, 7   **g)** 4, 7   **h)** 1   **i)** 6   **j)** 6   **k)** 4, 7

23. **A: a)** R   **b)** R   **c)** R   **d)** F   **e)** R   **B: a)** F   **b)** R   **c)** R   **d)** R   **e)** R   **f)** F   **g)** F   **h)** F   **h)** R   **i)** F   **j)** R   **C: E**

24. **a)** A, B   **b)** A, B   **c)** B, C   **d)** A, B   **e)** B, C   **f)** A, B

25. Individuelle Lösung

26. ○ Hallo, Carlo, was ist denn passiert? Du siehst ja so traurig aus.
    □ Na ja, ich muß schon wieder umziehen.
    ○ Was? Du wohnst doch erst seit sechs Monaten in deinem Zimmer.
    □ Mein Vermieter braucht das Zimmer für seinen Sohn, sagt er. Deshalb hat er mir gekündigt.
    ○ Kannst du nichts dagegen machen?
    □ Du weißt doch, was das Gesetz sagt: Wenn der Vermieter das Zimmer für sich oder seine Familie braucht, kann er dem Mieter kündigen.
    ○ Aber das wußte er doch bestimmt schon vor einem halben Jahr. Das hätte er dir sagen müssen, daß du nur so kurz bei ihm wohnen kannst.
    □ Das finde ich auch. Aber hilft mir das, wenn ich es nicht beweisen kann?
    ○ Das weiß ich auch nicht. Informiere dich doch mal beim Mieterverein. Der kann dir vielleicht helfen.

7

1. **a)** Flugzeug   **b)** Paket, Kurve   **c)** Gespräch, Kontakt   **d)** Schulfach, Hobby   **e)** mit den Armen   **f)** das Ufer, den Hut   **g)** vom Arbeitsplatz, aus dem Kino   **h)** einen Sessel im Wohnzimmer, das Fernsehprogramm   **i)** eine Hose in den Schrank

2. **a)** sehen   **b)** Siehst   **c)** erkennen   **d)** sehen/erkennen   **e)** angesehen   **f)** sehen/ansehen   **g)** ansehen   **h)** beobachtet

3. **a)** kinderloses   **b)** wortlos   **c)** arbeitsreich   **d)** kinderreich   **e)** verkehrsreichen   **f)** waldreichen   **g)** arbeitslos   **h)** wortreichen

4. **a)** miteinander   **b)** miteinander   **c)** gegeneinander   **d)** miteinander   **e)** gegeneinander   **f)** miteinander

5. **a)** weiß (arbeite)...weiter   **b)** weiterarbeiten   **c)** weiterlesen   **d)** weitergefeiert   **e)** weiterlaufen   **f)** weitergeklettert   **g)** weiterzuschwimmen   **h)** weiterfrieren   **i)** weitersehen   **j)** weiternähen (-arbeiten)

6. Kein Lösungsschlüssel

7. Kein Lösungsschlüssel

8. **b)** Je öfter man eine Pause macht, desto mehr Spaß macht die Arbeit.   **c)** Je besser man kocht, desto häufiger hat man Besuch.   **d)** Je mehr man turnt, desto gesünder lebt man.   **e)** Je länger man in der Sonne liegt, desto brauner wird man.   **f)** Je länger man tanzt, desto müder wird man.   **g)** Je älter man ist, desto mehr Erfahrung hat man.   **h)** Je weiter man reist, desto besser lernt man die Welt kennen.   **i)** Je besser man verdient, desto mehr Geld gibt man für die Freizeit aus.

9. Lösungsvorschläge: **b)** der Mann, der im Segelboot sitzt; der junge Mann im Boot; der junge Mann, der auf dem See segelt   **c)** die Leute, die am Tisch sitzen und Bier trinken; die Leute am Tisch, die Bier trinken; die Leute am Tisch mit den Biergläsern   **d)** die (zwei/beiden) Frauen, die auf der Wiese liegen und einen (den) Mann beobachten; die Frauen auf der Wiese, die einen Mann beobachten   **e)** der Mann, der im Flugzeug sitzt; der Mann im Flugzeug; der Mann, der über den (dem) See fliegt   **f)** der Mann im Auto; der Mann, der Auto

fährt; der Mann mit dem Auto **g)** der Mann im Zug, der winkt; der Mann, der im Zug sitzt und winkt **h)** der Mann, der Fahrrad fährt; der Mann auf dem Fahrrad **i)** der Mann, der auf den Berg klettert; der Mann am Berg; der Mann an der Bergwand **j)** der Junge, der auf dem Kopf steht

10. a) Ich besuche häufig Verwandte. Das ist langweilig.; Das häufige Besuchen von Verwandten ist langweilig.; Der häufige Besuch von Verwandten ist langweilig. **b)** Ich bade regelmäßig im See. Das macht Spaß.; Das regelmäßige Baden im See macht Spaß.; Das regelmäßige Bad im See macht Spaß. **c)** Ich schwimme häufig im Fluß. Das ist gut für die Gesundheit.; Das häufige Schwimmen im See ist gut für die Gesundheit. **d)** Ich wandere täglich in der Natur. Das ist interessant.; Das tägliche Wandern in der Natur ist interessant.; Die tägliche Wanderung in der Natur ist interessant. **e)** Ich schaue bei Sportveranstaltungen zu. Das ist bequemer, als selbst Sport zu treiben.; Das Zuschauen bei Sportveranstaltungen ist bequemer, als selbst Sport zu treiben. **f)** Ich fahre auf einsamen Landstraßen Rad. Das macht Spaß.; Das Radfahren auf einsamen Landstraßen macht Spaß.

11. b) Das Beobachten von Tieren ist interessant.; Tiere zu beobachten ist interessant. **c)** Das Nähen von Kleidern spart Geld.; Kleider zu nähen spart Geld. **d)** Das Feiern von Festen macht Spaß.; Feste zu feiern macht Spaß. **e)** Das Trinken von Alkohol ist ungesund.; Alkohol zu trinken ist ungesund. **f)** Das Reisen in fremde Länder ist teuer.; In fremde Länder zu reisen ist teuer. **g)** Das Schwimmen im Schwimmbad ist langweilig.; Im Schwimmbad zu schwimmen ist langweilig.

12.

	Perfekt	Präteritum	Plusquamperfekt
Ich	habe die Reise vorbereitet.	bereitete die Reise vor.	hatte die Reise vorbereitet.
Du	hast die Reise vorbereitet.	bereitetest die Reise vor.	hattest die Reise vorbereitet.
Er/Sie/Man	hat die Reise vorbereitet.	bereitete die Reise vor.	hatte die Reise vorbereitet.
Wir	haben die Reise vorbereitet.	bereiteten die Reise vor.	hatten die Reise vorbereitet.
Ihr	habt die Reise vorbereitet.	bereitet die Reise vor.	hattet die Reise vorbereitet.
Sie	haben die Reise vorbereitet.	bereiteten die Reise vor.	hatten die Reise vorbereitet.

13. ① hatten...gesammelt ② hatten...diskutiert ③ hatte...vorbereitet ④ waren...＿＿＿ ⑤ stiegen... ＿＿＿ ⑥ kontrollierten...＿＿＿ ⑦ hatten...geschrieben ⑧ hatten...gefragt ⑨ hatten...bekommen ⑩ öffnete ＿＿＿ ⑪ hatten...erwartet ⑫ waren...＿＿＿ ⑬ freuten sich ＿＿＿ ⑭ besuchten...＿＿＿ ⑮ trafen...＿＿＿ ⑯ waren...＿＿＿ ⑰ hatte...vorbereitet ⑱ lernten...＿＿＿ ⑲ informiert hatten ⑳ schrieben...auf ㉑ diskutierten...＿＿＿ ㉒ verglichen...＿＿＿

14. b) hinunter **c)** hinüber **d)** hinauf, hinunter **e)** hinüber **f)** hinein **g)** hinaus
Ihre Grammatik: **b)** hinunter **c)** hinüber **d)** hinauf **e)** hinein

15. b) Bei ihrer Fahrt nach Italien mußten...; Während sie nach Italien fuhren, mußten... **c)** Während eines Kaufhausbesuches machten...; Während die Schüler ein Kaufhaus besuchten, machten... **d)** Während ihrer Unterhaltung mit den Jugendlichen lernte...; Bei ihrer Unterhaltung mit den Jugendlichen lernte... **e)** Während ihrer Fahrt durch das Rheintal besuchten...; Während die Jungen durch das Rheintal fuhren, besuchten... **f)** Bei der Prüfung waren...; Während die Studenten geprüft wurden, waren... **g)** Während der Fahrt gab...

16. a) Bevor **b)** Sobald **c)** Sobald **d)** Bevor **e)** Sobald **f)** Sobald **g)** Bevor **h)** Sobald

17. c) Jedoch/Allerdings **d)** jedenfalls **e)** Jedenfalls **f)** jedoch/allerdings **g)** jedoch/allerdings **h)** Jedenfalls **i)** jedenfalls **j)** Jedoch/Allerdings

18. 1. A **2.** C **3.** D **4.** C **5.** B **6.** D **7.** A **8.** B **9.** A **10.** B **11.** D

19. Kein Lösungsschlüssel

20.

A	B	C	D	E	F
3	4	6	1	5	2

21. a) als faul, als guter Sportler **b)** die Eltern um Erlaubnis, den Lehrer um eine Pause **c)** sich von einer Krankheit, sich von einer anstrengenden Reise **d)** mit einem Gewitter, mit Schwierigkeiten bei der Ausreise, **e)** auf einen ereignisreichen Urlaub, auf gutes Wetter **f)** den französischen Wein mit dem spanischen, den jüngeren Bruder mit dem älteren

22. 1. C **2.** A **3.** C **4.** B **5.** A **6.** B

Schlüssel

23.

	Präsens	Futur I
Ich	bleibe zu Hause.	werde zu Hause bleiben.
Du	bleibst zu Hause.	wirst zu Hause bleiben.
Er/Sie/Man	bleibt zu Hause.	wird zu Hause bleiben.
Wir	bleiben zu Hause.	werden zu Hause bleiben.
Ihr	bleibt zu Hause.	werdet zu Hause bleiben.
Sie	bleiben zu Hause.	werden zu Hause bleiben.

24. 1. B **2.** C **3.** B **4.** B **5.** B **6.** A **7.** A **8.** C **9.** C **10.** B

25. a) Radfahren kann man doch immer. **b)** genaue Pläne habe ich noch nicht.; große Hitze stört mich nicht.
c) ich mag keine große Hitze. **d)** Ich mag keine Campingplätze. **e)** Campingplätze mag ich nicht **f)** Fremde
Länder und Kontinente finde ich aufregend **g)** Ich mache keinen Urlaub **h)** Ich habe noch keine genauen
Pläne.

26. a) Darüber **b)** Damit **c)** damit **d)** daran **e)** dafür **f)** Das **g)** das **h)** das

27. a) B, C **b)** A **c)** B, C **d)** A, B **e)** A **f)** B

28. a) 4 **b)** 6 **c)** 3 **d)** 7 **e)** 8 **f)** 1 **g)** 10 **h)** 2 **i)** 5 **j)** 9

29. a) gelegt, hängen/liegen **b)** steckt **c)** sitzen **d)** gelegt/gestellt, stehen/liegen **e)** sitzt/liegt **f)** gesetzt **g)** gehängt

30. Lösungsbeispiele: **A.** Das neue Gummiboot liegt in der Garage.; Das Spielzeug liegt zwischen den Büchern.;
Deine Kamera liegt auf dem Schrank. **B.** Jedes Baby liegt gern auf dem Bauch.; Mein Freund liegt abends
immer lange in der Badewanne.; Georg liegt in der Sonne, um braun zu werden. **C.** Mein Mann hat zwei Kilo
zugenommen.; Es liegt am guten Essen in Spanien.; Dieses Jahr waren wir von unserem Hotel sehr enttäuscht.
Das liegt an der schlechten Information des Reisebüros.; Heute fühle ich mich nicht wohl. Das liegt bestimmt
an der Hitze. **D.** Unsere Wohnung liegt mitten im Stadtzentrum.; Nur wenige Ferienhäuser liegen direkt am
Meer.; Der Kinderspielplatz liegt sehr schön am Waldrand.

8

1. a) den Bedarf an Heizmaterial, den Gewinn der letzten zwei Jahre, die Größe der neuen Büroräume, die
notwendigen Geldmittel, die Zahl der verkauften Tickets, den Umfang der Betriebskosten **b)** die Qualität der
Zeichnung, das unfreundliche Verhalten eines Kollegen, die langweilige Rede des Betriebsleiters, die Gesellschaft wegen ihrer Personalpolitik, die Änderungen der Arbeitszeit **c)** die Leitung um längere Mittagspausen,
den Meister um einen freien Tag, den Praktikanten um einen Gefallen, den Kunden um Geduld, die
Bedienung um ein Glas Wasser **d)** die Zeilen der Buchseite, die Linien auf der Kopie, das Trinkgeld, die
gerade angekommenen Waren, die Fehler

2. b) Allein, Besonders/Vor allem **c)** Besonders/Vor allem, Allein **d)** Allein, Besonders/Vor allem **e)** Beson-
ders/Vor allem, Allein

3. a) Friseur: Schatten, Magen **b)** Bäcker: Hals, Grippe **c)** Bedienung: Kaufhaus, Zuschauer **d)** Feuerwehr-
mann: Seife, Werkstatt **e)** Krankenschwester: Metzgerei, Wald **f)** Bauer: Mond, Schirm **g)** Lehrer: Glückwunsch, Hunger **h)** Sekretärin: Kirche, Gewürz **i)** Soldat: Kofferraum, Bleistift

4. a) der Höhe **b)** eine Zeichnung **c)** einen Schreibtisch **d)** das Trinkgeld **e)** einen Beruf **f)** eine Antwort
g) Freude **h)** einen Brief

5. b) Erst wenn Texte und Materialien gesammelt sind, kann das Manuskript geschrieben werden. **c)** Erst wenn
die Bücher gedruckt sind, können sie gebunden werden. **d)** Erst wenn die Bücher gebunden sind, können sie
ins Lager des Verlags gebracht werden. **e)** Erst wenn das Manuskript korrigiert ist, können die Texte gesetzt
werden **f)** Erst wenn die Fotos verkleinert sind, können sie für das Buch gebraucht werden.

6. a) Früher wurden Texte mit der Hand gesetzt.; Früher sind Texte mit der Hand gesetzt worden. **b)** Früher
wurde mit Holz oder Kohle geheizt.; Früher ist mit Holz oder Kohle geheizt worden. **c)** Früher wurden die
Häuser aus Holz gebaut.; Früher sind die Häuser aus Holz gebaut worden. **d)** Früher wurde ohne Maschine
gearbeitet.; Früher ist ohne Maschine gearbeitet worden. **e)** Früher wurde mehr gearbeitet und weniger
produziert.; Früher ist mehr gearbeitet und weniger produziert worden. **f)** Früher wurden Briefe der Sekretärin direkt diktiert.; Früher sind Briefe der Sekretärin direkt diktiert worden.

Schlüssel

	Präsens Passiv	Perfekt Passiv	Präteritum Passiv
Ich	werde kritisiert.	bin kritisiert worden.	wurde kritisiert.
Du	wirst kritisiert.	bist kritisiert worden.	wurdest kritisiert.
Er/Sie/Man	wird kritisiert.	ist kritisiert worden.	wurde kritisiert.
Wir	werden kritisiert.	sind kritisiert worden.	wurden kritisiert.
Ihr	werdet kritisiert.	seid kritisiert worden.	wurdet kritisiert.
Sie	werden kritisiert.	sind kritisiert worden.	wurden kritisiert.

7. ① wurde ... geschrieben ② wurde ... entwickelt ③ wurden ... gesammelt ④ wurde ... besprochen ⑤ wurden ausgerechnet ⑥ wurden ... abgeschlossen ⑦ wurden ... ausgesucht ⑧ wurden ... verteilt ⑨ wurde ... geschrieben ⑩ wurden ... gesetzt ... besorgt ⑪ wurde ... gemacht ⑫ wurden ... gezeichnet ⑬ wurden ... hergestellt ⑭ wurde ... gedruckt und gebunden ⑮ wurden ... gebracht

8. a) 1. Texte setzen → 2. Layout machen → 3. Zeichnungen machen → 4. Buch drucken → 5. Buch binden →
   zuerst *dann* *danach* *zuletzt* *später*

   Fotos besorgen
   gleichzeitig

b) 1. Autoren suchen → 2. Konzept diskutieren → 3. Manuskript schreiben → 4. Manuskript korrigieren
   zuerst *danach* *dann* *nachher*

   Konzept entwickeln
   davor

   Verträge abschließen
   gleichzeitig

9. a) Vormittag **b)** Nachmittag **c)** Nebenkosten **d)** Untermieter **e)** Nebenjob **f)** Vorort **g)** Gegenwind **h)** Nebenzimmer/Nebenraum **i)** Nebenzimmer/Nebenraum **j)** Gegenverkehr **k)** Zwischenprüfung **l)** Unterwäsche **m)** Nachname **n)** Vorname **o)** Nachkriegsgeschichte

10. b) Ich mag meinen Beruf, weil ich in einem kleinen Büro arbeite, wo ich alle Aufgaben erledigen muß. **c)** Der Firma geht es sehr gut. Sie hatte nämlich mit ihrem letzten Produkt großen Erfolg. **d)** Klaus hat gekündigt, weil er eine bessere Stelle gefunden hat. **e)** Das Gesetz muß verbessert werden. Es hat nämlich einige Fehler. **f)** Der Kellner verdient recht gut, weil er hohe Trinkgelder bekommt. **g)** Die Maschine muß schnell repariert werden. Sie ist nämlich sehr wichtig für die Produktion. **h)** Die Berufsschule fand ich ganz gut, weil wir dort nur das gelernt haben, was wir in unserem Beruf auch wirklich brauchen.

11. 1. A 2. B 3. C 4. D 5. C 6. D 7. A 8. B 9. A 10. C 11. D 12. B 13. A 14. C 15. D 16. A 17. D 18. B 19. C 20. B

12. 1. A 2. C 3. A 4. A 5. B 6. B, C

13. a) Eva hat abends das Geld zur Bank zu bringen **b)** Ein Arbeiter hat genauso zu funktionieren wie eine Maschine **c)** Der Meister hat die Qualität der Produkte ständig zu kontrollieren **d)** Die Arbeiter haben am Eingang zur Fabrik ihre Betriebsausweise zu zeigen

14. Kein Lösungsschlüssel

15. a) B **b)** A, B **c)** C **d)** A **e)** A **f)** B **g)** A **h)** A

16. a) einstellen **b)** eingestellt **c)** verhalten **d)** zwingen **e)** aufgegeben **f)** gezwungen **g)** aufgegeben **h)** entwickelt/erfunden **i)** entwickelt/erfunden **j)** sichert **k)** verursacht, erfüllt **l)** verursacht, entwickeln/erfinden, stellen ... ein/beschäftigen **m)** verpaßt

17. a) Erfolg [5] **b)** Bedienung [3] **c)** Gebrauchsanweisung [7] **d)** Verwaltung [10] **e)** Mittel [4] **f)** Verhalten [9] **g)** Interesse [1] **h)** Umfang [8] **i)** Änderung [6] **j)** Bedarf [2]

18. b) sozialen Leistungen **c)** wirtschaftliche Lage **d)** technische Kontrolle **e)** technische Verfahren **f)** soziale Verantwortung **g)** wirtschaftlicher Mißerfolg **h)** großzügigen Meister **i)** starkes Interesse **j)** großzügige Geschäftsleitung **k)** starken Bedarf

19. a) für alle Arbeiter, für die Druckindustrie, für die Großbetriebe, für das nächste Jahr **b)** mit Computern, mit Kleidern, mit ganz verschiedenen Waren, mit Spielautomaten **c)** an einem Praktikum, an der Konferenz, an einem Sprachkurs, an der Meisterprüfung **d)** mit Computern, mit netten Kunden, mit wichtigen Reiseinformationen, mit Reisegruppen, mit vielen verschiedenen Arbeiten **e)** auf den wirtschaftlichen Erfolg, auf die Geschäftsleitung, auf einen hohen Gewinn, auf gute Fachleute **f)** aus Metall, aus Kunststoff, aus Holz, aus einem neuen Material, Gewinn, auf die Geschäftsleitung **g)** aus Metall, aus Kunststoff, aus einem neuen Material, aus Holz

20. a) Jeweils **b)** Jedes **c)** allen **d)** jedem **e)** alle **f)** Jedes **g)** Jedes **h)** Jeweils

21. ① besorgt ② bedient/arbeitet ③ verdiene ④ vergessen ⑤ gefällt ⑥ beginne ⑦ aufhören/gehen ⑧ arbeite/bediene ⑨ aufstehen ⑩ gibt ⑪ versuchen ⑫ stehlen ⑬ passiert ⑭ kriegt ⑮ getrunken ⑯ sagen ⑰ gehen ⑱ anfangen/beginnen ⑲ schimpfen ⑳ beschweren

22. a) überdurchschnittliche **b)** übermenschliche **c)** überängstlich **d)** überglücklich **e)** übergenau **f)** überpünktlich

23. ○ Was machst du denn hier? Bist du etwa arbeitslos?
□ Ja, seit drei Wochen. Hast du das nicht gewußt?
○ Nein. Hast du selbst gekündigt?
□ Ich bin doch nicht verrückt.
○ Und warum haben sie dich entlassen?
□ Die Firma ist verkauft worden, und unsere Abteilung wurde geschlossen.
○ Wie sind denn deine Chancen auf dem Arbeitsmarkt?
□ Nicht besonders gut. Vorläufig werde ich wohl keine neue Stellung finden.
○ Ich wünsche dir jedenfalls viel Glück!

9

1. a) eine Strafe, eine Ausnahme, die Aufgabe, (einen Fehler,) ein Interesse, eine Meinung, den Preis der Zeitschrift, eine schlechte Leistung, die Menge der Aufgaben **b)** einen Fehler, die Schülerin, die ganze Klasse, eine schlechte Leistung **c)** die Zahl der Fächer, (eine Strafe,) (ein Interesse,) den Preis der Zeitschrift, die Menge der Aufgaben **d)** vor der schwierigen Aufgabe, vor München, vor der großen Verantwortung, die Schülerin, vor der Schulleitung, die ganze Klasse **e)** den Satz, (Deutsch,) die Aufgabe, einen Fehler, (eine Meinung,) eine schlechte Leistung **f)** um einen Kindergartenplatz, um eine gute Stellung, um bessere Kontakte **g)** um einen Kindergartenplatz, um eine gute Stellung, um bessere Leistungen, um bessere Kontakte, um gutes Deutsch **h)** Deutsch, die Schülerin, (vor der Schulleitung,) die ganze Klasse, Informatik **i)** der Schwierigkeit der Aufgabe **j)** seiner beruflichen Stellung, der großen Bedeutung des Falles, der Vorstellung von moderner Kunst

2. b) mitkommen **c)** mitrechnen **d)** mitreparieren **e)** mitlernen **f)** mitzulaufen **g)** mitlernen **h)** mitnehmen **i)** mitbezahlen **j)** Fliegen … mit
mit$_1$: b, j mit$_2$: a, c, f, g mit$_3$: d, e, h, i

3. alles – vieles – einiges/manches – einzelnes – weniges – nichts

4. b) brauchen nicht in den Kindergarten (zu) gehen **c)** braucht keine Hausaufgaben (zu) machen **d)** braucht zu Hause nie (zu) helfen **e)** braucht nicht alles (zu) machen, was sein Vater vorschlägt **f)** brauchen selten am Nachmittag zur Schule (zu) gehen **g)** brauchst mir nicht (zu) helfen **h)** brauchst uns nicht ab(zu)holen **i)** braucht nur eine Stunde (zu) fahren

5. b) haben das nicht gedurft … haben das nicht gewollt **c)** haben uns schlagen dürfen **d)** haben es gewollt … haben es nicht gekonnt … kein Abitur haben machen dürfen **e)** haben Hosen tragen wollen … haben es nicht gedurft **f)** haben in der Schule nicht diskutieren dürfen … haben das tun müssen

6. b) Beim Lernen in der Küche spielt immer das Radio. **c)** Beim Rechnungen Schreiben macht er meistens Fehler. **d)** Beim Arbeiten dürfen wir in der Fabrik nicht rauchen. **e)** Beim Spielen vergißt Claudia alle Probleme, die sie in der Schule hat. **f)** Beim Geldwechseln auf der Bank hat er seine Brieftasche verloren. **g)** Beim Essen darf man sie nicht stören.

7. a) Sie kämen nicht zu spät in die Schule. **b)** Sie wüßten besser über deutsche Geschichte Bescheid. **c)** Sie schlügen sich nicht mit anderen Schülern. **d)** Sie dächten auch an ihre Pflichten. **e)** Sie bekämen für schlechte Leistungen keine guten Noten. **f)** Sie hätten mehr Respekt vor den Lehrern. **g)** Sie gingen nicht in Diskotheken. **h)** Sie dächten nicht nur an die Freizeit, sondern müßten mehr auswendiglernen. Ihre Grammatik.

	Konjunktiv II	würde + Infinitiv
Ich	bekäme bessere Noten.	würde bessere Noten bekommen.
Du	bekämst bessere Noten.	würdest bessere Noten bekommen.
Er/Sie/Man	bekäme bessere Noten.	würde bessere Noten bekommen.
Wir	bekämen bessere Noten.	würden bessere Noten bekommen.
Ihr	bekämt bessere Noten.	würdet bessere Noten bekommen.
Sie	bekämen bessere Noten.	würden bessere Noten bekommen.

8. **b)** Die Bücher halten sie zum Schutz vor der Sonne vor die Nase. **c)** Am Wochenende fahren die Studenten zum Klettern nach Südtirol. **d)** Zum Skifahren fahren sie im Winter in die Bayerischen Berge. **e)** Zum Schwimmen und Surfen fahren sie nach Jugoslawien ans Mittelmeer. **f)** Zum Bier trinken gehen sie in ganz normale Wirtschaften. **g)** Zum Geld verdienen arbeiten sie als Skilehrer, Dolmetscher, Kellner oder Babysitter.

9. Kein Lösungsschlüssel

10. **a)** mußten...durften...dürfen...dürfen...dürfen **b)** dürfen...mußten...durften **c)** durfte...darf... darf **d)** dürfen...durfte **e)** mußten...dürfen **f)** dürfen...mußten...durften

11. **1.** C **2.** D **3.** B **4.** C **5.** A **6.** D **7.** B **8.** A

12. **1.** I **2.** H **3.** G **4.** A **5.** F **6.** B **7.** C **8.** D **9.** E

13. **a)** Gebühr **b)** Formular **c)** Einschreiben **d)** Empfänger **e)** Antrag **f)** Drucksache **g)** Kleingeld **h)** Luftpost **i)** Methode **j)** Rezept **k)** Speisekarte **l)** Taschentuch **m)** Waschlappen **n)** Rasierklinge **o)** Nadel **p)** Kamm **q)** Anmeldung **r)** Briefträger **s)** Notruf **t)** Notausgang **u)** Briefkasten **v)** Hammer **w)** Rückfahrkarte **x)** Himmel

14. **a)** Künstlerin...ausstellung **b)** Mißtrauen...Gegenteil...Verhältnis **c)** Bescheid...bedingungen... Beginn **d)** Rechte...Pflichten...vertreter

15. **a)** Mittel, Tropfen, Salbe, Medikament **b)** Verletzung, Schmerzen, Fieber, Wunde, Husten, Erkältung, Grippe, Krankheit **c)** Verletzung, Wunde **d)** Mittel, Tropfen, Medikament **e)** Krankenkasse, Mittel, Verband, Zahnarzt, Tropfen, Apotheke, Salbe, Medikament **f)** Krankenkasse, Zahnarzt, Apotheke

16. **a)** Im Kurs werden sowohl die Methoden der Datenverarbeitung als auch die wichtigsten Computersprachen unterrichtet. **b)** Man kann an dem Kurs teilnehmen, wenn man entweder ein bißchen über Mathematik oder über Informatik Bescheid weiß. **c)** Man kann an dem Kurs teilnehmen, wenn man sowohl ein bißchen über Mathematik als auch über Informatik Bescheid weiß. **d)** In diesem Kurs lernt man zwar, wie man Computer mit fertigen Programmen bedient, aber man lernt nicht, wie man Programme für einen Computer selbst schreibt. **e)** In diesem Kurs wird man weder in die Bedienung eines Computers noch in das Schreiben von Programmen eingeführt.

17. **1.** irgendwelche **2.** irgendeinen...irgendeine **3.** irgendwelche **4.** Irgendeinen **5.** irgendetwas/irgendwas **6.** irgendjemandem **7.** Irgendwann **8.** irgendwo **9.** irgendwie

18. ○ Ich nehme ab nächstem Monat an einem Computerkurs teil. Wie findest du das?
    □ Ganz gut, aber ich dachte immer, daß du dich für Technik nicht interessierst.
    ○ Das stimmt auch, aber jetzt muß sich das ändern, sonst verliere ich meinen Arbeitsplatz.
    □ Warum das denn?
    ○ Ganz einfach: Ab nächstem Jahr wird in unserer Firma alles mit Computer gemacht; das hat uns die Geschäftsleitung letzte Woche gesagt.
    □ Und dann sollen alle entlassen werden, die nicht mit Computern arbeiten können?
    ○ Das wurde zwar nicht gesagt, aber ich könnte es mir gut vorstellen.
    □ Bestimmt hast du recht. Außerdem ist es nie ein Fehler, wenn man etwas Neues lernt.

19. **1.** B **2.** A **3.** A **4.** C **5.** B **6.** C

20. **1.** E **2.** C **3.** D **4.** C **5.** A **6.** E. **7.** B **8.** D **9.** C **10.** B

21. **a)** B, C **b)** A, C **c)** C **d)** A **e)** C **f)** B, C

22. **a)** gehalten **b)** begründet **c)** ausfüllt **d)** merken **e)** findet...statt

1	2	3	4	5
c	d	e	b	a

Schlüssel

10

1. **a)** Werbung **b)** Zeitschrift **c)** Stecker **d)** Selbstbedienungsladen **e)** Verbraucher **f)** Tonband **g)** Stoff **h)** Schild **i)** Parkplatz **j)** Nadel **k)** Marke **l)** Kasse **m)** Garderobe

2. **a)** (Brötchen vom Bäcker,) dem Kunden frisches Obst und Gemüse, dem Gast eine Tasse Kaffee, der Nachbarin Hilfe bei der Gartenarbeit, dem neuen Kollegen das ‚Du' **b)** einen Fehler in der Rechnung, neue Möbel in der Wohnung von Freunden, ein Loch im Teppich, die Einkaufstasche im Auto, eine plötzliche Änderung des Wetters **c)** ein weinendes Kind mit Eis, einen Kunden, der sich beschweren will, einen ärgerlichen Freund durch ein Gespräch, eine aufgeregte Kollegin mit einer Tasse Tee **d)** den Kunden zum Kauf einer Waschmaschine, die Freundin zum Urlaub am Meer, das Kind zum Lernen, den Freund zum Besuch eines Museums **e)** Brötchen vom Bäcker, (dem Kunden frisches Obst und Gemüse,) schnell den Arzt zum Unfallort, dem Gast eine Tasse Kaffee, morgens eine Zeitschrift vom Kiosk, seinen Mantel aus der Garderobe **f)** (einen Fehler in der Rechnung,) bestimmte Flächen im Regal offen, ein Fenster geschlossen, (ein Loch im Teppich,) (schnell den Arzt zum Unfallort,) die Einkaufstasche im Auto, beim Friseur seine Haare waschen

3. **a)** Apfel, Birne, Zitrone **b)** Tomate, Paprika, Zwiebel, Kartoffel **c)** Öl, Margarine, Butter **d)** Bier, Wein, Kaffee, Tee **e)** Butter, Sahne, Käse, Eis **f)** Wurst, Fleisch **g)** Nudeln, Zucker, Salz, Mehl, Reis **h)** Brot, Brötchen, Kuchen, Eis

4. **b)** oberen linken **c)** oberen rechten **d)** unteren linken **e)** vordere rechte **f)** vordere mittlere **g)** hintere linke **h)** hintere rechte **i)** vordere linke **j)** hintere mittlere

5. **a)** zurückzahlen **b)** zurückgeben **c)** kommen...zurück **d)** zurückgewonnen **e)** gehen...zurück **f)** zurückgeschrieben **g)** zurückgegrüßt **h)** zurückschwimmen

6. **b)** was auf meinem Einkaufszettel steht. **c)** was ich wirklich brauche. **d)** was mir wirklich gefällt. **e)** wofür ich keinen Kredit brauche. **f)** woran ich lange Spaß habe. **g)** womit ich gute Erfahrungen gemacht habe. **h)** wofür ich eine Garantie bekomme. **i)** was mir wirklich fehlt **j)** wonach/worüber ich mich vorher erkundigt habe. **k)** was in einem Test geprüft worden ist.

7. **a)** einen/einem **b)** man **c)** einen **d)** einem **e)** einen

8. **a)** jede **b)** jeden **c)** alle **d)** alle **e)** alle **f)** jeden

9.

A Stück	B –	C Tube	D Schachteln	E –
3 Tafel	5 Scheibe	4 Stück	1 –	2 Scheiben

10. **a)** in der Lerngruppe die Ideen aller Teilnehmer, bei der Wahl der Vorhänge die Farbe der Wände, beim Möbelkauf die Größe der Wohnung, in der Politik menschliche Bedürfnisse **b)** ein Konto bei einer Bank, ein Institut für Fremdsprachen an der Universität, ein Lebensmittelgeschäft in der Innenstadt, eine neue Schule **c)** dem Lehrling ein gutes Zeugnis, dem Bankkunden eine Scheckkarte, dem Studenten einen Benutzerausweis für die Bibliothek, jemandem einen neuen Reisepaß **d)** an einer Haustür, im vierten Stock, am Eingang, beim Nachbarn **e)** eine Möglichkeit wegen zu hoher Kosten, Fehler durch genaue Kontrolle, eine Änderung aus Zeitgründen, einen Mißerfolg durch gute Planung **f)** die Monatsmiete, eine regelmäßige Zahlung, den Monatslohn, einen Geldbetrag **g)** in der Zeitung auf Sonderangebote, beim Einkauf auf Qualität und Frische der Waren, beim Essen auf sein Gewicht, im Badezimmer auf Sauberkeit.

11. **a)** Beschreibung **b)** Unterschrift **c)** Fall **d)** Knöpfe **e)** Schere **f)** Not **g)** Verlust **h)** Polizei **i)** Vertreter **j)** Regel **k)** Vertrauen **l)** Summe **m)** Scheckkarte **n)** Bargeld **o)** Schulden **p)** Zinsen **q)** Scheck... Überweisung **r)** Pillen **s)** Eindruck

12. **a)** Auftrag gegeben **b)** Antwort gegeben **c)** Auskunft geben **d)** ein Zeichen geben **e)** Rat geben **f)** geben...Bescheid **g)** die Hand geben **h)** die Möglichkeit gegeben

13. **b)** sind...in Kontakt **c)** ist...im Bau **d)** sind...in Sicherheit **e)** bin...im Zweifel **f)** ist...in Betrieb **g)** sind...in Sorge **h)** bin...in Eile **i)** in der Ausbildung...sind **j)** ist...in...Interesse **k)** war...in Lebensgefahr **l)** ist in Aufregung **m)** sind...in Bewegung **n)** in Not sind **o)** ist...in der Diskussion **p)** ist...in Freiheit

14. **b)** Die auf große Schilder geschriebenen Preise sollte man... **c)** Das vom Supermarkt heute billig angebotene Fleisch hat... **d)** Die schnell zunehmende Arbeitslosigkeit verursacht... **e)** Die im letzten Monat noch zunehmende Arbeitslosigkeit geht... **f)** Die in Augenhöhe stehenden Waren sind... **g)** Die nicht mit künstlichen Stoffen hergestellten Lebensmittel können... **h)** Die nach einem genauen Plan eingerichteten Supermärkte haben... **i)** ...Eis zu kaufen, mit dem die Eltern ihre weinenden Kinder beruhigen könen.

15. **d)** Es dürfte (muß) in der Bundesrepublik mehr arme Menschen geben, als die Statistik zeigt. **e)** 1958 sollen nur 45% der Leute mit ihrem Leben zufrieden gewesen sein. **f)** Christian soll sich ein neues Auto gekauft haben. **g)** Der Supermarkt in der Hansastraße soll geschlossen werden. **h)** Helga dürfte morgen zum Abendessen kommen. **i)** Bernd dürfte (muß) keinen Parkplatz gefunden haben, sonst wäre er nicht unpünkt-

lich. **j)** Christine muß einen Kredit von der Bank bekommen haben, sonst könnte sie sich das neue Auto nicht leisten.

16. b) Dieser Kredit kann langsam zurückgezahlt werden./Diesen Kredit kann man langsam zurückzahlen. **c)** Dieser Kredit muß bis 1990 zurückgezahlt werden./Diesen Kredit muß man bis 1990 zurückzahlen. **d)** ...muß man den Bankangestellten seine Kontokarte zeigen./...muß den Bankangestellten die Kontokarte gezeigt werden. **e)** Für einen Kredit muß der Bank eine Sicherheit gegeben werden./...muß man der Bank eine Sicherheit geben. **f)** Frau Berthold kann das Auto ohne Kredit nicht bezahlen. **g)** Einen Kleinkredit kann man ohne Schwierigkeiten bekommen.

17. b) geprüft hätte, hätte...bezahlen müssen **c)** hätte...vermutet **d)** bekommen hätte, hätte...bezahlen können **e)** gefragt hätte, hätten...geantwortet; würde...fragen, würden...antworten **f)** hätte...gesagt **g)** kaufen würde, würde...sparen

18. b) Mit Euroschecks zu bezahlen ist... **c)** Den Kredit zu bezahlen macht... **d)** Im Supermarkt einzukaufen ist... **e)** Das Heizen mit Öl war... **f)** Das lange Warten an der Kasse macht... **g)** Die Preise zu vergleichen ist... **h)** Im Fernsehen zu werben verbessert... **i)** Das Ausfüllen von Kreditformularen kostet... **j)** Die genaue Planung des Einkaufs lohnt sich.

19. Ohne Lösungsschlüssel

20. 1. A **2.** B **3.** A **4.** C **5.** B **6.** C

21. a) A **b)** C **c)** B **d)** A **e)** C **f)** B **g)** A **h)** C

22. 1. B **2.** C **3.** A **4.** B **5.** A **6.** C

23. Individuelle Lösung

1. Sicher ist Ihre Lösung ein bißchen anders, weil man natürlich verschiedener Meinung sein kann, was zum Beispiel ein passendes Geschenk für einen Mann/eine Frau ist.
a) eine Tafel Schokolade, ein Pfund Kaffee, eine Flasche Wein, ein Kuchen mit Zuckerherzen, eine Schachtel mit Sahnebonbons, feine Gewürze, eine scharfe Wurst, ein Kilo rote Äpfel **b)** ein schweres Motorrad, eine rote Krawatte, ein schnelles Herrenfahrrad, eine Schachtel Zigarren, ein Paar Herrenschuhe, ein elektrischer Rasierapparat, weiße Herrenunterwäsche, ein Päckchen Rasierklingen, eine gute Pfeife **c)** ein Badeöl, das nach Blumen riecht, eine weiße Damenhandtasche, ein kleiner Handspiegel, ein modisches Kopftuch, ein dünner Damenpullover, ein langes Nachthemd ohne Arm, eine gute Seife, ein Kochbuch mit vielen Bildern, (eine neue Geschirrspülmaschine), (eine Waschmaschine) **d)** ein einfaches Kartenspiel, Farbstifte zum Malen, ein Kunststofffisch für die Badewanne, Taschentücher mit Tierbildern, ein weiches Stofftier, eine gelbe Schultasche, ein kleines Spielzeugauto, ein neuer Fußball, eine Holzeisenbahn, ein Fahrrad mit drei Rädern **e)** eine neue Geschirrspülmaschine, ein elektrischer Rasierapparat, ein elektrischer Eierkocher, eine Waschmaschine, ein elektrischer Dosenöffner **f)** ein Paar Handschuhe aus Wolle, eine warme Wolldecke, ein elektrischer Ofen für das Bad, trockenes Feuerholz, dicke Wollstrümpfe, ein dicker Mantel **g)** ein Tonbandgerät, ein lauter Wecker, eine Konzertkarte, eine Musikkassette, ein kleiner Plattenspieler, ein neues Radio, eine Schallplatte von den Rolling Stones **h)** ein schweres Motorrad, ein Scheck über 5000,– DM, eine goldene Uhr, ein großer Teppich aus Persien, ein schwarzes Luxusauto, ein Fernsehapparat mit Videogerät, ein Flugticket für eine Weltreise, eine Schiffsreise, eine Brieftasche mit viel Geld

2. a) mit Spielzeug, mit dem Kamm **b)** Schokolade **c)** ein Auto, eine Reise **d)** zur Party, zum Urlaub **e)** den Teppich, den Boden **f)** mit einer Schere, die Zähne **g)** einen Kuchen, ein Stück Brot **h)** auf die Nase

3. a) im Schreibtisch, im Schrank, im Regal, im Adventskalender **b)** Bericht, Darstellung, Text, Geschichte **c)** Hitze, Schnee, Eis, Wärme **d)** Betrieb, Ausbildung, Meister, Lehre **e)** Tür, Schlüssel, Sicherheit **f)** Nacht, Sonne, Mond, Himmel

4.

A	B	C	D	E	F	G	H
3	4	6	7	8	1	2	5

5. 1. C **2.** A **3.** B **4.** A **5.** B **6.** C

6. A: Verzeihung!; Entschuldigen Sie bitte, das habe ich nicht so gemeint!; Es tut mir leid!; Entschuldigung!; Wie kann ich das wieder gutmachen?; Verzeihung, das war meine Schuld!; Das ist mir furchtbar unangenehm!; Ich werde den Schaden natürlich bezahlen!; Es tut mir schrecklich leid!; Entschuldige, es war nicht so gemeint!; **B:** Das macht doch nichts!; Das ist nicht so schlimm!; Schon gut!; Reden wir nicht mehr davon/ darüber!; Das kann doch jedem mal passieren!; Es ist nichts passiert!; Bitte, Bitte!
Es kommt natürlich immer auf Sie und die Situation an, ob und wie sehr Sie sich entschuldigen wollen. Die folgenden Lösungen sind also nur Vorschläge.

11

Schlüssel

a) Verzeihung!/Entschuldigung!/Es tut mir leid! **b)** Das tut mir schrecklich leid! Entschuldigen Sie bitte! **c)** Entschuldige bitte! Es tut mir leid! Wie kann ich das wieder gutmachen? **d)** Verzeihung!/Entschuldigung!/Verzeihung, das war meine Schuld! **e)** Entschuldige, es war nicht so gemeint! **f)** Entschuldigung! Das ist mir furchtbar unangenehm!/Wie kann ich das wieder gutmachen?/Das tut mir schrecklich leid! **g)** Entschuldigung!/Das tut mir leid! Es war nicht so gemeint! **h)** Das macht doch nichts!/Schon gut!/Reden wir nicht mehr davon! **i)** Das kann doch jedem mal passieren!/Das ist nicht so schlimm!/Das macht doch nichts! **j)** Das macht doch nichts! **k)** Schon gut! Es ist nichts passiert!

7. Die Lösung in Klammer bedeutet, daß diese Sätze als Antwort auch möglich sind.

A	B	C	D	E	F	G	H	I	J	K	L	M
3 (10)	7 (10)	4 (9) (10)	6 (12) (13)	5 (11)	13 (1)	9 (4)	12 (5) (8)	8 (2) (12)	1	10	2 (10)	11 (5)

8. **a)** Viel Spaß!/Viel Vergnügen!/Schönen Aufenthalt! **b)** Viel Glück!/Alles Gute!/Viel Erfolg! **c)** Gute Nacht! Schlaf gut! (Schlafen Sie gut!) **d)** Herzlichen Glückwunsch zum Geburtstag! **e)** Viel Spaß!/Viel Vergnügen!/Schöne Reise!/Schöne Ferien!/Schönen Urlaub! **f)** Gute Besserung! **g)** Viel Spaß!/Viel Vergnügen!/Gute Unterhaltung **h)** Gute Besserung! Werden Sie bald gesund!

9. **a)** Vorsicht (Halt) **b)** Halt **c)** Feuer (Hilfe) **d)** Hilfe **e)** Los **f)** Ruhe **g)** Hilfe **h)** Halt (Vorsicht) **i)** Achtung **j)** Vorsicht (Achtung) **k)** Ruhe **l)** Achtung

10. **A.** Kommen Sie (Komm) gesund wieder!/Schreiben Sie (Schreib) mal!/Passen Sie (Paß) gut auf sich (dich) auf! **B.** Kommen Sie (Komm) gut nach Hause!/Gute Heimfahrt!/Fahren Sie (Fahr) vorsichtig!/Kommen Sie (Komm) bald wieder! **C.** Grüßen Sie (Grüß) bitte Ihre (deine) Frau von mir!/Bestellen Sie (Bestell) bitte Grüße an Ihre (deine) Frau! **D.** Nehmen Sie (Nimm) doch bitte Platz!/Bitte setzen Sie sich doch! (Bitte setz dich doch!)/Fühlen Sie sich (Fühl dich) wie zu Hause!/Machen Sie es sich bequem! (Mach es dir bequem!)

11. 1. e 2. k 3. a 4. l 5. j 6. b 7. f 8. i 9. d 10. c 11. h 12. g

12. **a)** Öffentlichkeit **b)** Aufmerksamkeit **c)** Ausdruck **d)** Vorsicht **e)** Wahl... Lügen... Wahrheit **f)** Wirkung... Werbung

13. **a)** lehnen... ab **b)** bedankt **c)** beleidigt **d)** leisten **e)** unterstützen

14. **b)** einander **c)** umeinander... füreinander **d)** gegeneinander... miteinander **e)** aufeinander (übereinander) **f)** einander **g)** aufeinander... einander **h)** voneinander

15. **b)** Es wird in der Faschingszeit sehr viel getanzt und gefeiert./In der Faschingszeit wird sehr viel getanzt und gefeiert. **c)** Es wurde viel über Gefühl, Liebe und Vertrauen gesprochen./Über Gefühl, Liebe und Vertrauen wurde viel gesprochen. **d)** Es muß für das Weihnachtsessen sehr viel vorbereitet werden./Für das Weihnachtsessen muß sehr viel vorbereitet werden. **e)** Es wurde auf dem Kirchentag darüber diskutiert, wie.../Auf dem Kirchentag wurde diskutiert, wie... **f)** Es wird am Weihnachtsabend sehr viel und gut gegessen./Am Weihnachtsabend wird sehr viel und sehr gut gegessen. **g)** Es wurden Fragen nach dem Sinn des Lebens diskutiert./Fragen nach dem Sinn des Lebens wurden diskutiert. **h)** Es wird am Silvesterabend sehr viel getrunken./Am Silvesterabend wird sehr viel getrunken. **i)** Es wurde vor einem neuen Weltkrieg gewarnt./Vor einem neuen Weltkrieg wurde gewarnt.

16. **a)** wundern, freuen, anstrengen, interessieren, langweilen, aufregen, stören,... **b)** böse, traurig, verrückt, nervös, müde, krank,...
c) prima, normal, ausgezeichnet, gut, schön, langweilig, lustig, merkwürdig, kompliziert, gesund, günstig, interessant, modern, möglich, nett, sicher, wahrscheinlich, klar, anstrengend, amtlich, wahr, falsch, angenehm, ärgerlich, befriedigend, bekannt, deutlich, dringend, dumm, freundlich, gefährlich, verrückt, vernünftig, schade, schlecht, schrecklich, selbstverständlich, selten, sicher, sozial, sparsam, teuer, typisch, üblich,...

17. **a)** darum **b)** darüber **c)** danach **d)** darüber **e)** davon **f)** daran **g)** dagegen **h)** dafür **i)** darum **j)** darüber
a) reden, sich aufregen, berichten, enttäuscht sein, erzählen, informiert sein, klagen, lachen, schimpfen, sprechen, streiten **b)** denken, erinnern **c)** bitten **d)** klagen, stimmen, streiken **e)** achten, hoffen, schimpfen **f)** sich bedanken, dankbar sein, sich entschuldigen, stimmen, streiken **g)** erzählen, reden, sprechen, überzeugt sein **h)** leiden

18. **b)** an **c)** unter **d)** über **e)** über **f)** aus **g)** an **h)** unter **i)** über **j)** an **k)** aus **l)** an **m)** über **n)** an **o)** aus **p)** unter **q)** aus **r)** über **s)** unter **t)** unter

19. **a)** hinaus **b)** hinunter/herunter **c)** weiter **d)** zusammen **e)** fort/weg/hinaus/weiter **f)** zurück **g)** herein **h)** wieder **i)** vorbei

20. Ohne Lösungsschlüssel

21. **a)** fertig **b)** tot **c)** offen **d)** leer **e)** hoch **f)** fest **g)** kaputt **h)** lieb

22. Ohne Lösungsschlüssel

Schlüssel

23. **1.** C **2.** E **3.** B **4.** D **5.** C **6.** A **7.** E **8.** A **9.** D **10.** B

24. **1.** D **2.** B **3.** A **4.** C

25. **b)** $hart_1$, $schwer_1$ **c)** $schwer_2$ **d)** $festen_1$ **e)** $alten_1$ **f)** $fest_2$ **g)** alt_2 **h)** $hart_2$ **i)** $fester_3$ **j)** $schwere_3$ **k)** $schwere_4$ **l)** $schwer_5$ **m)** $fest_4$ **n)** $fein_2$ **o)** $hart_3$ **p)** $fein_3$ **q)** alt_3 **r)** alt_4

26. **a)** schon/ungefähr/... erst; erst/schon **b)** Sogar/Selbst/Vor allem/Besonders **c)** nur/bloß **d)** Vor allem/Besonders/Gerade **e)** etwa/mindestens/wenigstens/höchstens/nur/bloß/gerade **f)** Höchstens **g)** wenigstens **h)** Genau

12

1. **a)** Augenblick **b)** Charakter **c)** Einzelheit **d)** Erfindung **e)** $Erklärung_1$ **f)** $Erklärung_2$ **g)** Forschung **h)** Führung **i)** Gegenwart **j)** Klinik **k)** Patient **l)** Publikum **m)** Stimme **n)** Stück **o)** $Unterhaltung_1$ **p)** $Unterhaltung_2$ **q)** Urteil **r)** Versuch **s)** Zufall

2. **a)** einen Film **b)** ein Konzert **c)** ein Stück im Theater **d)** eine Eintrittskarte **e)** ein Museum **f)** die Polizei **g)** eine Klinik

3. **a)** dem Zeug **b)** Gegenstände (Sachen, Dinge) **c)** Das moderne Zeug **d)** Die Sache **e)** dummes Zeug **f)** die schönste Sache **g)** solche Dinge (solche Sachen) **h)** solche Dinge (solche Sachen) **i)** Die Sache **j)** diese Dinge (diese Sache)

4. **a)** mit **b)** durch **c)** mit **d)** bei **e)** mit **f)** durch **g)** Bei **h)** mit ... durch **i)** bei **j)** Mit **k)** beim **l)** mit **m)** bei **n)** Mit

5. **a)** über **b)** über **c)** unter **d)** Unter **e)** über (über) **f)** unter **g)** über **h)** über ... unter ... über **i)** über

6. **a)** Der Mann sagt, es lohne sich kaum, das Stück anzusehen. **b)** Die Frau sagt, sie könne das Stück sehr empfehlen. **c)** Der Mann und die Frau sagen, sie ärgerten sich über das Stück. **d)** Die Frau sagt, jeder müsse das Stück unbedingt sehen. **e)** Der Mann und die Frau sagen, sie verlangten ihr Eintrittsgeld zurück. **f)** Die Frau sagt, das Stück langweile sie. **g)** Der Mann sagt, das Stück mache einen nachdenklich. **h)** Die Frau sagt, das Stück warne uns deutlich vor den Gefahren der Technik. **i)** Der Mann sagt, das Stück zeige, wie gefährlich die Wissenschaft sein könne. **j)** Die Frau sagt, das Stück habe keine hohe Qualität.
a) Der Mann sagte, es habe (hätte) sich kaum gelohnt, das Stück anzusehen. **b)** Die Frau sagte, sie habe (hätte) das Stück sehr empfehlen können. **c)** Der Mann und die Frau sagten, sie hätten (haben) sich über das Stück geärgert. **d)** Die Frau sagte, jeder habe (hätte) das Stück unbedingt sehen müssen. **e)** Der Mann und die Frau sagten, sie hätten (haben) ihr Eintrittsgeld zurückverlangt. **f)** Die Frau sagte, das Stück habe (hätte) sie gelangweilt. **g)** Der Mann sagte, das Stück habe (hätte) einen nachdenklich gemacht. **h)** Die Frau sagte, das Stück habe (hätte) uns deutlich vor den Gefahren der Technik gewarnt. **i)** Der Mann sagte, das Stück habe (hätte) gezeigt, wie gefährlich die Wissenschaft sein könne. **j)** Die Frau sagte, das Stück habe (hätte) keine hohe Qualität gehabt.

7. **b)** Die Schüler spielen Theater, als ob sie echte Schauspieler seien (wären)/..., als seien (wären) sie echte Schauspieler. **c)** Auf der Bühne fühlt sich Gerd, als ob er ein ganz anderer Mensch sei (wäre)/..., als sei (wäre) er ein ganz anderer Mensch. **d)** Die Direktorin der Klinik tat so, als ob sie nichts von den Forschungsergebnissen gewußt habe (hätte)/..., als habe (hätte) sie nichts von den Forschungsergebnissen gewußt. **e)** Es schien so, als ob die Morde Unglücksfälle gewesen seien (wären)...; als seien (wären) die Morde Unglücksfälle gewesen. **f)** Der Schauspieler, der Mephisto spielte, sah aus, als ob er ein wirklicher Teufel sei (wäre/gewesen sei/gewesen wäre)/..., als sei (wäre) er ein wirklicher Teufel/..., als sei (wäre) er ein wirklicher Teufel gewesen. **g)** Die Schauspielerin schreit so laut, als ob es ein echter Mord sei (wäre)/..., als sei (wäre) es ein echter Mord.

8. **b)** Es gibt auch ‚alternative Theater' mit zum Teil als Wandertheater aufgeführten politischen Stücken. **c)** ..., um die hier gezeigten Originale und Modelle aus der Geschichte der Naturwissenschaft zu sehen. **d)** Auch einige nach amerikanischem Muster gedrehte deutsche Filme brachten... **e)** Die vielen hier gezeigten neuen Stücke sind... **f)** ... kamen viele von Bürgern gegründete Stadttheater hinzu. **g)** ... viele die ländliche Wohn- und Hauskultur zeigende Freilichtmuseen. **h)** Die auf das 18. Jahrhundert zurückgehende Tradition des deutschen Theaters... **i)** Von den über tausend in der Bundesrepublik arbeitenden Balletttänzerinnen und -tänzern sind... **j)** Jedes der über hundert damals im späteren Deutschland bestehenden Herzogtümer und Königreiche hatte...
b) Von den über tausend Balletttänzern in der Bundesrepublik sind... **c)** Das deutsche Kino der zwanziger Jahre war... **d)** Besonders die Filme aus Amerika sind... **e)** Auch die Konzertabende in kleinen Städten sind... **f)** Das Ballett des Stuttgarter Theaters...

Schlüssel

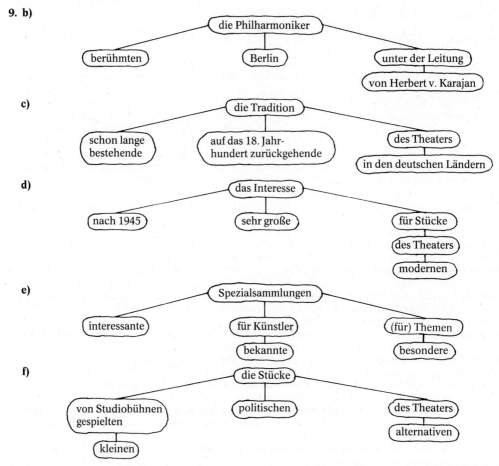

9. b)
die Philharmoniker
- berühmten
- Berlin
- unter der Leitung / von Herbert v. Karajan

c)
die Tradition
- schon lange bestehende
- auf das 18. Jahrhundert zurückgehende
- des Theaters / in den deutschen Ländern

d)
das Interesse
- nach 1945
- sehr große
- für Stücke / des Theaters / modernen

e)
Spezialsammlungen
- interessante
- für Künstler / bekannte
- (für) Themen / besondere

f)
die Stücke
- von Studiobühnen gespielten / kleinen
- politischen
- des Theaters / alternativen

10. b) Beim Nachdenken über die Charaktere der Personen in den Stücken lernen... **c)** Beim Spielen von Theaterstücken fühlen... **d)** Die Erforschung der (von) Naturgesetze(n) war... **e)** Dürrenmatt sagte einmal, das Schreiben von Theaterstücken sei... **f)** Der Protest gegen die neuen Atombomben hatte... **g)** Im Schultheater geht es nicht so sehr um das Lernen eines späteren Berufs als Schauspieler, sondern um die Erfahrung von Phantasie und das Kennenlernen von Menschen.

11. a) dafür **b)** dagegen **c)** davon **d)** dadurch **e)** damit (dadurch) **f)** dabei **g)** darüber

12. 1. E 2. A 3. B 4. D 5. E 6. A 7. B 8. D 9. E 10. C

13. Ohne Lösungsschlüssel

14. 1. D 2. C 3. B 4. A

15. 1. B 2. F 3. A 4. D 5. E 6. C

16. a) B **b)** B, C **c)** A **d)** A

17. a) ganzes **b)** einzelnen **c)** ganz **d)** ganz **e)** ganz **f)** einzeln... ganze **g)** ganz

18. a) roh **b)** falsch **c)** hart **d)** bequem **e)** bitter **f)** kalt (kühl) **g)** kühl **h)** lebendig **i)** locker **j)** offen **k)** ruhig **l)** schlecht **m)** schwach **n)** sparsam **o)** weich **p)** blaß **q)** einfach **r)** faul **s)** großzügig **t)** komisch **u)** ordentlich **v)** praktisch **w)** sicher

19. a) Zusammenhang **b)** Zeuge, Verbrecher **c)** Autofahrer **d)** Dorfbewohner **e)** Besprechung **f)** Treppen **g)** Zukunft **h)** Zeuge, Verbrecher **i)** Rückkehr **j)** Geldschein **k)** Wiese **l)** Hotel **m)** Post **n)** Autofahrer, Fahrprüfung **o)** Taschentuch

20. a) ein Bild von der Wand **b)** einen Baum im Garten **c)** das Weihnachtsfest **d)** auf ein Theaterstück **e)** eine Wohnung

21. a) B **b)** B, C **c)** A **d)** C **e)** B **f)** A

22. 1. B **2.** B **3.** A **4.** B **5.** C **6.** D
23. 1. A **2.** C **3.** B **4.** D **5.** C **6.** B **7.** A **8.** D
24. Individuelle Lösung

13

1. **a)** nahm...ab$_1$ **b)** geändert...stimmte **c)** atmen...schwitzt **d)** beschädigt **e)** blühen **f)** landeten **g)** rasiert **h)** sitzt$_1$ **i)** abnehmen$_2$, **j)** trocknen **k)** sitzt$_2$ **l)** abnehmen$_3$
2. **a)** über ein Gesetz, über die Regierung, über eine Reform **b)** über ein Gesetz, eine Partei, einen Plan, die Regierung, einen Politiker, eine Reform, über die Regierung, die Opposition, ein politisches Programm, ein Gesetz, über eine Reform **c)** über ein Gesetz, einen Plan, eine Reform, über die Regierung, ein politisches Programm, ein Gesetz, über eine Reform **d)** eine Partei, einen Plan, die Regierung, einen Politiker, eine Reform, die Opposition, ein politisches Programm, ein Gesetz **e)** gegen einen Plan, gegen ein politisches Programm, gegen die Regierung **f)** eine Partei, einen Plan, einen Politiker, eine Reform, ein politisches Programm, ein Gesetz **g)** wie a) **h)** einen Plan, eine Reform, ein politisches Programm, ein Gesetz
3. **a)** blasse **b)** drinnen **c)** fällige **d)** gegenüber **e)** glatte **f)** kurz **g)** zurück **h)** neulich
4. **a)** der Abschnitt **b)** der Fernsehapparat **c)** der Grund$_1$ und Boden **d)** die Illustrierte **e)** der Kleiderbügel **f)** das Mittel **g)** das Moped **h)** die Opposition **i)** die Reform **j)** der Regenmantel **k)** der Start **l)** der Sturm **m)** die Wahl **n)** der Grund$_2$
5. **a)** einen Verbrecher, jemanden bei der Polizei, einen betrunkenen Autofahrer **b)** die falsche Telefonnummer, die Nummer von seinen Eltern, die Notrufnummer **c)** aus einer Wunde, am Bein, am Kopf **d)** kräftig an eine Tür, bei seinem Zimmernachbarn, leise an ein Fenster **e)** einem interessanten Menschen, zufällig einer alten Freundin, einem bekannten Musiker **f)** mit dem Arzt einen neuen Termin, mit der Freundin ein gemeinsames Wochenende, in der Gruppe ein Diskussionsthema
6. **a)** aufwachen **b)** beraten **c)** grüßen **d)** lächeln **e)** sich verabschieden **f)** etwas vorhaben **g)** widersprechen **h)** überfahren$_1$ **i)** überfahren$_2$ **j)** treten
7. **a)** gesagt **b)** erzählt **c)** sprechen (reden) **d)** erzählt (gesagt) **e)** sagen **f)** spricht **g)** sagen **h)** sprechen **i)** spricht (redet) **j)** erzählen **k)** sagen
8. **a)** war weg **b)** weggelaufen **c)** denkt...zurück **d)** zurückzahlen **e)** weggezogen **f)** gebe...zurück **g)** zurückzukommen **h)** weggesehen
9. **a)** verpassen **b)** verwechseln **c)** verpasse **d)** verloren **e)** vergessen **f)** verliert **g)** mißverstanden **h)** verloren **i)** vergessen **j)** verwechselt **k)** mißverstanden
10. **a)** ist...offen/geöffnet **b)** offen ist **c)** ist offen/steht offen/steht auf **d)** ist...geöffnet/offen **e)** ist...offen/steht...offen **f)** ist...offen **g)** ist...geöffnet **h)** ist...offen **i)** ist...offen/steht...offen **j)** offen sein **k)** aufstehen/offenstehen
11. **a)** Ampel **b)** Erinnerung **c)** Gang **d)** Instrument **e)** Kabine **f)** Kasten **g)** Mühe **h)** Hinfahrt...Rückfahrt **i)** Reaktion **j)** Sitzung **k)** Urteil
12. **a)** unsagbar **b)** erkennbar **c)** aussprechbar **d)** bezahlbar **e)** benutzbar **f)** merkbar **g)** herstellbar **h)** heizbar
13. ① gekommen war ② hatte ③ ging ④ warte (wartete) ⑤ hingen ⑥ las ⑦ stand ⑧ drehte...um ⑨ stieß...zusammen ⑩ gestanden...hatte (stand) ⑪ unterdrückte ⑫ hochgezogen...hatte ⑬ erkannte ⑭ war ⑮ dachte ⑯ war ⑰ hatte...gedacht ⑱ weiß ⑲ reagiert...habe (reagierte) ⑳ klopfte ㉑ hatte...gesehen ㉒ sagte ㉓ hatte...beobachtet ㉔ lachte ㉕ bekomme ㉖ denke ㉗ geschafft...habe (schaffte)
14. **a)** ①-e **b)** ①-e ②-er ③-es ④-er ⑤-es ⑥-em ⑦-en **c)** ①-e ②-e **d)** ①-en ②-en **e)** ①-e ②-e ③-en ④-en **f)** ①-e ②-en ③-e ④-en **g)** ①-e ②-e
15. **a)** ...,da ich nachher ins Kino gehe **b)** ...schaute gerade aus dem Fenster **c)** ...telefonierte gerade **d)** ...,demonstrierten Zehntausende dagegen
16. Ohne Lösungsschlüssel
17. 1. vor (lauter) 2. Wegen des Nebels/Vor lauter Nebel 3. Wegen ihrer 4. Aus (lauter)/Wegen ihrer/Vor (lauter) 5. Aus (lauter)/Vor (lauter)/Wegen der
18. 1. C 2. B 3. A 4. D 5. A 6. D 7. B 8. C
19. 1. E 2. D 3. C 4. F 5. E 6. B 7. D 8. A 9. C 10. B
20. 1. A 2. C 3. C 4. B
21. **a)** B, C **b)** A, C **c)** A **d)** C **e)** B, C **f)** B, C
22. 1. A 2. A 3. B 4. B 5. A 6. B 7. A 8. A 9. B 10. A 11. B
23. 1. D 2. A 3. C 4. B 5. D 6. C 7. B
24. 1. C 2. C 3. B 4. C 5. A 6. B 7. A 8. B 9. B

Schlüssel

25. a) A, C **b)** B **c)** C **d)** B **e)** A, C **f)** C **g)** A

26. 1. A **2.** D **3.** B **4.** C

27. 1. C **2.** D **3.** B **4.** A **5.** A **6.** D **7.** C **8.** B

28. a) geht/fährt **b)** gehe **c)** geht/führt **d)** geht/paßt **e)** geht/funktioniert/läuft **f)** geht/fährt **g)** gegangen/gelaufen **h)** geht **i)** geht/führt **j)** geht **k)** gehen/passen **l)** geht/funktioniert/(läuft) **m)** geht **n)** geht/sich handelt **o)** gehen

29. Individuelle Lösung

14

1. a) das Fußballspiel **b)** auf dem Fußboden **c)** die Bäume im Wald **d)** für das Wetter **e)** das Feld an der Bundesstraße **f)** handeln **g)** vorkommen **h)** sorgen

2. a) Bekannte **b)** Teil **c)** Geschichte **d)** Kritik **e)** Freundschaft **f)** Wahrheit **g)** Lüge

3. a) Die Lösung des Problems hängt auch davon ab, daß die Leute moderne, umweltfreundliche Autos kaufen. **b)** Die Politiker haben nicht daran gedacht, daß für den Bau der neuen Startbahn 500 000 Bäume sterben mußten. **c)** Es kommt vor allem darauf an, daß der Wald nicht stirbt. **d)** Die Leute protestieren dagegen, daß die USA immer mehr sinnlose Waffen produzieren. **e)** Haben Sie schon einmal darüber nachgedacht, welche Folgen Ihre eigenen Handlungen für die Gesellschaft und die Umwelt haben. **f)** Der Bericht weist darauf hin, daß in unseren Lebensmitteln immer mehr chemische Stoffe sind.

4. 1. C **2.** E **3.** D **4.** B **5.** A **6.** E **7.** D **8.** A **9.** B

5. 1. B **2.** C **3.** A **4.** B **5.** C **6.** A **7.** B

6. a) das Verbot (bei der Polizei) **b)** (ein Autofahrer) durch die Stadt **c)** an der Autobahn **d)** die Grundlage **e)** am Gegenteil

7. a) Feld **b)** Gebiet **c)** Grundlage **d)** Diskussion

8. a) sicher **b)** genau...sicher **c)** sicher/bestimmt **d)** Genau **e)** genau **f)** Genau/(Sicher/Bestimmt) **g)** Sicher

9. a) amtlich **b)** Deswegen **c)** für zwölf Wochen...ebensolange **d)** entscheidend **e)** waren entschlossen **f)** Für die...verantwortlich **g)** Entgegen dem **h)** geht aufwärts

10. 1. macht **2.** machen/schließen **3.** bringen **4.** kommen **5.** gekommen **6.** machen **7.** gestellt **8.** machen **9.** bringen **10.** bringen **11.** gestellt **12.** machen **13.** gekommen **14.** kommen **15.** machen **16.** führen **17.** führen **18.** gemacht **19.** machen **20.** gemacht **21.** finde **22.** bringen/führen **23.** gebracht **24.** mache **25.** macht **26.** bringen **27.** gebracht **28.** machen **29.** machen **30.** geben **31.** gegeben **32.** bringen **33.** kommen **34.** gefunden **35.** führen **36.** führen **37.** geben **38.** finden **39.** geben **40.** machen **41.** gemacht **42.** führen **43.** führen **44.** gemacht **45.** machen **46.** macht **47.** geschlossen **48.** machen **49.** macht **50.** machen **51.** stellen **52.** stellen **53.** bringen **54.** kommen **55.** gefunden **56.** kommt **57.** gefunden **58.** geschlossen **59.** geben **60.** geben **61.** finden **62.** geschlossen **63.** gebracht **64.** genommen **65.** machen **66.** machen **67.** stellen **68.** kommen **69.** kommen **70.** gegeben **71.** geben **72.** genommen **73.** finden **74.** gefunden **75.** nehmen **76.** gebracht **77.** nehmen **78.** machen **79.** machen **80.** gemacht **81.** bringt **82.** gegeben **83.** geben **84.** geben **85.** geben **86.** genommen **87.** gekommen **88.** gegeben **89.** gebe **90.** gibt **91.** gebe **92.** machen **93.** machen **94.** genommen **95.** macht **96.** machen **97.** geben **98.** machen

11.

	Nominativ		Akkusativ		Dativ		Genitiv	
manch-	mancher	Mann	manchen	Mann	manchem	Mann	manches	Mannes
	manche	Frau	manche	Frau	mancher	Frau	mancher	Frau
	manches	Kind	manches	Kind	manchem	Kind	manches	Kindes
jen-	jener	Mann	jenen	Mann	jenem	Mann	jenes	Mannes
	jene	Frau	jene	Frau	jener	Frau	jener	Frau
	jenes	Kind	jenes	Kind	jenem	Kind	jenes	Kindes
derselbe	derselbe	Mann	denselben	Mann	demselben	Mann	desselben	Mannes
dieselbe	dieselbe	Frau	dieselbe	Frau	derselben	Frau	derselben	Frau
dasselbe	dasselbe	Kind	dasselbe	Kind	demselben	Kind	desselben	Kindes

12. a) keins **b)** Seiner **c)** deiner...meiner **d)** Ihr (Ihres) **e)** Unseres **f)** meins

13. a) niemanden **b)** jemanden **c)** einem **d)** niemandem **e)** man **f)** niemandem **g)** jemanden

14. 1. B **2.** C **3.** A **4.** B **5.** C **6.** A

15

1. **a)** Gang **b)** Einfahrt **c)** Einbahnstraßen **d)** Bruchteilen **e)** Aufregung **f)** Krankenwagen
2. **a)** schalten...bremsen **b)** verzollen **c)** verdient **d)** überholen **e)** gestoppt **f)** gemessen **g)** fürchte
3. **a)** verstanden **b)** weiß **c)** denken/nachdenken/überlegen **d)** überlegen/(nachdenken) **e)** gewußt
   f) kennen/wissen **g)** denke **h)** Nachdenken/Überlegen **i)** erkennen **j)** erkennen...weiß **k)** gewußt
   l) gekannt **m)** Denken **n)** geglaubt/gedacht
4. 1. D 2. A 3. C 4. C 5. B 6. D 7. B 8. A
5. 1. G 2. E 3. C 4. B 5. F 6. D 7. H 8. A
6. 1. B 2. A 3. D 4. C 5. E
7. 1. D 2. E 3. A 4. B 5. C
8. **a)** gleich/sofort **b)** gleich/egal **c)** gleich/von Anfang an **d)** gleich/egal **e)** die gleichen/dieselben
   f) gleich/sofort **g)** gleich/von Anfang an **h)** der gleichen/derselben
9. 1. E 2. A 3. F 4. C 5. B 6. D 7. A 8. E 9. A 10. C 11. D 12. B
10. 1. C 2. F 3. A 4. D 5. B 6. E 7. A 8. F 9. B 10. E 11. D 12. C

Quellennachweis der Texte, Illustrationen und Fotos

Seite 13: Bilderdienst Süddeutscher Verlag, München

Seite 15: BRIGITTE

Seite 25: Aus Irmgard Ackermann (Hg.): In zwei Sprachen leben, dtv 980, München 1983. Mit freundlicher Genehmigung der Autoren.

Seite 27: S wie Schule – 4/82 Dez., 6. Jahrgang; Herausgeber: Der Kultusminister des Landes Nordrhein-Westfalen

Seite 34: Foto Grenzübergang: Bilderdienst Süddeutscher Verlag, München – Foto Reisepaß: laif, Köln

Seite 36: Foto dpa

Seite 37: Karikatur STERN/Markus

Seiten 49/50: STERN – Fotos: Michael Lange/VISUM

Seite 51: Frankfurter Rundschau, 22. 7. 72; mit freundlicher Genehmigung des Autors

Seite 61: Siegfried Unseld (Hg.), Erste Lese-Erlebnisse, Suhrkamp TB 250, Frankfurt/Main 1975

Seite 64: Börsenblatt für den deutschen Buchhandel vom 29. 3. 83/W. Christian Schmitt, Darmstadt

Seite 65: Börsenverein des Deutschen Buchhandels e. V., Frankfurt/Main

Seite 99: Text und Foto: Brigitte Macher, Münster

Seite 113: Text mit freundlicher Genehmigung durch BURDA-SYNDICATION aus FREUNDIN Nr. 10/86; Foto: Bilderdienst Süddeutscher Verlag, München

Seite 128: Text aus STERN 47/84, Gruner + Jahr, Hamburg; Cartoon: Marie Marcks, aus „Ich habe meine Bezugsperson verloren!", Frauenbuchverlag, München

Seite 141: Text: Barbara Wilde – QUICK 20/86, H. Bauer Verlag, Hamburg; Foto: Werner Bönzli, Reichertshausen

Seite 163: FÜR SIE 12/86 – Jahreszeiten-Verlag Hamburg

Seite 196: Text und Foto: Nordwest-Zeitung Oldenburg – Traute Börjes, Varel

Seite 206: Aus: Lea Fleischmann, DIES IST NICHT MEIN LAND; © Hoffmann und Campe Verlag, Hamburg, 1980

Seite 212: Mit freundlicher Genehmigung durch BURDA-SYNDICATION aus FREUNDIN Nr. 10/86

Wir haben uns bemüht, alle Inhaber von Text- und Bildrechten ausfindig zu machen. Sollten Rechteinhaber hier nicht aufgeführt sein, so wären wir für entsprechende Hinweise dankbar.

Hören Sie mal!

Übungen zum Hörverständnis

Hören Sie mal! bietet reichhaltiges Material zur Übung des Hörverstehens für die ersten zehn Lektionen von **Themen**.

Gesprochen wird normales Alltagsdeutsch, wie es in den deutschsprachigen Ländern überall zu hören ist.

Das Programm besteht aus drei Cassetten und einem Begleitbuch. Die Cassetten enthalten 48 Aufnahmen; verschiedene Textsorten und verschiedene regionale Sprachvarianten wurden berücksichtigt. Zu jeder Aufnahme gibt es im Begleitbuch eine Reihe von Übungen, die Schritt für Schritt zu einem genaueren Verständnis der Texte führen. Daneben wird auch die exakte Verwendung einzelner Wörter und Wendungen aus den Hörtexten geübt.

Im Anhang des Buches finden sich die Lösungen und Transkriptionen der Hörtexte.

Hören Sie mal!
Übungen zum Hörverständnis
von Claudia Hümmler-Hille und Eduard von Jan

3 Cassetten, Gesamtlaufzeit 133 Minuten, und ein Begleitbuch mit vielen Zeichnungen, Format DIN A4, 92 Seiten, kartoniert.
Hueber-Nr. 1484

Max Hueber Verlag · D-8045 Ismaning

Lesestoff!

Joachim Gradewald
Der Zauber des Moai
Fünf junge Leute erleben ein Abenteuer auf der Osterinsel und erfahren dabei manches über das Leben der Inselbewohner.
68 Seiten, geheftet, Hueber-Nr. 1465

Der Tag davor
Science fiction – Bearbeitete Erzählungen über die Zukunft von Dr. Herbert W. Franke, Heinz Gartmann und Thomas Le Blanc.
56 Seiten, mit Zeichnungen, geheftet, Hueber-Nr. 1345

Ein Platz für Elefanten
Berichte über Waldelefanten im Kongogebiet, einen zutraulichen Lemur auf Madagaskar, ein Opossum in Kalifornien, Kraken in den Bahamas und sprechende Menschenaffen im amerikanischen Reno.
72 Seiten, mit Zeichnungen, geheftet, Hueber-Nr. 1347

Start mit Schwierigkeiten
Drei Reiseerzählungen, die den Leser in den kanadischen Westen, an den Rio Grande und in ein indianisches Dorf in Mexiko führen.
60 Seiten, mit Zeichnungen, geheftet, Hueber-Nr. 1379

Einer wie ich
Geschichten aus der Welt des Sports
Bekannte Sportler kommen hier zu Wort: Franz Beckenbauer, Ulrike Meyfarth, Hans Günter Winkler und Max Schmeling.
72 Seiten, mit Fotos und Zeichnungen, geheftet, Hueber-Nr. 1397

Risiko für Weihnachtsmänner
Geschichten aus dem Leben
Bearbeitete Kurzgeschichten von Siegfried Lenz, Max von der Grün, Heinz Piontek und Walter Bauer
64 Seiten, mit Zeichnungen, geheftet, Hueber-Nr. 1394

Die Bergwerke von Falun
Unheimliche Geschichten
Bearbeitete Erzählungen von E. T. A. Hoffmann, Marie Luise Kaschnitz und Wilhelm Hauff
72 Seiten, mit Zeichnungen, geheftet, Hueber-Nr. 1396

sprachen der welt
hueber
Max Hueber Verlag · D-8045 Ismaning